HAUTE COUR DE JUSTICE.

COPIE

DES PIÈCES

Saisies dans le local que BABOEUF *occupoit lors de son arrestation.*

A PARIS,

DE L'IMPRIMERIE NATIONALE.

Frimaire, an V.

OBSERVATIONS PRÉLIMINAIRES.

Babœuf, arrêté dans une maison sise rue de la Grande-Truanderie, en vertu d'un arrêté du Directoire du 19 floréal an IV, fut amené le 21 devant le ministre de la police générale.

Un carton renfermant des papiers avoit été saisi au moment de son arrestation. Ce carton avoit été ficelé & scellé; représentation lui en fut faite par le ministre de la police. Il déclara *le reconnoître pour lui appartenir*, il reconnut le scellé pour être sain & entier; ouverture fut faite du carton, & Babœuf déclara *reconnoître les papiers y contenus pour avoir été trouvés dans la chambre où il étoit au moment de son arrestation* (1).

Examen fait de ces papiers en sa présence, il se trouva vingt-deux liasses contenant quatre cent quarante-sept pièces, non compris des journaux. Toutes ces pièces furent cotées & paraphées, tant par Babœuf, que par le commissaire de police.

Ce sont ces pièces dont on va lire la copie.

Il est à observer que, lors des interrogatoires des prévenus, représentation fut faite à plusieurs d'entre eux de celles de ces pièces qui parurent au directeur du jury faisant l'instruction, les concerner plus particulièrement, & qu'elles furent de nouveau paraphées, tant par cet officier de justice & son greffier, que par ceux des accusés à qui représentation en fut faite.

Enfin il faut ajouter qu'une partie des pièces est de la main de quelques-uns des accusés : les unes ont été reconnues par eux; l'écriture de plusieurs autres a été vérifiée par des experts.

---

(1) *Voyez* procédure particulière à Babœuf.

TITRES que portoient, au moment où elles ont été saisies, les vingt-deux liasses de papiers trouvées dans la chambre où Babœuf a été arrêté.

1ère liasse.	Partie militaire.
2e.	Légion de Police & autres corps armés.
3e.	Régiment de Flandre, bataillons de ligne & autres.
4e.	Bataillons *intrà* & *extrà muros*.
5e.	Bataillons des environs de Franciade.
6e.	
7e.	Travail général.
8e.	
9e.	Habitans des départemens séjournant à Paris.
10e.	*Douzième arrondissement.* Panthéon, Finistère, Jardin des Plantes, Observatoire.
11e.	*Onzième arrondissement.* Théâtre-Français, Luxembourg, Pont-Neuf, Thermes.
12e.	*Dixième arrondissement.* Fontaine de Grenelle, Ouest, Invalides, Unité.
13e.	*Neuvième arrondissement.* Fidélité, Fraternité, Arsenal, Cité.

14e liasse. . . . . *Huitième arrondissement.* Quinze-Vingts, Indivisibilité, Popincourt, Montreuil.

15e. . . . .

16e. . . . . *Sixième arrondissement.* Gravilliers, Lombards, Temple, Amis-de la Patrie.

17e. . . . . *Cinquième arrondissement.* Bondy, Bonne-Nouvelle, Nord & Bon-Conseil.

18e. . . . . *Quatrième arrondissement.* Halle-au-Bled, Muséum, Gardes-Françaises, Marchés.

19e. . . . . *Troisième arrondissement.* Brutus, Contrat-Social, Mail, Poissonnière.

20e. . . . . *Deuxième arrondissement.* Lepelletier, Butte-des-Moulins, Mont-Blanc, Faubourg Montmartre.

21e. . . . . *Premier arrondissement.* Tuileries, Piques, Champs-Élysées, la République.

22e. . . . . *Septième arrondissement.* Réunion, l'Homme-Armé, Droits de l'Homme, Arcis.

N. B. *La plupart de ces titres paroissent être de la main de Babœuf.*

COPIE DES PIÈCES.

PREMIÈRE LIASSE,

INTITULÉE

PARTIE MILITAIRE (1),

Contenant vingt-sept pièces (2).

Première pièce.

19 Floréal. (3)

Liste d'hommes propres au commandement.

ARCIS.

Joignaux, doreur sur métaux, rue

Fontaine, orfèvre, rue de la Tannerie, (tous deux canonniers).

Deuxième pièce.

ARSENAL.

Petit, tapissier, rue Antoine, n°. 355, maison du citoyen Pernot, tapissier, ex-capitaine de canonniers.

(1) Ces mots, *partie militaire*, paroissent être de la main de Babœuf.

(2) Les 1re, 2e, 3e, 4e, 5e, 10e, 14e, 15e, 16e, 17e, 18e, 22e, 26e, 27e pièces ont été constatées, par experts, être de la main de Darthé.

(3) Cette date, ainsi que la ligne suivante, *liste*, &c., paroissent être de la main de Babœuf.

Troisième pièce.

BON-CONSEIL.

Dumoulin, commandant de la garde nationale de la section : très-bon pour commander tout un arrondissement. Il connoît très-particulièrement le capitaine des canonniers de la section, qui fera marcher toute sa compagnie.

Quatrième pièce.

BONNÈT-ROUGE.

Ruelle, rue du Bacq, vis-à-vis celle de Babylone, hôtel Mayenne.

Cinquième pièce.

BRUTUS.

Lambert, ex-commandant de bataillon, rue Neuve Saint-Eustache.

Thevenard, passage du Saumon, ex-capitaine de canonniers.

Mirau, ex-officier de canonniers, rue Montorgueil, à côté du passage du Saumon, n°. 18.

Sixième pièce.

CHAMPS-ÉLYSÉES.

Recollin, capitaine de canonniers.

Bemoux, commandant de bataillon.

Rousseau, adjudant de brigade.

Septième pièce.

CITÉ.

Vaneck, commandant.

Huitième pièce.

CONTRAT-SOCIAL.

Thouvenin, capitaine de canonniers, rue Montmartre, près celle Jean-Jacques Rousseau, répond de toute sa compagnie.

Neuvième pièce.

DROITS DE L'HOMME.

Eudes, capitaine de la compagnie de canonniers de cette section, rue des Droits de l'Homme, vis-à-vis la rue Clocheperche.

Eudes, fort du port, rue de la Mortellerie, n°. 34, au troisième : il peut être employé avec sûreté au commandement de deux pièces.

Dixième pièce.

FAUXBOURG MONTMARTRE.

Bestizy, limonadier, rue du Fauxbourg, n°. 909, canonnier (1).

(1) Cette ligne est rayée dans la pièce originale.

Onzième pièce.

FIDÉLITÉ.

Lallemand, rue de la Tixeranderie, vis-à-vis le cul-de-sac Saint-Faron. (1)

Douzième pièce.

FINISTÈRE.

Henriot, rue Censier.

Marion, rue Victor, au coin de celle du Paon, chez le boulanger.

Mailly, rue Mouffetard, n°. 116 (2).

Treizième pièce.

GARDES FRANÇAISES.

Mugnit, capitaine de canonniers, rue Champ-Fleury, n°. 91 (3).

Quatorzième pièce.

GRAVILLIERS.

Brocard, tabletier, rue Philippeaux.

Daujeau, son adresse sera donnée par Brocard.

Brocard indiquera encore d'autres hommes propres au commandement.

(1) Cette note paroît être de la main de Babœuf.
(2) *Idem.*
(3) *Idem.*

En voici ici en attendant quelques-uns encore :
Lesas, rue Transnonain, maison du perruquier ;
Bréois, rue Jean-Robert, maison du chandelier ;
Baudin, rue Philippeaux, après celle des Vertus :
Bolliard, rue Bailly, cour Martin :
Tous canonniers & propres à commander.

Quinzième pièce.

HOMME ARMÉ.

Garnier, peintre en bâtimens, rue du Charme, n°. 3, au rez-de-chaussée;

Prevot, vieille rue du Temple, n°. 156, au rez-de-chaussée;

Bernard, vitrier, même rue, n°. 169;

Quillier, l'aîné & le jeune, maréchaux, n°. 162;

Roche, vitrier, rue des Blancs-Manteaux, n°. 26;

Laquier, marchand fruitier, rue Pastourelle, n°. 3, au rez-de-chaussée;

Chalendon, cordonnier, rue de Bussy, n°. 326, au second;

Tous canonniers.

Hudin, bijoutier, rue Pastourelle, n°. 234, au troisième, aide-de-camp d'Henriot, excellent canonnier, démocrate énergique.

Seizième pièce.

LEPELLETIER.

Ganier, rue Neuve des Petits-Champs, chez le pâtissier, la porte cochère à côté du perron de la rue Vivienne, au quatrième, ex-général, & ex-garde-française.

Dix-septième pièce.

LOMBARDS.

Larcher, capitaine d'artillerie, rue Aubry-le-Boucher, peintre en bâtimens.

Olivier, rue Quincampoix, cul de-sac de Venise, capable de commander en seconde ligne.

Sorel, cordonnier, rue des Ecrivains, n°. 6.

Parent, rue & maison *idem*.

Poisson, rue de la Ferronnerie, maison du faïancier.

Pigneur, rue des Lombards, maison du citoyen Duval, confiseur, enseigne du ci-devant Grand-Monarque.

Dix-huitième pièce.

MARCHÉS.

Hortet, ex-adjudant, rue aux Fers, n°. 537.

Ravet, lieutenant de gendarmerie, sous les petits piliers d'étain, près la rue des Prêcheurs, maison de Boiservoise, potier d'étain.

Sullier, rue du Marché-aux-Poires, au coin de celle de la Cordonnerie, n°. 339 (linger), ex-commissaire des guerres.

Dix-neuvième pièce.

MONTREUIL.

Moreau, ébéniste, Grande Rue, n°. 228, ex-adjudant de volontaires.

Gregoire, tourneur en cuivre, rue de la Roquette, n°. 4.

Toussaint, rue Marguerite, n°. 11.

Potemont, serrurier, Grande-Rue, maison du Saint-Esprit, capitaine de canonniers : répond de toute sa compagnie.

Vingtième pièce.

OBSERVATOIRE.

Goulard : bon pour commander un arrondissement (1).

Vingt-unième pièce.

PANTHÉON.

Michaud, ex-aide-de-camp d'Henriot (2).

Vingt-deuxième pièce.

PIQUES.

Brifaut : bon pour commander un bataillon.
Chariot, *idem.*
Schefer, pour commander une compagnie.
Feneaux le jeune, rue du Fauxbourg-Martin, au coin de celle Nicolas : bon à la tête d'un détachement.
Reis, sellier, rue du Mont-blanc : bon en tête d'une compagnie à cheval.
Chatain, sellier, en face des Bains Chinois, n°. 7 : brave, & très-capable de commander une compagnie.

---

(1) Cette note paroît être de la main de Babœuf.
(2) *Idem.*

Vingt-troisième pièce.

QUINZE-VINGTS (1)

& tout le fauxbourg Antoine.

GÉNÉRAUX.

Rossignol.
Lamy.
Boulant.
Duterre.
Ely.

CAPITAINES.

Plasset, rue de Reuilly.
Boullé, Grande-Rue.
Naudet, rue Charonne, n°. 2.

Vingt-quatrième pièce.

RÉPUBLIQUE.

Humbert, rue Matignon, n°. 2, fauxbourg Honoré, vis-à-vis la rue Verte, maison de Milet : excellent pour commander tout un arrondissement.

Vingt-cinquième pièce.

RÉUNION.

Guy-Damour, rue Beaubourg, n°. 639.

Lachevallerie jeune, rue Geoffroy-Langevin, n°. 328, au troisième.

(1) Cette note paroît être de la main de Babœuf.

Porquet, rue Martin, n°. 35, au troisième.

Gariot, capitaine de canonniers, rue des Petits-Champs-Martin, n°. 632, au premier.

Millet, capitaine.

Nevil, lieutenant, bijoutier, rue Grenier-Lazare.

Vingt-sixième pièce.

TEMPLE (1).

Desformoise, rue du Menil-Montant, n°. 128;

Grenier, limonadier, Boulevard du Temple, maison Foulon;

Roussard, pâtissier, Boulevard du Temple, à côté des Variétés;

Guilmin, rue Menil-Montant, n°. 119;

Féret, menuisier, rue Fauxbourg du Temple, à côté d'Astley;

Tous canonniers propres à commander.

Vingt-septième pièce.

TUILERIES.

Boseur, à la porte Honoré, canonnier: bon pour commander une pièce.

Lefranc, architecte, rue Thomas-du-Louvre, écuries Egalité, officier de canonniers dans l'armée révolutionnaire.

Manque, fils du portier des écuries Egalité, canonnier: bon à la tête d'un détachement.

Bisey, bottier, rue de Chartres, n°. 342: bon à la tête d'un détachement.

Malassigné, tailleur: bon à la tête d'une compagnie.

---

(1) Cette note paroît être de la main de Babœuf.

DEUXIÈME LIASSE,

INTITULÉE

LÉGION DE POLICE,

ET AUTRES CORPS ARMÉS,

Contenant dix-neuf pièces.

Première pièce.

21 floréal (1).

Une partie des agens généraux a paru hier; approuvez-vous que mes secondaires paroissent aujourd'hui ? Je crois que, pour établir la confiance respective, il est nécessaire que je les fasse connoître.

Je n'irai chez D. qu'à onze heures, par la raison que je suis avec un chef de bataillon qui ne me quitte qu'à cette heure. F. L.

P. S. Je suis dans un café, rue des Deux Écus : je vous prie de me répondre de suite, & de m'indiquer au juste le lieu d'assemblée pour que je m'y trouve entre 11 & 12.

Deuxième pièce.

20 floréal (2).

Instructions additionnelles à celles données aux agens militaires le 12 & 13 floréal (3).

Rapport du camp de Grenelle du 13 floréal.

Un homme qui a pu s'y introduire y a remarqué 45

(1) Cette date paroît être de la main de Babœuf.

(2) *Idem.*

(3) Ces instructions recueillies à la hâte sont sans ordre, & données comme de simples notes, dont les agens militaires tireront le meilleur parti qui leur sera possible. (*Cette note existe dans la pièce.*)

caiſſons ſans canons, pas même une pièce ; 500 volontaires du régiment d'Armagnac, 150 du neuvième bataillon de la réſerve, 100 huſſards, tous bien diſpoſés. L'eſprit du ſoldat étoit également bon, chaque volontaire étoit muni de 30 cartouches.

La priſon militaire appelée Collège Montaigu, ſiſe rue des Sept-Voies, près le Panthéon, renfermoit, il y a quelques jours, 300 hommes. Cette priſon n'eſt gardée que par 15 hommes. Un détachement de 15 ou 20 hommes ſuffit pour libérer les militaires qui y ſont. On peut de ſuite ſe porter au poſte du Panthéon pour y prendre les armes qu'on y trouveroit, ainſi que dans les autres poſtes environnans, de manière que ce petit bataillon ſeroit armé ſur-le-champ.

Les chouans du Corps légiſlatif ſe réuniſſent tous les jours rue de Clichy, maiſon Bottin, ou de la Boiſſière. Ils ſont, dit-on, au nombre d'environ 300 ; ce raſſemblement a lieu une partie de la nuit. On peut prendre le plan de cette maiſon. En la cernant, il en échapperoit très-peu.

Il y a au Luxembourg des eſcaliers dérobés qui communiquent ſur le jardin, & par leſquels les ſires peuvent s'évader.

S'emparer de la caiſſe du tréſor des chouans rue des Vieux Auguſtins, n°. 264.

Le général Ganier, un des militaires que nous avons compris dans les liſtes qui vous ont été envoyées, nous a fait paſſer les vues ſuivantes, qui nous paroiſſent de nature à pouvoir s'adapter à vos plans & aux nôtres.

« Pour s'aſſurer des deux Conſeils, ſans être ſûr de la » troupe, je penſe que le mouvement doit avoir lieu à » la pointe du jour ; que les troupes de garde, ne voyant » pas les élémens de l'autorité raſſemblés, ne feront pas

» de résistance; que l'important seroit de faire garder par » un petit peloton l'entrée de chaque pont, & de chacune » des rues & issues qui communiquent au Carrousel & aux » Tuileries, pour en empêcher le rassemblement; qu'il » faudroit de même s'emparer de la demeure des ministres » pour intercepter toute correspondance avec le Directoire; » garder en même temps les sorties du Luxembourg, même » souterraines, & les barrières; qu'à chacun de ces postes » le chef soit un homme sûr & entreprenant; qu'il y eût » dans la foule des hommes bien armés pour tirer sur » tous les députés qui voudroient se présenter dans les » rues, ou ailleurs, en costume, & influencer le peuple & » les troupes: s'emparer sur-tout de ceux que l'on croit » pouvoir être choisis pour commander la force armée, » & ne pas souffrir que les chouans, muscadins & riches » marchands, se rassemblent; couper toutes communica- » tions entre les différentes autorités. »

On croit que les piques sont à l'Observatoire.

Il est des issues souterraines du Luxembourg qui aboutissent, l'une à l'Observatoire, une au Val-de-Grace, une à la Maison de santé hors la barrière Saint-Jacques, une aux carrières au-dessus du Petit Gentilly. Le citoyen Letailleur, administrateur de l'habillement avant le 9 thermidor, peut donner à cet égard les détails les plus intéressans.

Autre plan du général Ganier pour s'emparer de Vincennes & de Meudon. « Il n'y a, dit-il, que deux manières d'y par- » venir, la force ou la ruse. Dans les deux hypothèses, » il faut commencer par s'assurer de la situation actuelle » de ces deux postes. On y parviendra en envoyant plu- » sieurs citoyens de confiance pour tâter la garde & savoir » le nombre d'hommes dont elle est composée, quelle » est leur opinion, &c.

» Il seroit à desirer que ces citoyens fussent en uniforme, » attendu que le soldat se confie plus à un militaire qu'à » un autre. Il faudra y en envoyer plusieurs pour savoir si

» leurs

» leurs rapports coïncident & sont vrais. Il faudra ensuite se » procurer le mot d'ordre, & aller en nombre au moins » egal à celui qui garde le dépôt, avec un faux ordre, » relever le poste. Il faut que cette expédition soit dirigée » avec le plus grand secret, & n'en instruire ceux » qui devront la faire que dans le lieu du rendez-vous, » qui ne doit pas être loin du poste à enlever, & où ils » devront se rendre par plusieurs chemins différens.

» Quant au moyen de l'enlever par force, il seroit plus » difficile. Il faut non-seulement connoître la force de la » garde de ces dépôts, tant morale que physique, mais » encore les forces disposées dans les environs pour les » protéger; y envoyer un détachement au moins égal en » force, commandé par un chef instruit, qui sache profiter » des circonstances, & soutenu par quelque autre détache- » ment. »

Il nous semble que ce plan eût pu être bon dans une autre circonstance que celle où nous sommes, où il faut improviser l'insurrection.

Un dernier avis qui nous arrivé nous donne la force du camp de Vincennes pour être de quatre mille hommes.

Lefranc, canonnier de la section des Tuileries, est chargé de la direction & de l'entretien du bâtiment des Feuillans où est un dépôt considérable de fusils : on peut s'aboucher avec lui & s'attendre qu'il en facilitera la prise de possession par le peuple.

On pourroit envoyer un détachement s'emparer des hauteurs de Montmartre pour tenir Paris en échec, & faire un pont de bateaux en face du Jardin des Plantes pour entretenir la communication des deux fauxbourgs.

A cet effet il faudroit se précautionner pour les bateaux.

Barricader la tête du fauxbourg Antoine en cas d'oppoſition de la part du camp de Vincennes. La première manière par laquelle nous chercherons à vaincre cette oppoſition ſera d'envoyer principalement des femmes avec des couronnes civiques au-devant des ſoldats du camp de Vincennes, & les pérorer avant qu'ils n'arrivent aux barricades.

Au moment de l'inſurrection, faire répandre le bruit au camp de Greneiſe que celui de Vincennes eſt réuni au peuple au fauxbourg Antoine; & à celui de Vincennes, que celui de Grenelle eſt reuni au peuple de l'autre partie de Paris.

Quoique cette meſure regarde nos agens civils, nous croyons devoir vous en charger auſſi, afin de la rendre plus efficace lorſque vous la ferez exécuter ſimultanément.

L'école des trompettes eſt à la maiſon ci-devant des filles de la Charité, vis-à-vis Saint-Lazare, rue fauxbourg Denis. Il faudrait *s'emparer* de cela dès le commencement, puiſqu'on a dit qu'on ſe ſerviroit des trompettes pour moyen de rappel dans toute l'inſurrection.

A Paſſy, le nommé Lapallière donne à manger aux directeurs tous les *lundis*. On aſſure que ce Lapallière eſt caiſſier ou receveur d'objets précieux. On a vu arriver chez lui un de ces derniers jours deux chariots chargés d'or & d'effets de prix. On ſait que la maiſon qu'il habite, & qui eſt celle de madame Lamballe, au-deſſus de ce qu'on nomme les *Bons-Hommes*, contient des denrées & une infinité de choſes de première néceſſité; donc ce poſte ſera un de ceux de bonne priſe, & dont il ne faudra pas tarder à s'aſſurer.

Il nous arrive au moment même l'avis ſuivant :

Que Laſne, officier de l'état-major de Paris, ayant déjeûné avant-hier 18 avec un démocrate qu'il ne connoît pas pour tel, lui a confié qu'il avoit donné l'ordre à tous les adjudans de section, que, dans le cas où il arriveroit un mouvement du peuple, il ne faudroit laisser qu'une quinzaine de fusils dans chaque corps-de-garde, & distribuer les autres à ceux qui sont reconnus pour être les esclaves du gouvernement, en faisant bien attention de n'en donner aucun aux incarcérés depuis le 9 thermidor, non plus qu'à ceux qui ont été se joindre au bataillon sacré le 13 vendémiaire.

C'est au comité militaire à se mettre en garde contre le succès de ce plan de nos ennemis.

Un autre avis, également récent, nous assure que, par apperçu, le nombre des armes à feu appartenantes aux démocrates peut bien aller à quatre cents par arrondissement; que presque tous les patriotes, même ceux qui n'ont pas de fusils, ont des cartouches; qu'il est très-probable que toutes les piques se remonteront le jour de l'insurrection, & que, si l'on fait s'emparer des fusils des chefs-lieux des sections, on peut compter sur trois cents en bon état dans chacune.

Nous accueillons encore à l'instant la proposition suivante :

Ne seroit-il pas utile de faire une autre barricade dans le fauxbourg Antoine du côté de la ville, afin que si les soldats franchissoient la première, on pût encore les contenir dans le fauxboug, & là fraterniser peut-être d'une manière encore plus radicale & parvenir à les convertir tout-à-fait aux intérêts du peuple, avec qui ils confondroient leurs colonnes pour marcher aux endroits déterminés?

Paris, 20 floréal, l'an IV.

Le comité insurrecteur de salut public.

Troisième pièce.

20 floréal. (1)

Nous devons nous réunir chez Massart, à quatre heures de relevée, pour y organiser nos dernières dispositions avec les principaux agens. Au sortir de là, faites-nous savoir où nous nous réunirons, paroissant impossible d'aller chez Drouet. Par les avis officieux qui m'ont été donnés, j'ai la preuve que l'on me suit activement. Je crains d'aller chez toi.

Réponds-nous de suite.

Ch. G. (2).

(Au dos est écrit) : Le camp de Vincennes va on ne peut mieux ; c'est *Rossignol* qui nous l'annonce.

Quatrième pièce.

Paris, 16 floréal.

Je ne sais si vous êtes instruits des déclarations du chasseur qui est traduit devant une commission militaire, & qui a déclaré que Blondeau, & au café des Bains chinois, on lui avoit remis des papiers, & que Pelletier en étoit, & qu'il avoit été dans un comité. On l'a aussi questionné pour savoir s'il n'avoit pas été chez la duchesse d'Orléans. On l'interroge maintenant secrètement. Qu'on se mette bien en mesure, & que l'on prenne garde s'il n'auroit pas été chez Didier & ailleurs. Antonelle a eu connoissance de ces faits chez Vatar.

---

(1) Cette date paroît être de la main de Babœuf.

(2) Lettres initiales des noms *Charles Germain*. La pièce a été constatée être de sa main.

Cinquième, sixième & septième pièces.

16 Floréal. (1)

Ce n'est pas à nous de décider si le mouvement doit éclater le jour ou la nuit, vous seul pouvez avoir prévu quel seroit l'instant le plus favorable. Hâtez-vous de nous en instruire: car ce qui est praticable le jour ne l'est pas la nuit; & de même il est des mesures à prendre dans le soulèvement nocturne, étrangères à celles qui conviennent au jour. Pour asseoir nos plans militaires, il faut également que nous sachions dans quel ordre placer les troupes, soit légionnaire, soit campée sous nos murs: s'il est indubitable qu'elle se débande, c'est elle alors qui doit avoir l'initiative de la marche; si c'est le soulèvement du peuple qui doit le déterminer, que devons-nous faire? où faut-il lui assigner un poste?

Nous considérons l'armée divisée en trois corps, établis, l'un (ce sont les légionnaires) au fauxbourg Marceau, l'autre à Grenelle, & le troisième à Vincennes. Il existe à la vérité un quatrième corps, les grenadiers de la représentation nationale, mais isolé entièrement & cerné.

Nous supposons que le mouvement éclate: comment tout-à-la-fois nous confondre avec les troupes, ou les confondre avec nous? quelle distance aussi vaste peut-être subitement rétrécie, ou par quel fil électrique imprimer le simultané mouvement? voilà des points intéressans sur lesquels il faut nous éclairer & nous éclairer pleinement, détruire tous les doutes, toutes les équivoques.

Les matériaux pour la construction de notre plan sont prêts, il ne reste plus qu'à le rédiger; & pour cela, il ne nous faut que votre positive résolution.

Nous avons tous senti, peut-être le sentez-vous de même, puisque c'est le même esprit qui nous anime, & que ce sont

(1) Cette date paroît être de la main de Babœuf.

les mêmes rapports qui nous parviennent & nous fixent dans nos projets, qu'il feroit bien plus intéressant, bien moins difficultueux, bien moins périlleux, si le débandement de la troupe, ou tout au moins quelque émeute semblable à celle *de la Courtille*, mais combinée avec nos plans, donnoit l'éveil & le signal de l'insurrection : les insubordonnés, dans le premier instant de leur rebellion, se saisiroient de quelques-uns de leurs chefs famés par leur anti-civisme, les égorgeroient, & viendroient offrir au peuple, déja tout disposé par vos agens *de quartier*, leurs têtes sanglantes. Comme vous & nous serions les moteurs, les directeurs de cette scène, il nous seroit facile de nous concerter si bien, qu'au même instant, à un signal convenu, les barrières fussent soigneusement gardées; qu'un poste *de braves* se trouve en observation vers *Mont-Rouge*, où se débouche, dit-on, un souterrain qui conduit là du palais du Luxembourg.

Les fauxbourgeois de Marceau se répandroient, avec les casernés des rues Mouffetard & de l'Oursine, vers & dans la caverne directoriale, égorgeant tout ce qui s'oppose ou paroit même s'opposer. Les quartiers populeux des Halles tombent dans les Tuileries, cernent les Conseils, s'y introduisent, & font de même leur terrible office. Cependant le fauxbourg Antoine, les Gravilliers, après avoir jeté de fortes réserves dans les fauxbourgs Denis & Martin, dont les phalanges ont elles-mêmes été jeter des réserves dans le fauxbourg Antoine, Charonne, Popincourt, &c. accourent, moitié par les boulevards, moitié par la grande rue Denis & par la rue de la Ferronnerie, la rue Honoré, se joindre vers la place de la Révolution.

Vous sentez que tout ceci a lieu pour l'insurrection faite de jour. Celle de nuit exige de bien différentes mesures; celle même qui n'auroit pas pour initiative l'insubordination, la défection des troupes, en exige d'étrangères à toutes les autres : ainsi indiquez ce qu'il faut espérer, sur quoi nous pouvons compter.

Ces observations sont judicieuses. Ne pas vous les soumettre seroit compromettre grandement le salut de la patrie ; la tyrannie nous apprête d'assez éminens dangers ; ne les augmentons pas encore par une désastreuse inconsidération. La mort n'est rien ; aucun de nous n'hésitera de la braver, de l'invoquer même sur sa tête pour le succès de l'entreprise : mais qui voudroit l'obtenir pour décourager le peuple & ajouter au triomphe des usurpateurs ?

Vous savez que nous ne sommes que quatre, qu'il faut nécessairement courir tantôt au faubourg Antoine, tantôt à Grenelle : & comment y suffire par notre solitude ? Nos moyens moraux se triplent par l'intention que nous avons tous de faire réussir la chose, mais nos physiques tombent s'ils ne restent uns.

Ce n'est pas nous qui pouvons débander l'armée, vous savez d'ailleurs que nous sommes dans la pénurie absolue des moyens qui sont propres à cela. *Si vous nous le faisiez passer, nous pourrions trouver des agens.* Examinez, examinez bien que ce débandement offre le plus de facilité pour l'insurrection, & que l'opinion de beaucoup d'hommes sur lesquels nous comptons efficacement pour le jour de la vengeance sainte, est que si la troupe ne se met en avant, ils ne pensent pas qu'il y ait rien à faire.

Les nommés Hervieux & Marigny, chefs des transports militaires à Grenelle, & qui devoient fournir des poudres & chevaux, ne se sont pas trouvés dans deux visites qui leur ont été faites hier dans le soir. Il faut leur envoyer quelqu'un d'adroit : nous ne pouvons détacher vers eux aucun de nous aujourd'hui.

Observation.

Nous sommes sûrs que le royalisme s'agite & se dispose : il est à présumer que, le cœur ulcéré par les désastres presque journaliers qu'il a essuyés depuis la révolution, il se met en mesure pour tirer profit de notre mouvement, ou tout au moins tenter de le faire. Il seroit imprudent de ne pas le contenir par de fortes réserves. Que seroit-ce donc si l'on n'étoit sûr de voir la troupe se confondre avec nous ? Il vous faudroit plus que tout le fauxbourg Germain pour contenir le camp de Grenelle, une bonne partie du fauxbourg Antoine pour opposer à celui de *Vincennes*, quelques sectionnaires de l'intérieur du centre contre les grenadiers.

Notez que les braves invalides n'opposent qu'une résistance morale, & que, mis en adverse d'hommes qui s'offriroient à eux par des moyens physiques, ils seroient nuls à-peu-près.

Huitième pièce.

Camp de Grenelle.

La légion est partie pour Meste, a 2 heur du matin lon na fait prendre les arme au camps de Grenel pour proteaigée leur depard, il est partie un détachement de chaque compagné pour les ès cortez yéus qua Mersé, il est desertez set nuit 400 hommes de la legion par sur les murre de Lecolle millitaire. Il i a dens le camps ceinque pierse de cannon, & envron trant quaison. Baucoup plus de tente que de soldat pour les enplire les soldats peux decidez a tirré sur le peuple ten que lon ne tirera pas sur heux tres peu de calvallerie, les soldat on le vin le matin & le soir cant lon sa persoit dun petit mouvement, les soldat son les homme deu peuples mais il ne son pas assez instruis il trouve a redirre que la legion de pollise sest lessez dezearmez.

Neuvième pièce.

13 Floréal. (1)

Instruction principale sur ce qu'il faut faire.

Le manifeste d'insurrection nous expose en masse les

---

(1) Cette date paroît être de la main de Babeuf.

opérations essentielles ; mais nous avons cru devoir vous donner quelques renseignemens de détail, que vous combinerez avec votre plan militaire & avec tout l'ensemble de l'exécution.

Comme il est dit dans le manifeste, au même moment qu'il sera répandu, le rassemblement de chaque arrondissement se fera au chef-lieu, en désordre & au son du tocsin & des trompettes, sous la conduite des patriotes, auxquels le comité d'insurrection aura remis des guidons portant les inscriptions suivantes :

Premiers guidons.
« Constitution de 1793.
» Egalité.
» Liberté.
» Bonheur commun.

Deuxièmes guidons.
» Quand le gouvernement viole le
» droit du peuple, l'insurrection est,
» pour le peuple & pour une portion
» du peuple, le plus sacré & le plus
» indispensable des devoirs ».

Troisièmes guidons.
Ceux qui usurpent la souveraineté doivent être mis à mort par les hommes libres.

Ainsi les généraux du peuple pourront prendre tout leur monde sur les douze points des arrondissemens.

Les généraux du peuple seront distingués par des rubans tricolors, flottant très-visiblement autour de leurs chapeaux.

Faire garder les barrières & le cours de la rivière ; ne laisser sortir de Paris qui que ce soit, sans un ordre formel & spécial du comité insurrecteur.

Laisser entrer les couriers, les porteurs & conducteurs de comestibles ; il leur sera donné protection & sûreté.

S'emparer des deux Conseils & du Directoire, les juger sur-le-champ.

S'emparer de la trésorerie nationale, de la monnoie; de la poste aux lettres, des maisons des ministres, & de tout magasin public & privé, contenant des vivres ou des munitions de guerre.

S'emparer des ministres, du général de l'intérieur, du commandant temporaire & de leurs majors.

Tuer sur-le-champ tout député, directeur, administrateur, juge, officier ou fonctionnaire public, qui paroîtroit pour donner des ordres, ou pour l'exercice d'une fonction.

Arrêter tout député ou directeur trouvé dans les rues, le faire conduire à son poste pour y être jugé.

Exterminer tous les opposans.

Idem. Ceux qui feroient battre la générale. Cette forme d'appel est celle du gouvernement, comme il a été dit plus haut; le peuple insurgé ne s'en servira pas, il ne se servira que des tocsins & des trompettes.

Exterminer, *idem*, tous présidens, secrétaires, commandans de la force armée de la conspiration de vendémiaire qui seroient aussi rencontrés dans les rues.

Toutes autres exterminations seront déterminées par de nouveaux ordres.

Dixième pièce. (1)

13 floréal. (2)

Liste complémentaire des patriotes propres à commander.

1. Guidamour, rue Baubourg, n°. 639, tenant maison garnie.	Municipal du 10 août, propre aux fonctions militaires.
Lachevalerie, rue Geoffroy-Lanier, n°. 328.	Bon à l'insurrection.

---

(1) Cette pièce a été constatée être de la main de Buonarotti.

(2) Cette date paroît être de la main de Babœuf.

Porquet, employé à la trésorerie, rue Martin, n°. 35.	*Idem.*
Monvoisin l'aîné, rue Denis, n°. 874	Capitaine de canonniers.
Debir, tapissier, rue Antoine, n°. 355, maison de Pernot.	Capitaine de canonniers, peut procurer de quoi servir une pièce.

2. *Section des Piques.*

Brisaut.	Bon pour commander un bataillon.
Charriot.	*Idem.*
Schefer.	Bon pour une compagnie.
Reis.	Bon pour un bataillon.

Section des Tuileries, rue Honoré.

Poseur.	Bon pour commander une pièce.

Section de la République.

Massé.	Energique.

Onzième pièce. (1)

12 floréal. (2)

Armes & effets de guerre.	*Subsistances.*
Magasin considérable de fusils, sous le Conseil des Cinq-Cents.	2. Farines, en quantité, à l'Assomption.
Canons dans le jardin, entre la salle & le bâtiment, 8.	Vins rue Thomas-du-Louvre, à côté du café de Genève.

(1) Cette pièce a été constatée être de la main de Buonarotti.
(2) Cette date paroît être de la main de Babœuf.

Autres pièces dans cette enceinte en magasin.

Aux Feuilians, 12000 fusils en bon état.

Il y a bon nombre d'armuriers.

A l'Oratoire, magasin d'habillemens.

Chez un particulier de la section de l'Observatoire, qui a été victime de la réaction, il existe dix petits mortiers de 2 livres, un peu de poudre, des matières, & des moyens pour en faire promptement.

Au ci devant comité civil de la même section, des fusils.

NOTE.

Armes & poudres à Meudon & Vincenes.

80 fusils à chaque chef-lieu.

Deux magasins de fusils aux Invalides, dont l'un de 40,000, & l'autre très-considérable, à ce qu'on croit.

De la poudre à Grenelle.

Armes & effets de guerre. (2)

Aux Miramiones 300 fusils.

5 chevaux de selle chez P.

Le même sait comment s'emparer de l'artillerie aux Cinq-Cents.

Le 8 floréal il y avoit au Port-au-blé un bateau de mousquetons.

Les chevaux de Lanchère, rue Honoré.

4. La Halle-au-Blé : il y a beaucoup de farine de légumes.

6. Rue du Temple un magasin de subsistance, fourni au jour le jour.

10. Magasin de subsistances, quai de Voltaire.

NOTE.

Un magasin de lingots d'or & d'argent à la rue Croix-des-Petits-Champs.

Habits d'uniformes au magasin du Bon-Pasteur, rue du Cherche-Midi, & au magasin de Traisnel, rue du fauxbourg Denis.

Magasin de vin au prieuré Martin.

Aux Miramiones 300 fusils.

2 ou 300 chevaux chez Paulé, Place-Maubert.

Autres chevaux, Lanchère, rue fauxbourg Honoré. (1)

TROISIÈME ARRONDISSEMENT.

Dépôts d'armes.
- Chef-lieu de la section de Brutus.
- Chef lieu de la section du Contrat-Social.
- Chef-lieu de la section de Guillaume-Tell.
- Chef-lieu de la section Poissonnière.

---

(1) Ces deux lignes sont barrées par un trait.

(2) Le surplus de cette pièce n'est pas de la main de Buonarotti, mais paroît être de la main de Babœuf.

Armuriers.	Liger, rue Coquillière, au coin de celle des Vieux Augustins.
	Delitty, même rue, à côté de celle Cocqueron.
	N....., rue Plâtrière, à côté de la maison Bullion.
	Picot, Cour Mandar.

Septième arrondissement.

Poignards. Il y en a une fabrique rue de la Huchette, maison & cour de l'Ange.

Meudon. Etat de l'artillerie.

4 pièces de 16, 4 de 12, 6 de 8, 6 obusiers de 6 pouces, 3 pièces de 4, avec tous leurs agrès & armemens. Il n'y a ni canonniers ni chevaux.

Sèvres.

Il n'y a qu'une brigade de chevaux.

Vincennes. Etat de l'artillerie.

4 pièces de 12, 4 de 8, 4 obusiers de 6 pouces.

Douzième pièce. (1)

12 floréal. (2)

État des patriotes propres à être employés dans le mouvement.

Vanneck, ci-devant commandant de la Cité	A marché plusieurs fois à la tête & jouit de la confiance de la Cité.
Lacombe, rue Nicaise, n°.481.	Bon à un coup de main.
Manque fils, portier des écuries Egalité	Agé de 18 ans, sans talent : mais vigoureux, déterminé, & bon pour exterminer les scélérats.
Feneaux, le jeune, rue fauxbourg Martin, juré au tribunal révolutionnaire	A du courage, peut commander un détachement.

(1) Cette pièce paroît être de la main de Buonarotti.
(2) Cette date paroît être de la main de Babœuf.

Bizey, rue de Chartres, n°. 342. bottier.	A servi long-temps; a des fusils & des cartouches; peut conduire un détachement.
Malassigné, tailleur, rue Thomas-du-Louvre, écuries Egalité.	Peut commander une compagnie.
2. Benizy, faubourg Montmartre, n°. 909	Très-ardent. A prévenir au moment.
Himbert, rue de Matignon, n°. 2, fauxbourg Honoré, vis-à-vis la petite rue Verte.	Très-ardent, courageux, militaire instruit, bon pour commander, s'est fait distinguer au 31 mai. A prévenir au moment.
4. Horcet, rue aux Fers, n°. 537, ancien militaire.	Bon pour commander.
(*L'agent de cet arrondissement a fait passer la liste de 24 hommes à caractère.*)	
5. Celinier, section des Lombards, rue Quincampoix, (cul-de-sac de Venise.). . .	Bon pour commander en seconde ligne.
Eudes, capitaine de la compagnie des Droits de l'Homme, vis-à-vis la rue Cloche-Perche, rue des Droits de l'Homme	Canonnier, bon pour commander : répond de son ancienne compagnie : excellent patriote, énergique, intelligent.
Chalendon, rue de Bussy, n°. 386.	Canonnier plein de zèle.
Leclerc, section des Invalides.	*Idem.*
Massuet, cour du Dragon, n°. 590	*Idem.*
Ganier, rue Neuve-des-Petits-Champs, chez le tapissier, à porte cochère, à côté du perron de la rue Vivienne, au quatrième	Ci-devant garde-françaife, bon militaire, intelligent, propre à commander en chef.
8. Lami.	Général d'artillerie.
Boulant	*Idem.*
Dutertre	On le dit destiné par les conventionnels à commander leurs insurrections.
Elie	*Idem.*
Rossignol	*Idem.*
Placet, rue de Reuilly	

Boullé, Grande rue. . . . . Nandet, rue Charonne, n°. 12	Subalternes.
Cheville . Lebar. . . Becon. . .	Idem.
Moreau, ébéniste, Grande Rue, n°. 228	Nerveux.
Grégoire, tourneur en cuivre, rue de la Roquette, n°. 460	*Idem.*
Toussaint, rue Marguerite, n°. 11	*Idem.*
Lobemont, serrurier, Grande Rue, maison du St.-Esprit. .	Capitaine de canonniers. A prévenir au moment.
Henriot, rue Censier.	Sans moyens oratoires : bon pour la force armée.
Mailly, maçon, rue Mouffetard, n°. 117	Subalterne.
André, mesnier, rue d'Orléans	*Idem.*
Bourdon, gazier, rue Mouffetard, n°. 15	*Idem.*
Les frères Fleure, marchands de chevaux, demeurant au marché	Bons pour un coup de mains.
Chagot, marchand de vin, rue Fossés Victor.	Capitaine : bon militaire.
Buffard, perruquier, porte Marceau	*Idem.*
Michaud, rue de la Boucherie, chez le coutelier	Aide-de-camp d'Henriot.
Baquot	Propre au militaire.
Lay, chez la Sergent, rue Neuve Egalité	Adjudant-général.
Jarry, adjudant-général, rue de Bièvre, n°. 37.	
Chalain, sellier, en face des Bains chinois, n°. 7.	Bon pour commander une compagnie.
Brocard, tabletier, section des Gravilliers, rue Phelipeaux.	Très-brave, propre à commander.
Dumoulin.	
Parrin.	Au moment.

Treizième pièce. (1)

18 floréal. (2)

J'ai vu ce matin Massard & Fion; j'ai rendez-vous pour midi avec Roissignol, & je l'ai à ma discrétion pour tout le jour. Fion, Massard & moi avons arrêté que nous nous rendrions chez vous ce soir à cinq heures précises. Ils m'ont assuré que, d'après la manière dont vous les avez accueillis hier, leur démarche d'aujourd'hui ne vous déplairoit. Je m'y rendrai, & vous déciderez.

CH. G. (3)

Quatorzième pièce. (4)

Paris, à huit heures du soir, 9 floréal.

Mes amis, tout est à peu près bâclé : une force imposante gorgée de vin, faisant insolemment parade des paquets de cartouches qu'on lui avoit très-ostensiblement distribués, escortant l'infame sequelle équestre des chefs serfs, a paru devant les casernes insurgées : on n'a eu garde de résister. O comble de l'opprobre! comme nous étions joués! Quelle prudence à nous d'avoir voulu observer avant de nous lancer! On a demandé aux rebelles (ils ne méritent pas d'autre nom) ce qu'ils vouloient : Retourner dans nos foyers, se sont ils écriés; & soudain on leur a communiqué l'ordre de leur licenciement. Comblés de joie, les lâches se sont débandés : en vain quelques braves se sont, par un dernier effort, avancés pour leur inculquer que c'étoit le moment de

(1) Cette pièce a été constatée être de l'écriture de Germain.

(2) Cette date, un peu effacée, paroît être de la main de Babœuf.

(3) Lettres initiales de la signature *Charles Germain*.

(4) Cette pièce paroît être de l'écriture de Germain.

se

ſe montrer ; qu'une opiniâtre réſiſtance rangeroit de leur côté & le peuple déja tout diſpoſé, & juſqu'à leurs camarades compoſant la force hoſtile ; ils n'ont rien voulu écouter, abſolument rien, &, le ſac ſur le dos, chacun s'achemine vers ce qu'il appelle ſes foyers.

Les groupes voiſins de la ſcène où s'eſt paſſée cette infamie ſont pour ainſi dire atterrés & frappés de ſtupeur. On ſe dit : *Ça alloit ſi bien, & voilà que cela nous pète dans la main!* Croyez-moi, mes amis, préparez, préparez, atterrez, mettez-vous en meſure, mais ne tentez rien *ſubitò* : ivres de ce premier prétendu ſuccès, les eſclaves à plumets & à uniforme (j'ai lieu de le croire) ne ſerviroient pas le parti populaire ; on peut au contraire leur faire ſentir avant peu leur tort, & les mettre en état de le réparer. Aujourd'hui rien ne les toucheroit.

D'ailleurs croyez, & j'en ai de très-avérées notions, que le gouvernement eſt dans le plus grand éveil. Cet incendie à un des coins de Paris, cette eſpèce de ſédition militaire à une autre extrémité, les groupes plus nombreux aujourd'hui, plus populaires que jamais, tout provoque une extraordinaire ſurveillance.

Tout ce qui me fait ſupporter plus patiemment l'échec, ſi c'en eſt un que nous venons d'eſſuyer, & c'en eſt un en effet, puiſque nous ſommes déçus de notre attente, c'eſt que tout a été fait, de la part des patriotes, ſi ſoigneuſement, que pas un, j'eſtime, ne doit y être compromis. Ce ne ſera donc pas à eux qu'on pourra attribuer de conjurer dans ce foutu jour, qu'ils auront, les inſenſés, les bélîtres, la gaſconnerie de peindre comme une des belles époques de leur carrière triomphale. Salut.

CH. G. (1)

---

(1) Lettres initiales de la ſignature *Charles Germain.*

Quinzième pièce.

9 floréal. (1)

Le Peuple sans-culotte de Paris, à la Légion de police.

Généreux frères,

Votre signal est entendu, votre démarche est approuvée, votre ferme résolution nous charme. Le moment est-il venu de briser des sceptres nouveaux? La liberté a-t-elle fixé aux jours où nous sommes le terme de la commune oppression? Le peuple est prêt.

Non, vous ne nous quitterez pas. Non, vous n'irez pas vous faire immoler sous le fer des esclaves des rois étrangers, complices des nôtres. Voilà ce qu'on vous réserve. Nos tyrans ont fait un affreux pacte avec ceux que nous combattons depuis six ans: ils sont convenus de leur livrer en holocauste tous les fidèles défenseurs de la patrie. Vous méritez, nos frères, d'être sacrifiés les premiers: vous avez pris les intérêts du peuple; vous vous êtes récriés avec lui contre tous les attentats de ses oppresseurs; vous avez manifesté que vous ne voudriez point faire partie de ses bourreaux à la vue des préparatifs assassins qu'on dispose. Paris bloqué, Paris menacé d'être mis en sang & en feu parce qu'il se plaint d'être, avec toute la République, affamé, dépouillé, avili; Paris enfin sous le joug d'une poignée d'usurpateurs barbares, est devenu pour vous un objet de compassion & de vif intérêt. Précieux camarades! il dépend de vous de nous sauver & de vous couvrir de gloire. Vous pouvez prendre l'initiative entre les libérateurs du peuple. Vous la prendrez: vos amis, vos frères, vos épouses, vos parens, réclament qu'en ne vous rendant pas à l'égorgerie qu'on vous a destinée, vous ne les abandonniez point à une autre égorgerie dans ces murs. Vous avez déja fait entendre la

(1) Cette date paroît être de la main de Babœuf.

vérité à vos frères séquestrés dans le camp ; votre exemple achevera de les convaincre. Ils apprendront, *malgré* toutes les consignes & les défenses de communication avec les autres mortels, que, dans la lutte du peuple contre ceux qui le gouvernent, c'est le peuple qui a raison. Ils sauront que ce n'est pas lui qu'il faut immoler. Faisons un appel à ces braves, ils vont aussi venir à nous. Quant au peuple, lui-même il le répète ; il est prêt. Ses conducteurs vont lui donner le signal. Il les entend, il est à côté de vous. Ses tyrans se dispersent, la liberté reparoît ; l'abondance, le bonheur ressuscitent ; la République triomphe de toutes parts, & les mesures sont bien prises pour qu'elle ne succombe plus.

Nota. Cet écrit est livré à l'impression, & il sera distribué dans Paris demain matin.

Seizième pièce.

9 floréal, à midi & demi.

Le D. de S. P., à Ch. G.

Nous sommes réunis au nombre de trois, nous recevons ta lettre. Nous t'envoyons un manifeste au nom de la légion, qui sera imprimé demain soir. Communique toujours cette minute aux légionnaires meneurs. Nous allons faire de suite une déclaration au nom du peuple, qui sera une réponse au manifeste. Il est important de faire connoître à la légion que le peuple est prêt à la défendre ; voilà 6 mille francs. Nous pensons que la légion ne doit pas sortir de Paris, tâche de l'arrêter jusqu'à demain ; nous allons, dans le reste de la journée & dans la nuit, nous mettre en mesures. Vois Fyon & Rossignol (1), & dis-nous,

(1) Ces noms sont rayés, moins la première lettre de chacun ; mais ils se lisent aisément dans l'original de la main de Babœuf.

avant ce soir ; s'ils sont prêts : dans le cas contraire ; nous prendrions d'autres dispositions.

P. S. Il est important que la voiture chargée de fusils ne parte pas ; tu peux montrer cette lettre aux meneurs dont tu es sûr.

Dix-septième pièce.

9 floréal. (1)

Ce matin, les légionnaires de police, casernés à la Courtille, ont refusé net d'obéir à l'ordre du départ. Les uns prétextoient le manque de certains objets de nécessité ; les autres, que leur poste étant, d'après les lois de leur création, la commune de Paris, ils ne le quitteroient pas : les plus énergiques disoient qu'étant les amis du peuple, on vouloit les en séparer ; mais qu'ils ne vouloient pas, eux, s'en détacher. Bientôt sont arrivés ceux qui devoient les remplacer. Les casernés de la Courtille se sont mis sur la défensive. Une espèce d'officier général s'est avancé vers eux, les a harangués. Répétition des mêmes motifs de refus & de résistance. Cependant les deux corps se sont mêlés, ont fraternisé, & les nouveaux ont paru applaudir aux sentimens des autres. Ceux-ci se sont retirés. On prétend que de suite les refusans ont mandé des leurs dans toutes les casernes, pour instruire leurs camarades de leur conduite & les inviter à se joindre à eux pour présenter un corps plus formidable d'opposition.

On assure que les députations ont été fraternellement accueillies.

Un citoyen à qui j'ai de la confiance, m'a dit être certain que quelques hommes se disant les envoyés de portions essentielles du peuple, notamment du fauxbourg Antoine, se sont présentés à la caserne de la Courtille, pour protester aux légionnaires de l'attachement du peuple, &

---

(1) Cette date paroît être de la main de Babœuf.

les assurer qu'il les soutiendroit. Ces hommes étoient bien vêtus, & point du tout dans le genre ouvrier.

Des patriotes paroissent inquiets, & craignent qu'il n'y ait par là-dessous quelque piége; d'autres se plaignent que ce qu'ils nomment *les meneurs* ne profitent pas de cette occasion, que leur pétulance révolutionnaire leur représente comme extraordinairement précipitée; d'autres enfin, & aux yeux de ces derniers ils passent pour modérés, soutiennent qu'il faut y regarder deux fois, veiller, être prêt, & s'en rapporter au zèle, à l'intelligence de ceux qui se sont proclamés les chefs, les éclaireurs du peuple.

A onze heures du matin.

CH. G. (1)

Dix-huitième pièce.

9 floréal, à midi précis. (2)

La caserne de la Courtille est toujours émeutée, une garde considérable en défend l'entrée. Une grande voiture toute atelée, chargée de fusils, est retenue, malgré les instances des conducteurs, qui veulent gagner, d'après l'ordre de routes, le prochain logement. Les militaires sont répandus dans les cafés & cabarets voisins de leur caserne, & fraternisent avec ceux que l'on envoyoit en remplacement. Des hommes du peuple bâillent dans les environs; quelques braves se mêlent à la troupe, & offrent des domiciles à quelques-uns des légionnaires. Ceux-ci paroissent décidés à déployer ce soir drapeaux & enseignes & gagner en bon ordre *Vincennes*, pour s'y confondre avec les bataillons y campés. Cette résolution est-elle bonne ou mauvaise? c'est ce que discutent quelques bavards; quant à moi je pense que, si elle peut

(1) Lettres initiales de la signature *Charles Germain*.
(2) 9 *floréal* paroît être de la main de Babœuf.

s'effectuet sans résistance ; ce ne sera pas pour nous un léger succès. Je vous préviens que je suis seul, tous vos agens étant dans leurs arrondissemens respectifs à étudier le peuple, & calmer les hommes que cet inspéré mouvement inquiète. Que faut-il que je fasse ?

Je sais que Fyon ne néglige rien ; je l'ai vu ce matin ; il travaille de son côté : peut-être, en le tenant bien fort en haleine, ne pensera-t-il pas à cette diable de proposition, à laquelle il m'a paru tenir encore, d'admettre parmi vous les trois ex-conventionnels.

Je n'ai à-peu-près pas le sou. Salut, Ch. G. (1)

A une heure, tout est dans le même état. On voit galoper force ordonnances sur le boulevard, & des chapeaux galonnés qui couvrent des figures bien pâles, bien avalées : il n'y a pas de grouppes de ce côté. Des coquins, lâchés sans doute par des perfides, glissoient par-ci par-là qu'on auroit bien tort de soutenir ces légionnaires qui avoient si scélératement foudroyé les citoyens au 13 vendémiaire.

Mais ils ne font pas fortune,

Vite, mes amis, ordonnez ; & de la vie à la mort, il n'y a pour moi qu'un saut joyeux de carmagnole, si c'est pour servir les égaux. Salut. Ch. G. (2)

Au verso de la deuxième feuille est écrit à l'encre : A Gracchus Babœuf. Pressé. *Et au crayon :* Faites-moi parvenir une réponse de suite, ou le plus tôt, chez Guilhem. (*Le reste est effacé.*)

Dix-neuvième pièce.

Pâris, pour la trésorerie.
Genois, pour la monnoie.
Simon, commandant-général des Invalides.

---

(1) Lettres initiales de la signature *Charles Germain.*
(2) *Idem.*

Rossignol, général de l'armée de l'intérieur.

Germain, ministre de la guerre.

Conseil-général de la commune, Simon, commandant des Invalides.

Piques, { Reis,
Delabelle, pour trouver.

On pourroit singulièrement se servir des femmes, des enfans, en les dirigeant, pour se jeter & se mêler parmi les troupes pour les entraver.

Les citoyennes seront invitées à jeter par les fenêtres tout ce qu'elles pourront avoir entre les mains.

Choisir un jour où la décade & le dimanche tomberont ensemble.

Il faut, comme au premier prairial, faire mettre sur les chapeaux le signe de ralliement : *Constitution de* 93.

Les chevaux, chez l'Enchère, rue fauxbourg Honoré; 2 à 300 chevaux, chez Paulé, place Maubert.

Ecole de trompettes, maison ci-devant des Filles de la Charité, vis-à-vis Saint-Lazare, rue fauxbourg Saint-Denis.

Poste-aux-chevaux,

A Saint-Martin | magasin de vin.

Le tocsin du Corps législatif.

Nota. Les mots *prairial*, *ralliement*, *l'Enchère* & *Paulé*, sont barrés dans l'original.

TROISIÈME LIASSE,

INTITULÉE

RÉGIMENT DE FLANDRE,

BATAILLONS DE LIGNE ET AUTRES, (1)

Contenant quatre pièces.

Première pièce.

18 Floréal. (2)

M'étant trouvé hier dans les casernes avec un capitaine du bataillon chargé de cerner la légion de police, je me suis convaincu que l'esprit du soldat n'est pas très-mauvais; qu'en général ils ne sont indisposés contre nous que parce qu'on les a persuadés que notre intention étoit de faire feu sur eux. En conséquence, & comme ils sont déja inquiets des dispositions de leurs frères-d'armes qui sont au camp, relatifs à leur dernière opération, je pense qu'il est urgent de faire au plutôt une brochure pour les dissuader; de leur faire craindre, ainsi qu'ils en paroissent alarmés eux-mêmes, qu'en continuant de s'isoler ainsi du reste de l'armée, ils finiroient par se rendre l'objet du mépris universel de leurs frères-d'armes, & que les jouissances exclusives qui leur sont accordées par les quintumvirs les conduisent infailliblement à leur perte.

Nota. Il est à observer que leur dernière conquête leur a valu l'avantage d'être casernés, fort bien couchés, & de ne pas

(1) Ce titre paroît être de la main de Babœuf.
(2) Cette date paroît être de la même main.

manquer de numéraire, tandis que les autres sont dans la misère & couchent sous la tente.

Deuxième pièce.

B. Com. Lib.

Paris, 29 germinal, an 4 de la République.

Le D. du S. P.

Au citoyen Griz.. dit Franc-Libre.

Nous avons reçu, le 26 de ce mois, tes observations en réponse à l'instruction insurrectionnelle que nous t'avions fait passer. Nous avons trouvé toutes tes réflexions très-judicieuses, & spécialement les quatre points leviers, que tu as estimés propres à seconder les résultats que nous desirons. Nous ne pouvons que t'encourager de t'occuper à faire dans ce sens les petits ouvrages que tu nous annonces, & que nous ne manquerons pas de faire imprimer, comme nous avons fait la lettre à la Terreur.

Nous attendons les autres renseignemens ultérieurs promis par ta même lettre & requis par notre instruction. Il est bon que tous nos collaborateurs en la sainte entreprise du plus éminent triomphe de la démocratie sachent que toutes les inventions atroces des jugulateurs ne sont capables ni de nous intimider, ni de nous déconcerter, ni même de nous ôter la certitude de la réussite. Il ne faut donc pas que ceux qui nous secondent se ralentissent plus que nous. (1).

---

(1) Cette pièce, qui paroît être de la main de Babœuf, est intitulée : *Première copie.*

Troisième pièce.

LIBERTÉ, ÉGALITÉ, BONHEUR COMMUN, OU LA MORT.

26 germinal, l'an 4. (1)

L'auteur de la lettre de Franc-Libre, aux frères républicains du directoire insurrecteur.

J'ai reçu avec un plaisir inexprimable, frères républicains, les instructions & le brevet d'agent secondaire que votre confiance m'a accordé par l'organe du frère D. T. H. J'espère justifier bientôt l'opinion que vous avez conçue de moi, sinon par mes talens, au moins par mon zèle, ma constance, mon courage, & sur-tout ma discrétion.

A la connoissance particulière que j'ai de Paris, où j'ai demeuré huit ans, je joins celle, plus précieuse encore, de l'esprit militaire, que j'ai étudié sous tous les rapports, en observateur, durant sept ans, & essentiellement durant les campagnes depuis cette guerre; c'est d'après ces connoissances que j'ai cru devoir tracer les réflexions suivantes que je soumets à votre sagesse.

C'est vraiment se tromper que de croire que les mêmes stimulans qui ont opéré l'insurrection des corps militaires en 89, puissent encore servir efficacement pour une nouvelle insurrection aujourd'hui: la machine a une autre forme, donc il faut une autre combinaison de ressorts pour la mouvoir. Je m'explique.

Sous le régime monarchique, le soldat étoit moins esclave qu'il ne l'est aujourd'hui, il est vrai; mais il savoit qu'il étoit esclave, parce qu'on ne lui dissimuloit pas, & que ses officiers n'oublioient rien pour le lui rappeler sans cesse; la

(1) Cette date paroît être de la main de Babœuf.

distance immense qu'il y avoit entre eux & lui, lui faisoit sentir trop vivement son avilissement.

Il en résulta en 89 que le soldat embrassa la cause populaire bien moins par amour pour la liberté & l'égalité, dont il ne pouvoit avoir alors qu'une idée confuse, que par la haine invétérée qu'il portoit à ses officiers; haine dont l'explosion fut d'autant plus terrible, qu'elle avoit été long-temps comprimée : cette haine, ce levain fut alors, sinon le seul, au moins le plus fort ressort qui fit insurger nos armées, & cette vérité est trop évidente pour être contestée.

Aujourd'hui tout est différent : excepté dans les grades supérieurs seulement; la presque totalité des officiers est composée de ci-devant soldats qui n'ont que leur solde pour vivre, laquelle se réduit pour un chef de bataillon à environ huit sous effectifs par jour; ce qui oblige la plupart des officiers, capitaines & autres, à manger à la gamelle de leurs soldats, & conséquemment à contracter la plus intime familiarité avec eux. Cette égalité de misère entre le soldat & l'officier produit une amitié, un attachement & une confiance réciproques, opposé à ce qui existoit avant 89. Il en résulte que le soldat, habitué, comme tous les hommes, à juger son sort par la comparaison qu'il en fait avec celui des autres, trouve, en considérant ses officiers, qu'il y a trop peu de différence d'eux à lui pour leur porter beaucoup envie; & l'officier, qu'on berce de l'espoir d'un prochain meilleur sort, fait partager ce chimérique espoir au soldat, ce qui les console & les endort mutuellement dans une léthargique stupeur. En outre, l'état civil actuel offre à la plupart des militaires un sort pis encore que celui qu'ils éprouvent sous le mousquet en ce moment, ce qui ne contribue pas peu à les tenir servilement sous le joug.

Mais, dira-t-on, parmi les officiers, qui ne sont pas tous des automates, comment ne s'en trouve-t-il pas qui dessillent les yeux de leurs camarades? Comment! la raison en est simple : tous ceux que le véritable & le seul amour de la liberté avoit fait prendre les armes, se sont, autant qu'ils l'ont pu, retirés du service depuis le 9 thermidor, c'est-à-dire depuis que la cause qu'ils avoient entrepris de défendre a été renversée. L'impossibilité de se retirer en avoit encore fait rester quelques-uns ; mais le Directoire exécutif, qui ne veut que des êtres essentiellement obéissans, a donné jour à ces derniers de se retirer, par son arrêté du 6 du courant sur la nouvelle organisation de l'armée. Il doit donc en résulter qu'il n'y aura plus désormais pour officiers que de ces êtres qui, dépourvus de fortune, de talens & de ressources, vieillis d'ailleurs dans l'esclavage, seront incapables de désobéir, par la crainte de perdre des épaulettes qu'ils considèrent comme le *nèc plus ultrà* de leur bonheur possible ; que de ces êtres enfin qui, sous le règne des rois, se trouvoient honorés de porter les galons de laine sur la manche, & de donner des coups de plat de sabre aux soldats. Voilà justement les officiers qui conviennent aujourd'hui au gouvernement actuel.

Quant aux soldats en général, ce ne sont plus ces brûlans défenseurs de la liberté de 92 & 93 : la majeure partie de ces braves est restée au champ de l'honneur ; la masse de ceux restant est composée de campagnards réquisitionnaires, qui servent la liberté comme les forçats servent sur les galères. Dans un bataillon de quatre cents hommes on a peine souvent à trouver quarante soldats qui sachent un peu lire & écrire. Les jeunes gens des villes un peu instruits ont presque tous trouvé des moyens pour se soustraire des troupes. L'unique objet des vœux de la plupart des soldats [que par erreur on nomme encore volontaires], leur vœu, dis-je, est de retourner bien vîte dans leurs foyers ; & je peux assurer qu'il en est mille qui tiennent si peu à la révolution, qu'ils donneroient volontiers la République pour un gâteau de leur village. Mais aussi nous en avons en revanche environ un tiers qui, soldats par métier & destinés à l'être, n'importe sous quel régime, sont très-propres à tout quand on fait les employer : ce sont la plupart de vrais crânes, qui entraînent toujours les timides & les apathiques par leur ascendant. Pour mettre ces hommes en mouvement, il ne leur faut pas de beaux ni de longs discours ; du vin & l'espoir du pillage suffisent : sans ces deux choses, il ne faut rien en attendre. La Convention connoissoit bien cette recette : le 13 vendémiaire, elle fut en faire un bon usage.

La troupe à cheval en général est de la classe des derniers dont je viens de parler, sur-tout les dragons, hussards, chasseurs.

D'après ces observations générales, je vais vous tracer les principes généraux que, selon mon avis, il conviendroit d'employer pour opérer la résurrection générale desirée :

1°. Dans nos écrits & discours saper à force les généraux & leurs états-majors, mais ménager les officiers subalternes.

2°. Provoquer sinon la désorganisation des corps, au moins l'indiscipline, le plus possible, afin de pouvoir après opérer, si besoin en étoit, la dissolution.

3°. Parler à-la-fois du pillage des riches & de congés absolus, on saura éluder l'accomplissement des promesses suivant les circonstances ; cependant ne pas trop parler de l'égalité absolue, car les chefs chouans ont prémuni depuis long-temps l'esprit des militaires contre ce systême, au point qu'ils le croient non-seulement impossible, mais même en général ils pensent que c'est la marque certaine pour reconnoître les royalistes. Ceci paroîtra étrange, mais ce n'en est pas moins vrai.

Et 4°. enfin, lorsque le jour du grand œuvre approchera, il seroit, à mon avis, très-essentiel d'établir des espèces de bals dans des guinguettes voisines des casernes, là où on attireroit les soldats, & là où, en les faisant boire, on monteroit adroitement leur esprit à la hauteur nécessaire.

Je vous offre, frères républicains, ces réflexions dans l'intention de vous consulter. Si vous trouvez mes opinions bonnes à suivre, je vous prie de me le faire savoir; je vais m'occuper ces jours-ci d'un ouvrage que j'intitulerai Dialogue entre Jambe de bois & Franc-libre: ce dialogue roulera sur le détail de la misère & de l'avilissement actuel du soldat, comparé au sort dont il jouissoit en 92.

Cet ouvrage, en style soldatesque, sera de près [autant que le loisir me le permettra] suivi d'un autre intitulé: Réponse de la Terreur à Franc-libre.

J'ai lû & relu l'instruction, & je la relirai encore pour m'en pénétrer & la suivre ponctuellement.

Salut fraternel.

P. S.

Il est deux heures de la nuit,
la chandelle me manque,
c'est pourquoi j'ai mis un peu de diffusion
& du barbouillage dans la présente,
le temps ne me permettant pas de faire ce que je voudrois.

Je me suis servi de cette feuille de papier parce qu'il ne me coûte rien, & que je n'ai pas le moyen d'en avoir d'autre.

Quatrième pièce.

17 floréal. (1)

FRANC LIBRE,

Au Directoire D...

Depuis trois décades j'avois fait de vains efforts pour trouver un frère parmi mes camarades du camp de Grenelle. Je commençois déjà à désespérer de réussir, lorsqu'un heureux hasard m'en a procuré un qui est de nature à m'en procurer bientôt d'autres & des plus solides.

---

(1) Cette date paroît être de la main de Babœuf.

Voici le fait.

Je passai hier une partie de l'après-dîner à boire bouteille avec le nommé Montion, lieutenant de mon bataillon [homme à moyens oratoires & militaires, ancien soldat de Flandre]; je le soupçonnois depuis long-temps dans les bons principes, & ce fut pour le sonder que je l'amenai à l'écart. Après avoir long-temps parlé politique en général, & l'avoir fait boire assez pour le faire parler [car il est naturellement très-discret], il m'avoua, avec cette effusion du cœur, signe certain de la franchise, qu'il n'avoit jamais cessé d'être démocrate, mais qu'il avoit perdu l'espoir de voir de sitôt les républicains se relever, & qu'en conséquence lui & plusieurs de ses anciens amis de Flandre, faisant de nécessité vertu, affectoient de paroître gouvernementistes. Je saisis cette occasion pour relever son courage; & lui avouant que je professois la même manière de penser, je lui fis entendre que je savois, de manière positive, que plus de quarante mille sans-culottes étoient prêts de se lever, & qu'ils auroient renversé les tyrans, s'ils n'appréhendoient d'être dans la nécessité de nous combattre, nous soldats du gouvernement.

J'y ajoutai que tout présageoit que cela n'empêcheroit pas qu'ils s'insurgeroient bientôt, & qu'à coup sûr nous serions victimés comme les Suisses au 10 août. Je n'en dis pas davantage, & cela suffit pour nous faire conclure entre nous, 1°. qu'il verroit aujourd'hui trois de ses anciens amis qu'il connoissoit à fond, & les engageroit à se lier avec lui pour préparer la troupe à seconder le peuple au moment décisif; il me fera connoître ses amis, sans me faire connoître d'eux: il leur dira [chose essentielle] & assurera qu'il y en a déja 300 de gagnés, mais qu'il est convenu qu'on ne se connoîtra que de quatre en quatre, pour éviter l'effet d'une trahison; par apperçu le nombre pourra se monter à quinze ou vingt, dont trois officiers seulement [car c'est le grade le moins abordable]. Quand ce petit noyau sera formé, je leur ferai passer à chacun environ mille francs en assignats, pour gagner les soldats, & répandre l'insubordination. Voici où j'aurai cet argent [car c'est là, à mon avis, le grand levier] : 1°. j'ai dans les mains d'un de mes frères à Abbeville, 35,000 livres en assignats; je les vais faire venir, la lettre est déjà en route. 2°. J'ai un cousin germain, nommé Ponticourt, notaire, rue Sainte-Croix-de-la-Bretonnerie, que je vois rarement parce qu'il est très-riche, & conséquemment grand royaliste; il m'a souvent fait l'offre de m'avancer de l'argent pour m'équiper autrement que je suis, parce que, dit-il, j'ai plus l'air d'un sans-culotte que d'un capitaine : j'ai toujours méprisé ses offres autant que sa personne, sans cependant me fâcher avec lui, par certains égards pour son père, &c. J'irai trouver ce cousin, je lui conterai que je viens d'être nommé employé aux bureaux de la guerre, & je lui demanderai qu'il me prête une dixaine de mille francs pour m'équiper; ce qu'il fera avec zèle.

QUATRIÈME LIASSE,

INTITULÉE

BATAILLONS

INTRA MUROS ET EXTRA MUROS, (1)

Contenant une seule pièce.

Eg. B. Com. Lib.

Paris, 25 germinal, l'an 4 de la République.

Le D. de sal. pub.

Au C. Van...

Notre organisation, de laquelle tu es déja prévenu, repose sur deux principales bases, l'une d'agence civile,

(1) Ce titre paroît être de la main de Babœuf.

l'autre

l'autre d'agence militaire. Connoissant tes talens sous les deux rapports, nous avons cru devoir te confier la double mission d'agent civil & d'agent militaire. Leur coïncidence te les rendra toutes les deux faciles. Voici d'abord la commission militaire ; tu auras l'autre demain. (1)

CINQUIÈME LIASSE,

INTITULÉE

BATAILLONS

DES ENVIRONS DE FRANCIADE, (2)

Contenant une seule pièce.

Ég. B. Com. Lib.

Paris, 25 germ., l'an 4 de la lib.

L. D. de s. p.

Au cit. Mas.

Notre organisation, de laquelle tu es déja prévenu, repose sur deux bases principales, l'une d'agence civile, l'autre d'agence militaire. Connoissant tes talens sous les deux rapports, & la position favorable où tu te trouves pour les remplir toutes deux, nous avons cru pouvoir te les confier ensemble, d'autant mieux qu'elles coïncident dans leurs moyens d'exécution. Voici d'abord la commission militaire, demain tu auras l'autre. (3)

(1) Cette pièce paroît être de la main de Babœuf.
(2) Ce titre paroît être de la même main.
(3) Cette pièce paroît être de la main de Babœuf.

SIXIÈME LIASSE,

Contenant vingt-quatre pièces.

Première pièce.

Il falloit d'abord ſoutenir le gouv. contre les reb. Il faudra maintenant ſoutenir les pat. contre le gouv.

On exig. de chacun de ceux qu'on réarmoit, ſon nom, ſa ſection, ſa demeure. Eſt-ce p^r. f^{re}. une liſte de proſcription, ſe demandoit-on, ou pour récompenſer le dévouement ? Cette meſure empêcha la célérité du réarmement, & l'on demeura dep. 6 ou 7 h. du matin juſq. 4 du ſoir pour armer 2 m. répub. La maj. des p^{tis}. ne font d'autre réflex. que celle de vaincre.

Un placard intit. *Loi* frappa les regards. Les agit., y eſt-il dit, répandront dans les ſections que la C. réarme les terr. Le fait eſt faux, & la C. déclare qu'elle voue eg. une haine aux partis de la terr. & aux royal....

Ceſſé bien mérité de la patrie, les terroriſtes du B^{on}. Paris.

Maréchal...	Piſtolets, poignards. Manifeſte à Maréchal.
Didier.....	Le cachet.
Lh^n.......	Lh^n. les copies, les j^n.
	Morel eſt-il revenu chercher des collections de tous les n^{os}. ? Va chercher des chanſons chez Poiſon.

24 de Dut. Si v^s. n'ét.. pas la cauſe de la lib. & de l'eg.

Journaux royaliſtes qui ont précédé & annoncé la conſpiration; autres preuves également manifeſtes qui la faisoient pressentir aux esprits clairvoyans . . . . Voleurs dans toutes les prisons . . . .

Plan d'attaque des rebelles . . . Trahison de Menou, à qui la Con. avoit donné une armure . . . . Con. défendue par les patriotes qu'elle avoit égorgés . . . . Mot de Lanjuinais au moment du combat : Épargne l'effusion du sang. Vois les

Résultats qui doivent rendre la victoire des patriotes vraiment utile & décisive pour eux & pour la Rque.

BAT. SACRÉ.

Ant. Fréron. Qu'est devenue sa jeunesse ? fon. au f. fils de guillotinés. Le per. 1er. mouvt. viv. la C. v. la R. Embrass.-nous ; on s'embrasse, on tire.

Terreur nouvelle.

S.de

Le canon grondoit encore. Désarm. des terr. prév. des crimes du gouv. Ranimer l'espoir. #

(Une ligne & un mot illisibles n'ont pu être écrits.)

Qu'induire de ce tendre intérêt ? (1)

Deuxième pièce.

Rue & porte du Bacq, la dernière porte en montant près la porte, grande porte & petite ; frapper à la petite.

Troisième pièce.

Les députés (2)

Tribunal de Brest.	Choudieu.	Lay, adjudant.
Verteuil.	Amar.	Fabre, adjudant.

---

(1) Cette pièce informe est de plusieurs écritures, & partie de celle de Babœuf.

(2) Ces mots paroissent être de la main de Babœuf.

Raguecy.
Polis.

Vadier.
Vouland.
Huguet.
Fayau.
Chasles.

60 sabres.
Vincennes.
Jory, adjudant.
(*Les deux derniers noms ci-dessus sont rayés.*)

1. Ficquet.(1)
2. Guilhem.
3. Bouin.
4. Menessier.
5. Paris.

Quatrième pièce. (2)

1. Morel. †. 1.
2. Bodmam.
3. Menessier.
4. Bopin.
5. Guilhem.
6. Ficquet. Van. †. 2.
7. Paris.
8. Cazin.
9. Deray. Vacrez.
10. Pierron.
11. J. Bodson. †. 3.
12. Morroy.

(*Au dos est écrit :* Rue Neuve-Méderic, n°. 488.)

Cinquième pièce.

Il en fut bien puni !.... le plus dur esclavage
De ce peuple avili fut le juste partage ;

---

(1) Ces noms paroissent être de la main de Babœuf.
(2) Cette pièce paroît être de la même main.

Trente siècles à peine ont allégé ses fers :
L'opprobre le poursuit au bout de l'univers.
Source de tant de maux, exemples mémorables,
Gravez-vous dans nos cœurs en traits ineffaçables!
Vivre libre ou mourir, c'est notre unique choix;
Qui pourroit hésiter outrageroit les loix.
Sur les bords du Niger qu'il cherche une retraite;
La France de son sein pour jamais le rejette.....
Comment un peuple né pour être souverain
Courberoit-il son front sous un sceptre d'airain?
Des âges écoulés l'homme a suivi les traces;
Et si j'ai bien jugé leur ardeur magnanime,
Sur leurs fronts rayonnans j'ai lu cette maxime:
« Qu'un cœur républicain réunit à-la-fois
» L'amour de la patrie & la haine des rois. »

Bon pour imprimer mille exemplaires.
PLENU.

Sixième pièce. (1)

(Sur une enveloppe cachetée de noir.)

Pelletier,
Mithiviers,
Mithois,
Famchet.

---

(1) Cette pièce paroît être de la main de Babœuf.

Septième pièce. (1)

DISTRIBUTION.

24 *Germinal.*

Fait. Lettre de Franc-Libre à son ami la Terreur.

25.

Fait. N°. 42 du Tribun du peuple, & Doit-on obéissance à la constitution de 95?

27.

Fait. Soldat, arrête encore, & l'Adresse du Tribun à l'armée.

29.

Fait. N°. 6 de l'Eclaireur, & la Lettre de B. en réponse à M. V.

Premier floréal.

L'écrit de Bouin.

3 *floréal.*

Le Dialogue de Bodson & le n°. 7 de Félix Lepelletier.

5 *floréal.*

Lettre de B. à Antonelle.

7.

L'Homme libre de 95.

9.

Sujet à méditer promptement.

11.

L'Adresse aux départemens.

---

1) Cette pièce paroît être de la main de Babœuf.

Huitième pièce.

ÉGALITÉ, LIBERTÉ,

BONHEUR COMMUN.

Paris, floréal, l'an 4e de la République.

Le Directoire de salut public aux agens des douze arrondissemens.

Citoyens,

Neuvième pièce. (1)

ÉGALITÉ, LIBERTE,

BONHEUR COMMUN.

Paris, le 14 floréal, 4e année républicaine.

Le Directoire insurrecteur de salut public aux agens des douze arrondissemens.

Tenez

Dixième pièce. (2)

Circulaire.

Paris, l'an 4e de la République.

Le Directoire aux agens.

Toutes les mesures sont prises; la mesure des crimes des tyrans est comblée : *il faut insurger.*

Voici les ordres & instructions auxquels nous vous prescrivons de vous conformer exactement.

1°. Demain matin, à heures, vous ferez sonner le tocsin dans toutes les sections de vos arrondissemens, & retentir dans

---

(1) Cette pièce est constatée être de la main de Darthé.
(1) Cette pièce est constatée être de la main de Buonarotti.

les rues le plus grand nombre de trompettes que vous pourrez vous procurer. Le général en chef vous en enverra après le commencement de l'insurrection, s'il peut s'emparer de l'endroit où elles sont déposées. Il seroit bon que les pelotons, ou tout au moins les arrondissemens, fussent précédés dans leur marche par des trompettes.

2°. Au même moment vous ferez afficher & répandre avec profusion les manifestes que nous vous envoyons : lever la masse du peuple par le moyen de vos agens que vous aurez prévenus.

3°. Vous ferez répandre au même instant le bruit que les Conseils & le Directoire veulent sortir de Paris, faire marcher sur cette ville une armée, & rendre un roi à la France.

4°. Le Directoire a nommé les citoyens ci-après pour généraux du peuple pendant l'insurrection; savoir :

Général en chef

Général divisionnaire

Pour le f. Antoine

(*Ici sont quatre H placées perpendiculairement.*)

Vous les ferez reconnoître d'abord par les subalternes que nous avons choisis, & ensuite par le peuple entier, & vous veillerez à ce que leurs ordres soient exactement suivis.

5°. Vous trouverez ci joint la liste des citoyens de vos arrondissemens respectifs, que, d'après les renseignemens transmis par vous, nous avons cru les plus propres à conduire le peuple à la conquête de ses droits. On divisera le peuple par pelotons; chacun d'eux en commandera un : le citoyen désigné comme chef commandera l'arrondissement; les sous-chefs commanderont les sections.

6°. Vous préviendrez immédiatement les chefs d'arrondissement, auxquels vous ferez connoître les noms des généraux auxquels ils devront obéir, & vous leur enjoindrez en même temps de prévenir les sous-chefs à se tenir prêts, sans leur rien dire davantage : le même avis sera donné aux commandans de pelotons dont vous êtes très-sûrs; les autres ne seront prévenus qu'au moment. Vous êtes libres de ne pas employer les commandans de pelotons sur lesquels vous pourriez avoir conçu des doutes.

7°. Vous remettrez aux chefs, sous-chefs & commandans de pelotons, les guidons indiqués dans le manifeste.

8°. Vous leur donnerez ordre de s'emparer immédiatement, & à quelque prix que ce soit, des armes & munitions qui se trouvent chez les adjudans & aux chefs-lieux des sections.

9°. Vous ferez réunir en corps tous les canonniers qui se présenteront pour être prêts à exécuter les ordres des généraux.

10°. Vous choisirez des patriotes énergiques auxquels vous confierez le soin de haranguer & électriser le peuple.

Vous tirerez en même temps parti de l'éloquence pathétique & persuasive des femmes, que vous dirigerez, comme nous vous l'avons déja dit dans nos précédentes instructions, vers les soldats, auxquels elles présenteront des couronnes civiques, en les exhortant, par toutes les considérations puissantes qu'elles peuvent employer, à se confondre dans les rangs du peuple.

11°. Dès le commencement de l'effervescence, vous l'encouragerez en faisant répandre le bruit que déja les camps de Grenelle & de Vincennes se sont rangés au parti du peuple. (1)

Lorsque les soldats fraterniseront avec le peuple, il est nécessaire qu'ils se mêlent dans les rangs des sans-culottes, & qu'ils ne marchent ni en corps ni sous la direction de leurs officiers.

12°. L'ordre sera par vous donné aux chefs & commandans d'entraîner ou dissiper par la force tous les individus qui voudroient se rallier aux ordres du gouvernement, & sous le commandement des officiers de la garde

(1) Ce paragraphe & le précédent paroissent être des renvois de la main de Babœuf.

nationale. On arrêtera toute ordonnance ou messager porteur d'ordres de quelque autorité actuelle que ce soit.

13°. Vous aurez soin de suivre & rallier la masse de votre arrondissement : vous donnerez l'exemple du dévouement & du courage, & vous nous rendrez compte par des exprès tous les quarts-d'heure de l'état des choses.

14°. Si les généraux ordonnent à la masse de votre arrondissement de se séparer, vous suivrez la partie la plus considérable, & confierez la surveillance de l'autre à un citoyen zélé dont vous nous donnerez immédiatement le nom, & auquel vous donnerez l'ordre de nous rendre également compte tous les quarts-d'heure.

15°. Vous communiquerez toutes vos instructions au sansculotte qui mérite le plus votre confiance, pour qu'il vous remplace dans le cas qu'il vous arrive quelqu'accident.

16°. Vous ordonnerez de notre part à trois membres des comités révolutionnaires de chaque section de votre arrondissement qui étoient en exercice au 9 thermidor, & qui se sont conservés les plus purs, de rentrer en fonctions au premier coup de tocsin. A leur défaut vous choisirez d'autres patriotes ; vous les chargerez de prendre de concert avec vous toutes les mesures pour l'exécution de l'acte insurrectionnel : il faut sur-tout qu'ils s'occupent des articles concernant les boulangers & les vivres à porter au peuple.

17°. Vous leur ordonnerez aussi de mettre sur-le-champ en requisition les chevaux, mulets & chariots nécessaires au transport des vivres, des munitions & des blessés.

En vous emparant des magasins de farine, vous aurez soin d'y établir immédiatement un garde-magasin, & de faire continuellement approvisionner les boulangers environnans.

18°. Au moment de l'insurrection, vous enverrez sur-le-champ auprès de nous dix sans-culottes armés & bien déterminés de votre arrondissement ; ils serviront à porter les ordres, & à la dernière extrémité nous nous ensevelirons avec eux sous les ruines de la liberté.

19°. Le Directoire insurrecteur tiendra ses séances au f. rue n°.

20°. La Convention nationale sera par lui installée immédiatement après l'insurrection commencée, au même f. rue n°.

Vous ferez connoître son existence.

21°. Vous veillerez à ce que les ordres des généraux pour la garde des barrières soient exactement exécutés, & vous aurez grand soin que les ponts soient gardés, & que toute communication soit interrompue entre les autorités actuelles.

22°. Vous profiterez du premier moment pour porter le peuple de chaque arrondissement à se rendre en masse auprès de nous pour concourir à la présentation de la liste des démocrates qui seront adjoints à la Convention nationale, & pour appuyer les lois populaires & régénératrices qui seront à l'instant proposées par nous, & combinées de manière qu'elles ne laisseront plus un seul citoyen malheureux. (1)

Dix-septième pièce. (2)

Ecrire & se cacher : que pers. ne se laisse prendre : pillage des Tallien : les 73 : haine contre Paris.

(*Deux lignes écrites & rayées.*)

---

(1) Cette pièce est de la main de Buonarotti, & les dernières lignes paroissent de celle de Babœuf.

Les onzième, douzième, treizième, quatorzième & quinzième pièces sont des copies semblables à la dixième précédant celle-ci, & paroissent être de la main de Pellé.

La seizième pièce est semblable à la huitième de la présente liasse, & paroît de l'écriture de Pellé.

(2) Cette pièce paroît être de la main de Babœuf.

1. M. 9.
2. B. 9.
3. M. 9.
4. B. 9.
5. G. 9.
6. F. 9.
7. D. 9.
8. C. 9.
9. P. 5.
10.
11. B. 9.
12. M.

(Au dos est écrit :) (Neuf mots rayés & soulignés.)

Loyers, locataires.

Pénurie. Propos de Félix pour l'argent.

Ecrits, n°. 5 de l'Eclaireur.

(Deux lignes rayées.)

A Blois le Directoire avoit, dès le 15 ventôse, fait dissoudre la réunion.

L'adresse aux soldats !

Blocus de Paris. Soldat, arrête encore. Proclamations aux armées. Paris. Comment traité. Légion de police.

Mort. Peuple, nous la bravons.

Il n'y a qu'eux qui peuvent vivre. — Chevaux. Mourir. — Faire mourir les hommes & les chevaux pour atténuer la guerre. — Cinq mille aux galères. — Peut-on craindre la mort quand on vous la présente par-tout ? — Pargués, en prison. — Fléaux de la terre. — Punis sévèrement s'ils parlent à des b. geois. — Lettre aux soldats pour leur dire ce qui se passe. — On y a ses fils, ses pères, ses parens, on ne peut les voir. — Lettres des assiégés aux assigeans . . . . Une mère les larmes aux yeux a été, on lui a refusé barbarement l'entrée. Il y en a qui ne sont pas du camp. Leur dire que ceux-là sont au pas.

Désarmer les sabres.

Dix-huitième pièce. (1)

Supplément à la liste des hommes propres à commander.

Section,		
Gardes-Françaises.	Muguet, rue Champ-Fleury, n°. 92.	Capitaine de canonniers.
Brutus.	Lambert, rue Neuve Eustache.	Ex-commandant de bataillon.
	Thevenard, passage du Saumon.	Thevenard, ex capitaine de canonniers.
	Mirau, rue Montorgueil, à côté du passage du Saumon, n°. 18.	Ex-offi.
Contrat-Social.	Thouvenin, marchand épinglier, rue Montmartre, près celle de Jean-Jacques Rousseau.	Fera marcher les canonniers de sa compagnie.

Dix-neuvième pièce.

Peuple triomphateur !

Citoyens ! si, pour commander l'*intérêt* des auditeurs, il faut, dans le sujet d'un discours, des choses de la plus haute importance, jamais orateur n'a dû être écouté avec autant d'attention que je vais l'être. Je la réclame encore cette attention, je (*quatre mots rayés*) te la demande & veux t'y préparer d'avance, peuple heureux, par ce jour qui nous éclaire. Je veux chercher à l'augmenter en t'avertissant que les choses que j'ai à te dire t'importent encore plus que la sublime conquête que tu viens de faire. Enfin,

(1) Constatée être de la main de Buonarotti.

si la confiance dans celui qui parle & dans ceux au nom desquels il parle, peut encore accroître le degré d'application dans ceux qui écoutent, je ne crois pas m'éloigner de ce but en annonçant que tu entends en ce moment l'organe du comité insurrecteur de salut public.

Peuple libre encore une fois! peuple dégarrotté & victorieux! livre-toi sans contrainte à tes transports (*neuf mots rayés*) *tes maîtres ne sont plus*. Il est passé, ce temps où en leur présence & lorsqu'ils traitoient de ta liberté, de ton existence, de tes intérêts les plus chers, ils vouloient faire de toi un vil automate : nous ne te disons pas, nous, de ne (*deux mots rayés*) donner aucun signe d'approbation ni d'improbation. Peuple souverain! si nous te trahissons, si désormais nos paroles étoient aussi les avant-courières de notre perfidie & de nos crimes, au nom de la patrie & de la liberté, ne nous laisse point les achever : sur le champ, blâme-nous! punis nous!

Je crois encore convenable à mon exorde, Peuple français, de te déclarer ici quels sont les membres de ce comité insurrecteur de salut public, au nom duquel je t'adresse la parole! Voici leurs noms.

France! c'est toi toute entière qui m'entends! Et toi, mon auditoire, qui composes avec nous ses premiers libérateurs, je t'ai promis, ainsi qu'à elle, de dire des choses dignes de ce grand jour, des choses plus intéressantes encore que l'insigne triomphe qu'il a éclairé; je dirai & je proposerai les choses qui garantiront au peuple qu'il ne pourra plus perdre les fruits de ce triomphe.

C'est toujours au peuple que je m'adresse : je ne vois encore que lui ici : on a parlé, dans l'acte insurrectionnel, d'une représentation : elle n'existe point encore, puisqu'elle n'est point encore reconnue; elle n'existe point encore, puisque le peuple, encore en insurrection, exerce toujours lui-même ses droits; que tout autre pouvoir disparoît devant le sien : elle n'existe point encore, puisque les fruits de l'insurrection ne sont pas encore cueillis, ni même assurés au peuple. Citoyens, saisissez bien cette circonstance. Que d'anciens prestiges ne vous fassent point illusion : c'est vous qui êtes ici, je n'y vois point de sénat ; c'est à vous, par conséquent, à vous tout seuls que je vais parler ; & je le répète, il est utile, souverainement utile, que vous vous en pénétriez-bien. Le moment est précieux, il est unique, il ne se représentera plus ; de l'usage que nous allons en faire, peut dépendre notre sort perpétuel. (1)

Vingtième & vingt-unième pièces. (2)

Vous connoissez, citoyens, les efforts de quelques démocrates en faveur du recouvrement des droits du peuple.

Vous savez qu'à travers les proscriptions & les échafauds, nous eûmes assez de courage & d'intrépidité pour plaider la cause sacrée de l'humanité ; & que nous avons continué jusqu'à ce jour d'affronter tous les dangers pour former un parti d'opposition contre la tyrannie.

A l'époque de vendémiaire, nous ne sortîmes des cachots où nous avions mérité d'être ensevelis par elle, que pour la réattaquer audacieusement; alors le feu sacré étoit éteint ; la masse du peuple étoit royalisée ; la colonne des patriotes, abattue, fatiguée, dégénérée dans les cachots, se trouvoit trop heureuse d'en être sortie ; lorsqu'elle ne s'y étoit point abattue, elle étoit disposée à pactiser avec un gouvernement atroce & usurpateur, à le servir même, à accepter ses plans. Si quelques hommes encore dignes de la liberté leur représentoient tout ce que ce traite avoit de déshonorant & de honteux, la plupart s'en excusoient par quelque chose de plus honteux encore : ils disoient avoir leur arrière-pensée, & qu'ils ne fraternisoient avec

---

(1) Cette pièce paroît être de la main de Babœuf.

(2) *Idem.*

leurs ennemis que pour ſurprendre leur confiance, afin de pouvoir, quand ils ſeroient aſſez forts, les étouffer.

Nous voulûmes apporter plus de loyauté dans la guerre de la vertu contre le crime. Nous attaquâmes ce dernier de front, nous l'attirâmes, nous fîmes jouer aux républicains un rôle plus digne d'eux, nous les rendîmes à leur primitive dignité, nous déroyaliſâmes auſſi le peuple ; nous le déſabuſâmes de la fauſſe opinion par laquelle les ſcélérats l'avoient induit à croire que le triſte état où ils l'avoient réduit, étoit le réſultat du ſyſtême républicain ; nous parvînmes à démontrer au peuple qu'au contraire c'étoit le réſultat des atroces réminiſcences du royaliſme, & du dépériſſement de l'édifice de la République, qui, s'il pouvoit être achevé, procureroit le *maximum* du bonheur.

Nous eûmes l'avantage (*un mot rayé*) d'amener le but où (*un mot rayé*) nous tendions par cet endoctrinement, celui de diſpoſer les patriotes & la maſſe du peuple à renverſer le gouvernement tyrannique qui exiſte, pour en ſubſtituer un plus digne de la grande révolution que les Français ont eu le courage d'entreprendre.

Nous avons ſenti que des journaux révolutionnaires ne ſuffiſoient pas pour nous conduire à notre fin. Nous avons cru devoir, il y a déja pluſieurs mois, nous réunir en comité de pluſieurs démocrates courageux, nous organiſer inſurrectionnellement, & organiſer autour de nous tout ce qu'il faut pour parvenir à conſommer une inſurrection.

Nous avons fait beaucoup de choſes pour cela ; nous croyons avoir raſſemblé (*trois mots rayés*) la très-grande partie des matériaux, & préparé preſque toutes les diſpoſitions néceſſaires pour un tel objet.

Nous avons des renſeignemens ſur les lieux où ſont des munitions & ſur les moyens de s'en ſaiſir.

Nous avons des liſtes des patriotes, des hommes à caractère de tout Paris ; nous avons les moyens de faire lever le peuple au premier ſignal.

Nous

Nous avons le dénombrement, le nom, la demeure, la notice des crimes de tous les scélérats qu'il faut abattre.

Nous avons plus, nous avons une organisation d'agens civils & militaires tout disposés à agir. Nous avons tout imprimé le manifeste de notre insurrection.

Elle étoit toute prête à éclater, lorsque des renseignemens qui nous sont parvenus & des observations qui nous ont été faites, nous ont portés à quelques sérieuses réflexions.

Nous devons vous parler très-franchement : nous avions résolu, pour faire cette insurrection, de nous passer de tout ce qui avoit appartenu aux différentes assemblées nationales. Etrangers à toutes factions, ne travaillant que pour le peuple, nous avions cru que nous ne pourrions mieux faire que d'éloigner de son gouvernement tout ce qui pourroit y apporter d'anciennes passions ou d'anciens préjugés dans le cas d'être nuisibles à sa complète régénération.

Vous souffrirez de nous, citoyens, quelques vérités un peu fortes, elles tiennent toujours à notre extrême franchise. Nous reprochions aux montagnards de n'avoir pas fait entièrement leur devoir dans la mission qu'ils avoient reçue du peuple : nous leur reprochions de n'être pas morts pour le soutien de ses droits.

Nous craignions encore qu'en les appelant de nouveau au timon de la législation, l'on ne vît renaître les querelles & les déchiremens, fruits naturels des anciens points de dispute dont les fermens existent toujours dans les têtes de la plupart d'entr'eux.

Nous nous persuadions enfin de pouvoir tout faire & mieux faire sans eux.

Nous croyons avoir acquis, dans ces derniers jours, sinon la preuve, du moins la forte présomption du contraire, & nous n'avons pas voulu risquer la perte de la patrie.

Il nous a été fait plusieurs ouvertures par lesquelles on nous a dit que, travaillant de votre côté dans les mêmes vues que nous, vous desiriez que nous réunissions nos efforts.

Nous nous sommes déterminés à accepter (*deux mots rayés*) cette proposition, d'autant que nous avons craint que vos mesures & les nôtres ne s'entre-choquent & ne se nuisent, &, puisqu'il faut le dire, qu'au moment décisif vous ne veniez vous mettre à travers nos projets, & qu'il n'en arrive que diverses compagnies de défenseurs du peuple ne se trouvent en désaccord & n'ajoutent une guerre entr'eux au par-dessus de toutes celles que la République a à soutenir contre toutes ses différentes espèces d'ennemis (*trois mots rayés*.) Un tel malheur & toutes ses suites nous ont effrayés. Nous avons résolu de les prévenir en (*deux mots rayés*) nous réunissant à vous. Nous vous avons appelés pour vous transmettre cette décision. Nous désirons qu'elle vous soit agréable, que nous puissions bien nous entendre, bien réunir & combiner nos moyens pour sauver le peuple & l'arracher à la tyrannie : oublions tout pour atteindre ce but heureux.

Vingt-deuxième pièce. (1)

Ceux à qui le discours que je vais prononcer s'adresse sont moins les hommes qui se disent ici Convention nationale ; c'est moins à eux, dis-je, que mon discours s'adresse qu'au peuple. Voici la première fois que le tribun de la France a l'avantage de parler au milieu de ceux qu'il a concouru à arracher de la griffe des tyrans. Il sera écouté d'eux avec toute l'attention que méritent les moyens qu'il va leur donner pour ne plus retomber sous la tyrannie.

Citoyens ! la victoire de ce jour étonnera les générations ; elle ébranle déja l'Europe, elle affranchira l'univers ! J'ai une grande question à vous faire : voulez-vous n'en pas perdre le fruit ?

Eh bien ! il faut savoir la consolider.

---

(1) Cette pièce paroît être de la main de Babœuf.

(Sur le second recto de cette feuille est écrit :)

Dérogation aux principes.
Agitation dans les départemens.
Établissement des [illegible] Conv..
2°. du Conseil exécutif.
Organisation de la Constitution.

Avec cette manière de penser, la Montagne a perdu la patrie.

Les prétendues objections feroient douter des sentimens des objectans.

Vingt-troisième pièce. (1)

Réunion de la Convention.

Adjonction d'un membre par département.

Faire délivrer sans délai aux défenseurs de la patrie le milliard des biens nationaux.

Administration nommée pour la distribution de ces propriétés.

Faire délivrer au peuple les autres biens nationaux.

Administration pour cet objet.

Former des logemens aux malheureux dans les maisons des contre-révolutionnaires ; en prélever des objets de luxe, les seuls bijoux & argenterie.

Suspendre provisoirement l'exécution de toutes les lois & arrêtés du gouvernement qui ont existé depuis l'horrible journée de thermidor.

Casser & annuller toutes les radiations de listes d'émigrés ; depuis cette époque, sauf à reviser. Tous les scélerats qui sont entrés sur le territoire seront tenus de le quitter dans la huitaine qui suivra la promulgation de la loi.

Reconstruire la salle des jacobins, y faire travailler Fréron,

---

(1) Cette pièce paroît être de la main de Babœuf.

Delcloy, Tallien, & tous ceux qui ont concouru à sa démolition.

Paquets de la poste ouverts par la commission.

Rendre responsables les chefs de la force armée du sang qui seroit répandu.

Vingt-quatrième & dernière pièce.

Mets à côté du nom des citoyens ci-après désignés de quels départemens ils sont :

Sylvain Maréchal, Bibliothèque Mazarine.
Dumoulin, section de Bon-Conseil.
Monroy, de l'Observatoire.
Laboureau, rue de la Harpe.
Robin, l'orateur des campagnes.
Gonnet, des Gardes-Françaises.
Legras, cordonnier, rue Montorgueil, section du Contrat-Social, n°. 75.
Vacret.
Geoffroy, cordonnier.
D'Olivier de Beauchamp.
(1)
Dardel, de la section des Thermes ou des Plantes.
Bascher, panthéoniste.
Chapelle.

---

(1) Une ligne rayée où on lit cependant *Joseph Bodson.*

SEPTIÈME LIASSE,

INTITULÉE

TRAVAIL GÉNÉRAL, (1)

Contenant cent pièces.

Première pièce.

Liste des démocrates à adjoindre à la Convention nationale. (2)

Ain	Tissot de Trévoux.
Aisne	Brutus Meignet, de Réunion-sur-Oise.
Allier	
Basses-Alpes	Derbez, fils.
Hautes-Alpes	
Alpes maritimes	Tyranty.
Ardèche	
Ardennes	Jorry de Sedan. (*Ce nom est rayé dans la pièce.*) Dubreuil de Givet.
Arriége	
Aube	
Aude	Ch. Germain, de Narbonne.
Aveyron	
Bouches-du-Rhône . . .	Antonelle, d'Arles.
Calvados	Debon.

(1) Ce titre paroît être de la main de Babœuf.

(2) Ce titre paroît être de la main de Babœuf. La pièce est constatée être de celle de Buonarotti. En général, plusieurs noms sont de la main de Babœuf & de mains différentes. Celui de Charles Germain paroît être mis par lui-même.

Cantal	
Charente	
Charente Inférieure	
Cher	
Corrèze	
Côte-d'Or	
Côtes-du-Nord	
Creuse	
Dordogne	
Doubs	
Drôme	Foret de Valence.
Eure	
Eure-&-Loir	Maſſard. (*Ce nom eſt raturé.*)
Finiſtère	Brandin . . . .
Gard	Courbis. †
Haute-Garonne	Baby.
Gers	Homoga.
Gironde	Collombet de Frejus.
Golo	Ramarone.
Hérault	Rous, diſtrict de Montpellier.
Ille-&-Vilaine	Maſſard de Rennes.
Indre	
Indre-&-Loire	
Iſère	Fiquet. (*Nom rayé.*)
Jura	Topino-Lebrun.
Landes	Maréchal.
Liamone	Buonarotti.
Loire-&-Cher	Deſchamps de S. O.
Loire	Chanat de St.-Chaumond.
Haute-Loire	Dumoulin, f. de Bon-Conſeil. (*Ce nom eſt rayé.*)
Loire-Inférieure	Monroy.
Loiret	Lagnette (*nom rayé*) & Pillet de Montargis.
Lot	

Lot-&-Garonne	Laboureau.
Lozère.	Robin l'O. Der. C.
Maine-&-Loire.	Joseph Bodson.
Manche.	Delalande, imprimeur à Coutances.
Marne.	Drouet. *(Nom raturé & presque illisible.)*
Haute-Marne.	
Mayenne.	Jacques Roux de Frejus.
Meurthe.	Philip de Nancy.
Meuse.	Renaud, de Bar-sur-Ornain.
Mont-Blanc	
Mont-Terrible.	Gonnet, des Gardes Fraises.
Morbihan.	Legras.
Moselle	Trottebar, de Metz.
Nièvre.	Delaure Tenaille, de Clamecy.
Nord.	Guill. de Cambray.
Oise.	Meneissier, de Bulles.
Orne	Vacret.
Pas-de-Calais	Darthé, de Saint-Pol.
Puy-de-Dôme	Lavigne.
Basses-Pyrénées	Merle, général de brigade, armée des Pyrénées-Occidentales.
Hautes-Pyrénées	Bouzigues.
Pyrénées-Orientales . . .	
Bas-Rhin	Reiz, de Strasbourg.
Haut-Rhin	Geoffroy.
Rhône.	Roche, de Lyon.
Rhône-&-Loire	
Haute-Saone	
Saone-&-Loire.	Pelletier Felix, d'Autun.
La Sarthe	
Seine.	Didier, de Choisy.
Seine inférieure	D'Ollivier de Beauchamps.

Seine & Marne.	Lambarti, de Melun.
Seine & Oise.	J. Lepelletier (mot rayé) Tisot.
Deux-Sèvres	Toulotte, de Saint-Omer.
Somme	Babœuf.
Tarn	D'Auvergne (*mot raturé*) Sèbe, chirurgien, district de la Causne.
Var.	Marte, de Fréjus.
Vauclusé.	Agricole Moreau, d'Avignon.
Vendée.	Taffoureau, de Saint-Omer.
Vienne	Belmezei, de Poitiers.
Haute-Vienne.	. . . .
Vosges	
Yonne.	Montête, d'Auxerre.

Au second recto de la feuille est écrit : C. Guilhem, à la Poste, administrateur; Dardel & Naudon, du douzième arrondissement.

Seconde pièce. (1)

MUNICIPALITÉ DE PARIS.

Fiquet.	maire.	
Caubrieres	procureur de la commune.	

Duplay, père	1. arrondissement.	Municipaux.
Bodman	2. arr.	
Menessier.	3. arr.	
Bouin.	4. arr.	
Dumoulin	5. arr.	
Baude.	6. arr.	
Mulot, d'Angers, de l'Homme armé	7. arr.	

(1) De la main de Pillé.

Cazin	8. arr.	Municipaux.
Vaneck	9. arr.	
Pierron	10. arr.	
Bacson Bonnieres	11. arr.	
Lefevre, de l'Observatoire.	12. arr.	
Lefranc	des Tuileries.	Conseil général de la commune.
Pinson.	des Piques.	
Rousseau, marchand de vin.	des Champs-Élysées.	
Massey.	de la République.	
Vergne.	de Lepelletier.	
. . . .	de la Butte-des-Moulins.	
Lecœur	du Mont-Blanc.	
Berger.	du fauxbourg Montmartre.	
. . . .	de Brutus.	
. . . .	du Contrat Social.	
. . . .	du Mail.	
. . . .	Poissonnière.	
Clerx	de la Halle-au-Blé.	
. . . .	du Muséum.	
Alibert.	des Gardes-Françaises.	
Nozieres.	des Marchés.	
. . . .	de Bondy.	
. . . .	de Bonne-Nouvelle.	
Pernet.	de Bon-Conseil.	
. . . .	du Nord.	
Petit.	des Gravilliers.	
Lambert.	des Amis de la Patrie.	
Metrot.	du Temple.	
Cordas	des Lombards.	
Pelletier	de la Réunion.	
Boucotte.	de l'Homme-Armé.	
Brabant	des Droits-de-l'Homme.	
Henry.	des Arcis.	
Toussaint, tourneur.	de Montreuil.	
~~Claudet~~	de l'Indivisibilité.	
Leban	des Quinze-Vingts.	

. . . .	de Popincourt.
. . . .	de la Fidélité.
. . . .	de la Fraternité.
Devay	de l'Arsenal.
. . . .	de la Cité.
. . . .	de la Fontaine-de-Grenelle.
. . . .	de l'Ouest.
. . . .	des Invalides.
Prud'homme	de l'Unité.
Lefévre	du Théâtre Français.
. . . .	du Luxembourg.
Klispis.	du Pont-Neuf.
. . . .	des Thermes.
Dumontier.	de l'Observatoire.
Duchêne.	du Finistère.
Mencard.	du Jardin-des-Plantes.
Michaud.	du Panthéon.

Troisième pièce. (1)

Charles Germain.
Homoga.
Colombel, de Fréjus.
Topino-Lebrun.
Marechal.
Deschamps, de S. O.
Monroy.
Laboureau.
Robin, de l'O. des C.
Joseph Bodson.
Jacques Roux, de Fréjus.
Renaud, de Bar-sur Ornain.
Gonnet, des Gardes-Françaises.

---

(1) De la main de Pillé.

Legras.
Delauce-Tenaille, de Clamecy.
Vacré.
Geoffroy.
D'Olivier, de Beauchamps
Toulotte, de Saint Omer.
Sébe, chirurgien, district de la Caufne.
Taffoureau, de Saint-Omer.
Montère, d'Auxerre.
André Faure, ingénieur à Alet, par Lemoux, Aude. (1)
Fangeau d'Agde, Herault.
Rochetreux, de Marfeille.

(Les 1, 2, 3, 4, 6, 11, 12, 15, 19, 20, 21, 22 & 23mes lignes de cette pièce font raturées.)

Quatrième pièce. (2)

ADMINISTRATION DE LA POSTE-AUX-LETTRES.

Guilhem.	de Bonne-Nouvelle.
Crépin	des Gravilliers.
Ducaffe.	de l'Obfervatoire.

Cinquième pièce. (3)

ÉTAT-MAJOR DE PARIS.

Commandant.	Maffard.
Commiffaire ordonnateur. .	Pâris.

---

(1) Ces trois dernières lignes font de la main de Babœuf.
(2) De la main de Pillé.
(3) De la main de Pillé, ainfi que les 6, 7, 8, 9 & 10mes pièces.

Sixième pièce.

AGENS DANS LES DÉPARTEMENS.

Pottaufeu.	de Laon.
Lebon.	de Soissons, rue Beaurepaire, n°. 20, à côté du tonnelier.
Duponchet.	d'Arras, } Pas-de-Calais,
Taffin-Bruyant	. . . } Nord.
Thery.	de Bapeaume, *pour la Somme.* (1)
Pomme. (*Ce nom est raturé.*)	
Antoine Fiquet	du Temple.

Septième pièce.

DÉPARTEMENT DE PARIS.

1 Clémence.	
2 Marchand.	
3 Goulart	de l'Observatoire.
4 Génois	des Amis de la Patrie.
5 Campagne	du Mont-Blanc.
6 Toussaint	rue Marguerite, N°. 11, fauxbourg Antoine.
7 Ahus.	du Temple, instituteur.
8 Cassel.	de la Réunion.
Chapuis	de l'Homme-Armé, procureur-général-syndic.

(1) Ces trois derniers mots paroissent être de la main de Babœuf.

Huitième pièce.

AGENS AUX ARMÉES.

Jeantet.	Rhin-&-Moselle.
Faure	Général en chef de l'armée d'Italie.
Desplans	A l'armée d'Italie. (1)

Neuvième pièce. (2)

Liste des démocrates à adjoindre à la Convention nationale.

Ain.	Tissot de Trévoux.
Aisne.	Brutus Meignet de Réunion-sur-Oise.
Allier	
Basses-Alpes.	Derbez, fils.
Hautes-Alpes	
Alpes maritimes	Tiranty.
Ardèche	
Ardennes.	Dubreuil de Givet.
Arriège	
Aube.	
Aude	Ch. Germain de Narbonne.
Aveyron	
Bouches-du-Rhône	Antonelle d'Arles.
Calvados	Debon.
Cantal.	
Charente-Inférieure	
Cher	

(1) Cette dernière ligne paroît être de la main de Babœuf, qui a substitué *Desplans* à un nom effacé.

(1) De la main de Pillé.

Corrèze	
Côte-d'Or	
Côtes du Nord	
Creuſe.	
Dordogne	
Doubs	
Drôme	Forêt de Valence.
Eure	
Eure-&-Loir	Maras.
Finiſtère	Brandin.
Gard	Courbis.
Haute-Garonne	Baby.
Gers	Homoga.
Gironde	Topino-Lebrun.
Golo	Ramarone.
Hérault	Rous du diſtrict de Montpellier.
Iſle-&-Vilaine.	Maſſard de Rennes.
Indre	
Indre-&-Loire.	
Isère	
Jura.	Colombet de Fréjus.
Landes.	
Liamone	Buonarotti.
Loir-& Cher	
Loire	Chanat de St.-Chaumond.
Haute-Loire	Deſchamps de S. O.
Loire-Inférieure	Toulotte de S. O.
Loiret	Pillé de Montargis.
Lot	
Lot-&-Garonne	
Lozère.	
Maine-&-Loire	
Manche.	Delalande, imprimeur à Coutances.
Marne.	

Haute-Marne	
Mayenne.	Jacques Roux, de Fréjus.
Meurthe.	Philip, de Nancy.
Meuse.	Renaud, de Bar sur-Ornain.
Mont-Blanc.	Favre, de Thonon. (1)
Mont-Terrible.	
Morbihan.	
Moselle	Trottebas, de Metz.
Nièvre.	Delaure-Tenaille, de Clamecy.
Nord	Guill. de Cambray, (ou Bertrand, de Nord-Libre.) (2)
Oise.	Meneissier, de Buller.
Orne	
Pas-de-Calais	Darthé, de Saint-Pol.
Puy de-Dôme.	Lavigne.
Basses-Pyrénées	Merle, général de brigade, armée des Pyrénées-Occidentales.
Hautes-Pyrénées	Bouzigues.
Pyrénées-Orientales. . . .	
Bas-Rhin	Reis, de Strasbourg.
Haut-Rhin.	Jeanter. (3)
Rhône-&-Loire	Roche, de Lyon.
Haute-Saone	
Saone-&-Loire.	Felix Lepeletier, d'Autun.
Sarthe.	
Seine.	Didier, de Choisy.
Seine-Inférieure	Lechevalier, du Tilleul, district de Montivilliers. (4)
Seine-&-Marne	Lamberté, de Melun.

(1) Ce nom paroît être de la main de Babœuf.
(2) Ce dernier nom paroît être de la même main.
(3) *Idem.*
(4) *Idem.*

Seine-&-Oise	Tissot.
Deux-Sèvres	
Somme	Babœuf (Gracchus).
Tarn	Sebe, Chirurgien, district de la Caulne.
Var	Marte, de Frejus.
Vauclufe	Agricole Moreau, d'Avignon.
Vendée	Taffoureau.
Vienne	Bernezei, de Poitiers.
Haute-Vienne	
Vofges	
Yonne	Montère, d'Auxerre.

Dixième pièce.

COMMISSIONS MINISTÉRIELLES.

Intérieur	Simon.
Juftice	Révol.
Extérieur	Fontenelle.
Subfiftances	Tiffot.
Contributions, finances	Duplay, fils.
Guerre	Fabre, adjudant-général.
Marine	Aiguier, de Toulon. (1)

Onzième pièce.

Paris, 18 floréal, l'an IV de la République.

Le Directoire de falut public, aux Agens des douze arrondiffemens.

CITOYENS,

Jamais conjuration ne fut fi fainte que la nôtre dans fes motifs & dans fon but; jamais non plus il n'en fut une dont les

(1) Ce dernier nom paroît être de la main de Babœuf.

les agens se montrèrent aussi dignes de la confiance dont le dépôt sacré leur fut confié. On ne travailla jamais dans le secret, contre un gouvernement perfide, aussi long temps & aussi heureusement que nous l'avons fait. Son inquiète vigilance a eu beau se mettre à la torture & épuiser tous les ressorts de la plus atroce inquisition, il n'a pu encore pénétrer rien de positif.

Ce résultat honore le choix que nous avons fait de vous, & nous donne la plus grande garantie pour une confiance plus grande encore, s'il est possible, que celle que nous vous avons donnée jusqu'à présent. Avec des hommes tels que vous, nous ne devons plus avoir de pensée de réserve. Vous devez lire dans nos cœurs comme nous-mêmes, & nous vous devons la vérité toute entière.

Depuis plusieurs jours, notre correspondance avec vous est de notre côté moins active ; le ton en est moins ferme, moins décidé, plus vacillant qu'il ne l'avoit été jusque-là. Une sorte de négligence, de langueur, d'incertitude, a dû vous paroître empreinte sur notre marche. Dans quel moment cependant ! dans celui où la vigueur sembloit devoir être redoublée, lorsque les patriotes & la masse du peuple demandoient à grands cris *bataille*, & que les circonstances paroissoient leur offrir beaucoup de chances pour la gagner. Il vous mettra à portée de prononcer si notre conduite peut néanmoins être justifiée : si elle ne peut l'être, il faut que vous les premiers, & ensuite tous les patriotes dont vous dirigez l'esprit, blâmiez à jamais, punissiez même ceux qui se sont chargés de les conduire.

Nous pourrions nous contenter de vous dire qu'en jetant les yeux sur nos moyens d'attaque, nous avions des raisons fondées pour les croire insuffisans, & que c'est ce qui a dû nous faire un devoir bien précis d'arrêter un élan patriotique qui pouvoit devenir le signal de l'extermination des démocrates ; d'autant que les leçons terribles de germinal & de prairial doivent être constamment devant les yeux des républicains, & qu'il ne faudroit plus qu'une leçon pareille pour les perdre à toujours.

Nous n'avons pas été arrêtés par cette unique considération. Nous savons qu'en insurrection il faut oser, il faut être, pour ainsi dire, plus que téméraire. Voici en principal ce qui a occasionné de notre part des lenteurs apparentes.

Comme vous le savez, nous voulons tous que cette insurrection soit la dernière, qu'elle fasse enfin le bonheur du peuple. Nous avons dû prendre toutes les précautions capables d'assurer ce résultat : nous avons voulu que le manifeste qui la proclameroit garantît pour premier bienfait, pour simple préliminaire de l'état de félicité que nous nous proposons de procurer au peuple ; nous avons voulu, disons-nous, que ce manifeste garantît d'abord *la distribution aux malheureux des biens de tous les conspirateurs* ; qu'ensuite il fût dit *que les malheureux seroient logés & meublés dans les maisons des conspirateurs*, &c. &c. Pour que ces changemens, & d'autres aussi heureux, puissent être exécutés, il faut s'assurer que le pouvoir, en sortant des mains des scélérats qui le tiennent, passent dans celles des vrais, purs & absolus démocrates, des hommes du peuple, de ses amis par excellence. Comment leur faire passer ce pouvoir ? voilà la difficulté qui nous a arrêtés & qui nous arrête encore : c'est la discussion de ce point délicat qui nous a forcés à laisser perdre plusieurs avantages qui auroient pu nous être précieux, & déterminer le succès du combat que nous avons à livrer.

Gagner la bataille n'est rien, si nous ne nous assurons pas de profiter de la victoire.

Voilà pourquoi nous avions fait imprimer un premier manifeste au nombre de trente mille, où nous avions établi que le Directoire de salut public substitueroit à l'autorité tyrannique qui existe, une assemblée nationale composée d'un membre par département, choisi parmi les démocrates les plus énergiques & les plus éprouvés, dont il présenteroit lui-même la liste, qui seroit approuvée par le peuple. Cette assemblée, de concert avec le Directoire insurrecteur, auroit été chargée de finir la révolution & d'assurer le bonheur de tous.

Une foule de considérations nous a ensuite menés à croire que nous serions plus forts & plus certains du succès en rappelant les députés proscrits de la ci-devant Montagne, qui n'ont point participé à la violation de la Constitution de 1793, & qui n'ont été chassés que par la violence. Nous examinions qu'aux yeux des démocrates ces hommes formoient l'autorité légale que le peuple n'avoit point destituée, & qui par conséquent existoit encore. Nous ne nous dissimulions pourtant pas que cette partie de Conventionnels étoit presque aussi coupable & aussi violatrice que les autres: d'abord, pour avoir depuis le 9 thermidor réagi & laissé réagir; pour avoir laissé démolir pièce à pièce, & sans opposition, l'édifice démocratique; pour n'avoir pas dit le mot le 5 messidor, lorsque l'infame Boissy-d'Anglas parut à la tribune & fit adopter son code populicide; pour avoir eu depuis la lâcheté de ne point protester hautement contre cet exécrable attentat; pour avoir enfin eu l'insigne bassesse d'accepter, pour la plupart, des missions du gouvernement usurpateur & opprimant: mais *des raisons puissantes que nous vous développerons plus tard, ainsi qu'au peuple*, nous ont obligés à fermer un moment les yeux sur ces circonstances, & à faire de grands sacrifices pour tirer avantage d'hommes sans lesquels nous voyons qu'il seroit peut-être impossible d'arracher la patrie à l'insoutenable esclavage qu'elle endure. Nous nous résolûmes donc à nous servir d'eux; mais nous voulions en même temps mettre le peuple à l'abri de ne pas retomber dans leurs mains sous une tyrannie nouvelle. Nous convînmes alors que nous rétablirions les restes moins impurs de la Convention, c'est-à-dire, la partie proscrite, qui est au nombre de soixante-huit environ; que nous leur donnerions pour contre-poids un membre adjoint pour chaque département, & dont le choix, fait par nous & le peuple insurrecteur, leur présenteroit un front d'opposition de plus de cent démocrates des plus énergiques & des plus prononcés ; outre que nous conserverions, *jusqu'à ce que le peuple entier soit parfaitement heureux & tranquille*, le titre & le pouvoir de comité insurrecteur de salut public.

Nous nous sommes à cet effet concertés avec les ex-montagnards ; ils avoient accepté toutes les conditions & promis de nous aider de tous leurs moyens. En conséquence, un nouveau manifeste fut imprimé au nombre de 50,000, & nous allions nous mettre en mesure de l'exécution.

Le croiriez-vous, citoyens ? ces Conventionnels se sont ravisés & sont venus nous dire qu'ils ne vouloient plus donner de garantie aux patriotes contre leur tyrannie prévue ; ils sont venus nous dire qu'ils ne consentoient plus à l'adjonction parmi eux d'un démocrate de chaque département, c'est-à-dire qu'ils demandent que l'on détruise une oppression pour en mettre une autre, que l'on renverse celle d'aujourd'hui pour établir la leur.

Ils appuient leur prétention des plus misérables sophismes, & ils comptent à-peu-près pour rien une seule raison que nous croyons excellente : c'est celle que nous ne voulons abattre le règne des coquins que pour asseoir très-solidement celui du peuple.

Voilà, nos amis, bien franchement ce qui nous a arrêtés. Nous en sommes encore là. Ces honnêtes montagnards nous tiennent en échec ; & pour l'intérêt de leur ambition ou de leur morgue, ils ne s'embarrassent pas si, tandis qu'ils en disputent le prix, la patrie est exposée à périr à jamais. Il est malheureux, nous le répétons, que des circonstances que nous ne pouvons pas vous expliquer à présent, nous forcent à ne pouvoir guère nous passer d'eux.

La conclusion de cette lettre est de vous dire que, si nous le pouvons, nous nous en passerons néanmoins, & que, si nous ne le pouvons pas, il faudra diriger le peuple de manière à prévenir le mal qu'ils pourroient encore nous faire, de manière à leur opposer malgré eux le contre-balancement qu'ils rejettent.

Le peuple nous accuse d'inertie. Qu'il est déplorable que nous ne puissions pas, comme à vous, lui dire ce qui nous entrave! Nos écrivains populaires ne le pourroient sans compromettre les choses les plus essentielles. Dans cette position bien fâcheuse pour nous, détrompez au moins les patriotes, non pas en leur transmettant toutes les particularités que nous venons de déposer exclusivement dans votre sein, mais en les assurant que leurs meneurs méritent toujours la confiance, & en les exhortant à patienter & à soutenir leur énergie, qui, de façon ou d'autre, n'en a plus que pour très-peu de jours à être retenue.

Il faut mourir ou vaincre; il vaut mieux mourir dans une lutte glorieuse, que d'attendre l'assassinat par un des mille moyens qu'emploient & qu'emploieront nos tyrans.

Attendez donc toujours très-incessamment l'instant décisif. Ne vous alarmez pas plus d'une manière que de l'autre, dans le cas où vous verriez, comme dans celui où vous ne verriez pas des débris de la montagne à côté de nous; mais retenez pour une de vos plus importantes instructions, celle d'entourer le comité insurrecteur d'une grande masse de force populaire, au moment où il pourra arriver qu'il se rende à la séance de la Convention ressuscitée, pour lui intimer la volonté du peuple, afin d'assurer les heureux effets de l'insurrection, & ce que le peuple prétendra qui soit sur-le-champ, ce qu'il entendra qui soit mis à côté du squelette conventionnel, pour garantir l'accomplissement de la totale régénération qu'il faut opérer.

P.S. Dis-nous sur-le-champ si tu as préparé les guidons: c'est un point [illegible] détail, mais qui est essentiel.

N. B. Du [illegible], à neuf heures du soir. Nous apprenons à l'instant que les montagnards se rendent aux argumens pressans que nous leur avons fait itérativement valoir. Ils consentent définitivement à tout ce que nous voulons: ainsi l'on va presser extraordinairement les momens. La conclusion de notre lettre, relative à la démarche du peuple en masse à la suite du comité insurrecteur; cette conclusion, disons-nous, tient toujours, & la mesure qu'elle demande vous est très particulièrement recommandée.

Douzième pièce.

Jamais conjuration si sainte, &c. (1)

Treizième pièce. (2)

De leur habillement, équipement, armement, comme il est plus haut pour les autres armes : ils auront de plus le prix de chaque pièce qu'ils ameneront; par exemple, 12,000 liv. pour une pièce de 4, & 16,000 liv. pour une de 8.

Les effets appartenans au peuple, déposés au Mont-de-piété, seront rendus.

il est essentiel de s'assurer du marché de Poissy pour les bestiaux.

Les Sans-culottes armés pour renverser la tyrannie auront en propriété les armes avec lesquelles ils auront combattu.

(3) Le Peuple français adopte les enfans & les nourrira & entretiendra, ainsi que (*un mot rayé*) les épouses, (*un mot rayé*) les enfans, (*huit mots rayés*) des braves qui auront succombé dans cette lutte sacrée. Il en sera de même pour leurs pères & mères, frères & sœurs à (*trois mots rayés*) l'existence desquels ils étoient nécessaires.

Les patriotes proscrits (*un mot rayé*) & errans recevront tous les secours & moyens nécessaires pour rentrer dans leurs foyers; ils seront indemnisés des pertes qu'ils auront souffertes.

---

(1) Deuxième expédition de la même pièce que la onzième ci-dessus, toutes deux de la main de Billé.

(2) Constatée être de la main de Darthé.

(3) Une raie transversale règne sur cet alinéa & le suivant.

Cette dette sacrée sera prélevée sur la dépouille & les biens des ennemis du peuple précédemment connus, & de ceux qui seront désignés & punis pendant l'insurrection.

Toutes les autorités constituées sont à l'instant reconstituées comme elles étoient avant le 9 thermidor : tous & chacun des membres qui les composoient à cette époque sont tenus de se rendre à leurs postes respectifs, & de remettre en activité la machine administrative : ceux qui n'obéiroient point à l'instant à la volonté du peuple sont déclarés traîtres, & punis de mort.

Ces autorités constituées sont solidairement responsables, & sur leur tête, de la tranquillité publique (*deux mots rayés*) dans chacun de leurs arrondissemens respectifs : elles s'assureront sans délai des ennemis du peuple ; tout ce que le salut public, dans ces premiers momens, exigera, leur est essentiellement ordonné. Tous ceux qui ne se sont pas manifestés pour la révolution, excepté les sans-culottes, dont il faut attribuer (*un mot rayé*) l'insouciance plutôt au défaut d'instruction qu'à la malveillance, seront incontinent & entièrement désarmés.

Les autorités constituées sont investies, dans chacun de leurs arrondissemens, du pouvoir de requérir les objets de première nécessité pour les besoins du peuple ; en conséquence tous les moyens coërcitifs sont mis à leur disposition.

Les districts rendront le compte le plus exact possible par un commissaire qu'ils dépêcheront de leur mise en activité, de celle des autorités subalternes de leur arrondissement ; ce commissaire sera aussi chargé d'apporter le vœu d'adhésion & de sanction à l'insurrection, à toutes les mesures prises (*treize mots rayés*) par le peuple de Paris, (*quatre mots rayés*) pour reconquérir la souveraineté du peuple français.

S'assurer d'un endroit où on pourra adresser auxdits agens les ordres.

Partout homme assez audacieux pour exécuter des mesitres tyranniques en arrêtant quelques hommes du peuple, sera à l'instant mis à mort.

Deux hommes par section formeront le conseil général de la commune avec les anciens membres échappés à la tyrannie. Fiquet, maire.

Payan aîné, procureur de la commune.

Menessier est nommé agent supérieur de la police de Paris;

Tissot, agent pour les subsistances;

Julien de Paris, pour les armes & poudres;

Clémence, agent des postes.

Quatorzième pièce. (1)

Soldats, le moment approche de sauver ou de perdre à jamais la patrie. Ce peuple fatigué sous le poids de ses maux, indigné contre l'oppression, va se lever: il veut détruire la tyrannie, ou périr avec la liberté. Non, on ne peut pas être patriote & souffrir plus long-temps l'existence d'un gouvernement élevé contre la volonté du peuple sur le tombeau de ses plus chauds amis, sur la violation de ses droits, & sur la destruction de toutes les lois populaires. La misère du peuple est à son comble, & tous les moyens de faire entendre sa voix lui ont été enlevés: il n'a plus ni société ni assemblée publique pour appuyer ses plaintes. Les Conseils & le Directoire, si doux, si humains pour les grands & les gens comme il faut, n'ont pour lui ni cœur, ni oreilles, ni voix. Si quelqu'un parle ou écrit pour lui, on l'emprisonne, on le tue. Non, jamais tyrannie ne fut plus atroce, plus insupportable; le peuple, pour lequel on fit la révolution, est traité par les gouvernans comme une vile populace qu'il faut enchaîner pour leur sûreté; & les hommes qu'un tel excès de barbarie révolte, ces hommes qui renversèrent la Bastille & le trône, sont par eux-mêmes appelés royalistes, pour tromper & armer contre

---

(1) Constatée être de la main de Buonarotti.

eux les foibles & les ignorans. C'est par ce perfide machiavélisme qu'ils espèrent nous égarer & nous égorger avec les baïonnettes, comme ils firent en germinal & prairial de l'an trois. Vous êtes Sans-culottes, & vous ne combattrez pas ceux qui ont, comme vous, terrassé la royauté! Ecoutez, & ne vous faites point illusion.

Le peuple veut la constitution de 1793, qu'il accepta unanimement, & qui lui fut perfidement enlevée par l'égorgement & l'emprisonnement des patriotes, sous le nom de terroristes.

Il veut cette constitution, parce qu'abrogeant toute distinction de richesse, elle rend tous les hommes égaux, parce qu'elle assure des biens & des secours aux défenseurs de la patrie & aux pauvres, & parce que d'après elle le peuple peut réclamer lorsque les lois sont contraires à ses intérêts.

Si vous n'êtes pas les amis des rois, des nobles & des richards, vous serez avec nous; vous n'écouterez pas la voix trompeuse de vos états-majors, qui, au mépris de leurs sermens tant de fois répétés, se sont jetés à corps perdu dans les bras du gouvernement actuel, parce qu'il (*deux mots rayés*) paie bien cher leur lâcheté, & sur-tout parce qu'il leur permet d'exercer sur nous cet intolérable despotisme que vous aviez renversé en 1789.

Ah! (*deux mots rayés*) quand vous versiez aux frontières votre sang pour la défense de la patrie, vous ne vous doutiez pas des horreurs qu'on commettoit dans l'intérieur: vous pensiez combattre pour la liberté, pour le peuple; & vos triomphes, votre sang, ne servoient qu'à élever une nouvelle tyrannie, de nouvelles distinctions, une nouvelle insolence sur les débris de (*deux mots sont rayés*) l'ancien despotisme.

Voyez ce Directoire: à son faste insolent, à ses magnifiques palais, à sa garde nombreuse, à (*deux mots rayés*) sa hauteur, à la lâcheté des courtisans, ne reconnoît-on pas la cour des Capets? Et nos généraux si élegamment costumés, ne ressemblent-ils pas par leur luxe & leur morgue à ces nobles orgueilleux dont ils ont pris la place ? Ah ! vous le voyez, braves soldats : la révolution, qui devoit rétablir l'égalité, n'a fait jusqu'ici que remplacer une bande d'anciens coquins par une foule de coquins nouveaux. (*six lignes sont rayées.*)

Des administrateurs patriotes dirigeoient la révolution au soulagement des malheureux. Des chefs amis de l'egalité vous conduisoient à la victoire, ils furent destitués sous le nom de terroristes. La terreur qui avoit sauvé la patrie, devint un crime; & les hommes courageux qui par le plus grand dévouement avoient bravé tous les dangers, furent désignés aux poignards des contre-révolutionnaires comme les plus infames scélérats.

(*Un mot rayé.*) Après deux ans de contre-révolutions, vous devez être désabusés. Terroristes sont ceux qui depuis le commencement de la révolution combattent pour les droits du peuple, ceux qui réclament sans cesse des récompenses pour vous & des secours pour les malheureux ; ceux qui firent périr les ennemis du peuple, ceux avec lesquels vous fites tant de fois pâlir les satellites des tyrans ; (*treize mots rayés*) voyez qui de nous ou de nos ennemis méritent votre estime.

Soldats, ouvrez les yeux : vous êtes peuple, pourriez-vous vous armer contre lui ? Pourquoi cette animosité (*trois mots rayés*) contre vos frères de la légion de police ? On les chasse, parce qu'ils y voient clair, parce qu'ils ne veulent pas nous égorger : demain vous serez détrompés, & on vous en fera autant.

(En marge est écrit) : Soldats à collet rouge, ou collet blanc, n'êtes-vous pas tous enfans & défenseurs de la patrie ? n'avez vous pas combattu ensemble pour le triomphe de la liberté ? Amis, embrassez-vous & réunissez vos armes contre les usurpateurs qui, craignant la vengeance du peuple, espèrent trouver un appui dans votre division.

La patrie, votre mère commune, irritée par le sang de vos

frères que vous aurez versé, vous écrasera sous le poids de ses malédictions.

Le tocsin sonne.

On n'est pas soldats du gouvernement, mais du peuple; ce n'est pas le gouvernement, mais le peuple, qui vous paie par ses sueurs & ses privations; & si vous vous armez contre lui, comme le prétendent les tyrans (*six mots rayés*), quels que soient les dangers, nous combattrons, le sort en est jeté : se taire est le plus grand des crimes; souffrir, c'est sanctionner l'esclavage des générations futures : nous nous leverons & nous verrons si vous êtes les défenseurs de la liberté, ou les esclaves de la tyrannie. Ah! soldats, vous êtes peuple : opprimés, malheureux, comme nous, vous viendrez dans nos rangs faire pâlir les oppresseurs de la patrie.

Quinzième pièce. (1)

Le funeste effet que produiroit sur le peuple, les soldats & les patriotes, le fusillement.

Les dispositions des fauxbourgs & du peuple, les renseignemens sur les deux autres bataillons, sur les cavaliers & sur les autres soldats en général.

L'appât présenté aux passionnés pour le clocher de leur paroisse d'un retour prochain, & même subit, dans leurs foyers.

L'espoir de faire du butin pour les soldats de *métier*.

La haine générale universelle.....

Le désaccord des scélérats.....

L'appui d'une foule de braves réfugiés, qui ne prennent un parti que dans l'espoir d'un changement prochain.

(*Deux mots rayés*) le mécontentement des officiers destitués, &c., &c.

---

(1) Constatée être de l'écriture de Darthé.

Seizième pièce.

AVIS ESSENTIEL

A faire circuler parmi les patriotes.

Il est plus que probable qu'il y a dans ce moment plusieurs ateliers à Paris où il se fabrique des poignards.

A quel usage les destine-t-on ?

Sans doute à une Saint-Barthelemi de patriotes.

On sait, en outre, qu'il se fabrique un assez grand nombre d'habits de volontaires, ailleurs que dans les ateliers de la République.

Que veut-on faire de ces uniformes ? en revêtir de fausses patrouilles, lesquelles doivent, à la faveur de la nuit, se transporter, sous le prétexte de visites domiciliaires, chez les patriotes les plus connus, & les poignarder ainsi à domicile.

On doit, sous peu de jours, porter une loi très-rigoureuse en apparence contre les émigrés & les prêtres, pour l'exécution de laquelle le gouvernement ordonnera des visites domiciliaires.

Mais ces visites n'auront en effet d'autre but que d'atteindre les patriotes, & de les assassiner chez eux.

Quel parti les patriotes ont-ils à prendre pour échapper au fer des assassins?

1. Ne point se trouver dans les rues à des heures trop tardives, encore moins pendant la nuit;

2. Se renfermer dans leur domicile sous de bons & forts verrous, même s'y barricader, depuis le coucher du soleil jusqu'à son lever;

3. N'ouvrir, pendant la nuit, à qui que ce soit, ni sous aucun prétexte, sur-tout point *au nom de la loi*; car c'est au nom de la loi que les assassins doivent pénétrer chez les patriotes.

Il faut observer que la constitution actuelle déclare inviolable, pendant la nuit, le domicile de tous les citoyens, sauf les cas d'incendie, de flagrant délit & de clameur publique.

Par conséquent, toute demande & tentative pour entrer de nuit chez un citoyen qui ne se trouve pas dans l'un des trois cas susdits, est illégale & inconstitutionnelle.

Et par conséquent, il est du devoir de tout patriote d'invoquer la loi & la *constitution*, pour n'être pas égorgé au nom de la loi & de la constitution.

Dix-septième & dix-huitième pièces.

La voix d'un soldat de l'armée de l'Intérieur, à ses frères d'armes.

Soldats, le crime est donc consommé ? la tyrannie n'a pu vous corrompre ; elle veut vous arracher des bras du peuple qui vous chérit, & qu'elle opprime. Vous êtes devenus criminels à ses yeux, parce que vos baïonnettes ont refusé de se plonger dans le sein de vos frères, de vos épouses, de vos enfans, de vos mères ; vous êtes devenus criminels, parce que vous n'avez pas voulu servir le crime contre la vertu, parce que vous n'avez pas voulu aider les tyrans à appesantir leur joug infame sur la tête de vos concitoyens.

Hommes courageux, qui, depuis six ans, défendez les droits sacrés du peuple contre nos lâches ennemis ! Soldats de la liberté, comment vos traîtres & perfides gouvernans ont-ils osé espérer de vous réduire ? comment ont-ils pu croire que vous donneriez tête baissée dans un piége aussi grossier, dernière ressource de ce despotisme expirant ? comment ont-ils pu croire que vous seriez les vils instrumens d'une poignée de scélérats qui cacheroient dans la fange leur tête hideuse, si la République étoit dans toute sa force, & qui ne doivent leur élévation qu'à la cruelle oppression sous laquelle nous gémissons depuis dix-huit mois ? Non, vous ne serez pas, comme dans les affreuses journées de germinal & de prairial, l'exécuteur de la vengeance des émigrés & des chouans, dont vous avez tant de fois, dans les combats, terrassé les vils compagnons. Votre conduite actuelle, & l'indignation que vous venez de faire éclater contre nos superbes dominateurs, sont de sûrs garans que le temps de l'erreur est passé; qu'on ne vous en supposera plus sur vos véritables intérêts, & que vous n'abandonnerez pas la cause sacrée que vous avez déja tant de fois cimentée de votre sang. On voudroit vous faire oublier que vous êtes les soldats du peuple, pour vous engager à commettre contre le peuple un crime que toutes vos victoires ne pourroient effacer, celui d'assassiner la patrie. Eh quoi! vit-on jamais l'enfant déchirer le sein qui lui donna le jour ? Ah! cet exemple affreux de barbarie n'appartient qu'aux vils émigrés, qui ont abandonné leur pays pour revenir ensuite vomir dans les murs qui les ont vu naître, la désolation & la mort Et c'est à de tels monstres qu'on ose vous comparer; que dis-je ? c'est avec leurs hordes déshonorées qu'on voudroit amalgamer vos phalanges victorieuses !.... Dieux! qu'ont donc de commun les vainqueurs des rois avec leurs lâches esclaves ?..... Ah! périsse l'être dégradé qui vous croiroit capables de capituler avec la tyrannie, & de flétrir par un pacte aussi honteux les lauriers immortels qui couvrent vos têtes!

Soldats, vous avez été appelés par la voix du souverain qui est le peuple, pour purger la patrie des ennemis intérieurs qui aiguisent dans l'ombre les poignards assassins qu'ils brûlent de plonger dans le sein de la liberté; & c'est au moment où ils sont plus audacieux que jamais; c'est lorsque le royalisme relève sa tête hideuse; c'est lorsque le fanatisme répand par-tout les poisons de sa doctrine infernale, & appelle sur le sein des républicains le fer de la crédulité; c'est lorsque le patriciat insolent nous prépare de nouvelles chaînes; c'est lorsque tous les élémens les plus impurs de la corruption & du crime sont dans une épouvantable activité ; c'est lorsque tous les ressorts de la contre-révolution sont mis en jeu ; c'est lorsque les républicains sont avilis, méprisés, traînés dans la boue ; c'est lorsque les émigrés & les nobles sont les protégés exclusifs du gouvernement ; c'est dans ce moment qu'on vient vous dire qu'on n'a plus besoin de vos bras dans l'intérieur ! Vous l'avouerez, soldats, ce seroit le comble de l'ineptie que de s'aveugler sur une pareille assertion ; c'est comme si le gouvernement vous disoit : Je vous connois maintenant, vous n'avez pas voulu seconder mes projets liberticides, je vous chasse. Je croyois trouver en vous des serviteurs fidèles, des esclaves bien soumis ; vous m'avez trompé : vous n'êtes que des républicains farouches que mes bienfaits ont enhardis ; vous avez abusé de mes bontés, je vous abandonne, retournez aux frontières, allez porter loin de moi le désespoir de m'avoir déplu. Je saurai bien sans vous mettre des bâillons à ce peuple que vous aimez tant ; d'autres soldats me défendront.

Vous l'avez entendu, républicains de toutes les armées, d'autres soldats nous défendront ! ..... Quel blasphême ! croient-ils donc, les scélérats, trouver parmi vous des fauteurs de leur tyrannie ? ont-ils donc oublié que les mêmes liens unissent tous les soldats de la République, & qu'il n'en est pas un qui ne porte sous son habit le couteau de Brutus ? n'entendent-ils donc pas retentir du Nord au Midi, & de l'Orient à l'Ouest, ces cris terribles : Périssent, périssent à jamais les tyrans & la tyrannie, la royauté & le patriciat ! Quoi ! lorsque les rois vaincus baissent devant nos armées victorieuses leur front humilié, nous souffririons que dans notre patrie, sur les débris encore fumans du trône & de la superstition, il s'élevât une nouvelle tyrannie à la place d'une république florissante qui doit être le fruit de nos glorieux travaux ! & c'est dans un abyme aussi profond que viendroient s'ensevelir nos vœux & nos espérances ! . . . . Non, nous sauverons encore une fois la République du danger affreux qui la menace : oui, tyrans, nous retournerons aux frontières; vos amis savent bien que nous ne les craignons pas, mais nous jurons sur nos baïonnettes que nous n'y retournerons que lorsque le peuple aura reconquis ses droits, que vous avez honteusement foulés aux pieds; nous n'y retournerons que lorsque vos trônes brisés attesteront à l'univers entier que la France est à jamais délivrée de ses oppresseurs.

A. Dubois.

Dix-neuvième pièce.

Aux soldats citoyens.

Amis,

Les tyrans pâlissent, ils tremblent, ils n'attendent plus que le moment où tout un peuple, indigné des forfaits qu'ils ont commis, va les plonger dans la nuit éternelle de la mort.

Soldats de la patrie ! le moment favorable approche, ce moment où, réunis tous sous le même étendard, nous allons briser pour jamais des fers que des scélérats nous ont trop long-temps fait porter. Nous allons redevenir libres & souverains; & l'égalité, cette douce compagne de la liberté, va être la récompense des (*six mots rayés*) défenseurs de la République.

C'est vous, citoyens soldats, qui allez, pour prix de vos glorieux & pénibles travaux, recevoir les récompenses nationales auxquelles vous avez un si juste droit. La patrie, cette mère de douleur, déchirée de toutes parts par les crimes sans nombre de ceux qui nous gouvernent, va enfin sécher ses pleurs, & ses maux vont bientôt prendre fin.

La patrie, reconnoissante envers vous, va porter dans le sein de vos familles désolées la douce consolation que vos pères

pères & mères, vos frères, vos sœurs, vos épouses & vos enfans, ont le droit d'attendre d'elle. Ces malheureuses familles, languissantes depuis long-temps, vont enfin se trouver soulagées des maux qu'elles ont supportés avec tant de courage.

Et vous, tyrans, tremblez au nom seul du peuple souverain. Ce peuple, si impunément trompé par vous, va (*un mot rayé*) bientôt reconquérir ses droits que vous avez usurpés. En commettant tant de forfaits, vous avez lassé sa patience par le tissu de crimes dont vous vous êtes rendus coupables, la foudre est prête à être lancée par nos soldats républicains sur vos personnes dégouttantes du sang des patriotes les plus purs (*un mot rayé*). Soldats! frappez les traîtres qui ont couvert la France de carnage & de deuil; ces traîtres qui ont organisé la guerre civile, qui ont fait couler votre sang à grands flots, qui ont fait périr de faim tant de milliers de victimes, qui ont traité hautement avec les chefs des rebelles vendéens, dignes soutiens du trône de Louis XVIII, qui ont protégé les prêtres réfractaires & les émigrés, & qui ont rendu à ces derniers les biens qui vous servoient de garantie aux récompenses qui vous étoient promises en reconnoissance des services signalés que vous avez rendus à la patrie depuis près de deux ans. Par leurs scélératesses, la France n'est plus qu'un vaste cimetière qui reçoit à chaque instant les victimes que la fureur des monstres qui nous gouvernent, fait périr par des raffinemens de cruauté. Ici, ce sont des hommes vertueux qui ont constamment soutenu les droits du peuple sans-culotte, qui sont égorgés dans les cachots où ils ont été plongés par ordre des tyrans. Là, c'est un père ou une mère de douleur (*un mot rayé*), accablé de la plus affreuse misère, & qui succombe sous le poids de son infortune. D'un autre côté, ce sont des événemens soi-disant causés par le hasard, tels que les incendies qui se sont multipliés jusqu'à ce jour: tels que le feu de la raffinerie du faux-bourg Germain, l'explosion du magasin à poudre de Grenelle, de Landau, de Condé, de Meudon (1), &c. &c. &c.; qui nous ont moissonné une infinité d'hommes de la classe la plus respectable du peuple. Mais je veux épargner à vos cœurs sensibles (*un mot rayé*) le souvenir de toutes les horreurs dont la France est couverte depuis le 10 thermidor, époque à laquelle les plus fermes appuis des défenseurs de la patrie périrent sur l'échafaud.

Soldats républicains! si vous ne voulez pas voir se commettre de nouveaux forfaits, il faut marcher de concert avec le peuple pour abattre ces tyrans qui tant de fois ont fait abreuver la terre du sang le plus pur des hommes libres; nous sauverons la patrie, & la République sera désormais consolidée sur des bases inébranlables, & elle sera une, indivisible & impérissable.

Vingtième & vingt-unième pièces.

15 floréal. (2)

Quelques apperçus sur la révolution française, depuis la mort de Capet.

Le jugement du sanguinaire Capet divisa la Convention nationale en deux partis, qui se sont (*trois mots rayés*) déchirés sans relâche jusqu'au 31 mai 1793.

D'une part, les riches, ayant à leur tête Rolland, Dumouriez, Brissot, & presque tous les députés de la Gironde, n'auroient pas voulu sa mort; ils ont voté pour qu'on l'enfermât. Leur arrière-pensée étoit qu'un régent eût gouverné sous le nom de son fils, à l'ombre duquel ces messieurs se

---

(1) C'est à Meudon où se fabriquoit (*un mot rayé*), du temps de Robespierre, une infinité de machines qui pouvoient en très-peu de temps faire cesser le fléau de la guerre, & par ce moyen ménager nos troupes. (*Cette note fait partie de la pièce.*)

(2) Cette date paroît être de la main de Babœuf.

feroient partagé les places & les trésors : la constitution de 1791 devoit être mise en activité. Tel étoit le systême des constitutionnels.

D'autre part, les sans-culottes, qui avoient voté franchement la République, demandoient, au nom de la justice (*un mot rayé*), la mort de celui qui avoit déjà couvert la frontière du sang des (*un mot rayé*) républicains, qui, au Champ de-Mars & devant les Tuileries, avoit immolé tant de patriotes.

Malheureusement la faction d'Orléans, qui demandoit aussi la mort de Capet, mais pour mettre à sa place un individu de la branche d'Orléans, s'étoit mêlée aux républicains sans qu'ils s'en doutassent : cette faction, avilie dans l'opinion comme son chef, avoit eu besoin, pour se soutenir, de professer, du moins en apparence, la même doctrine & les mêmes principes qu'eux : elle étoit bien résolue, comme elle l'a prouvé à la suite, de les détruire (*deux mots rayés*) quand elle n'en auroit plus besoin : ceci explique pourquoi les Legendre, les Tallien, les Fréron, les Barras, les Dubois-Crancé, les Merlin de Thionville, &c., qui tenoient le premier rang à la montagne & aux Jacobins pendant le jugement de Capet, se sont constitués les plus ardens persécuteurs de la montagne & des Jacobins (*trois mots rayés*) pour avoir laissé aller à l'échafaud Danton & Orléans leurs chefs, & pour ne s'être pas prêtés à leurs vues liberticides.

Le jugement & la mort de Capet n'ont pas éteint les animosités & les haines : les deux partis se sont déchirés avec plus de violence & d'acharnement.

On sait la fuite de Dumouriez chez l'étranger, & ses efforts inutiles pour livrer son armée à l'ennemi quand ils ont connu qu'elle ne voudroit pas marcher (1) sur Paris :

---

(1) Ce qu'il n'a pu faire, la Convention l'a projeté, le Directoire vient de l'exécuter avec de l'adresse & des prétextes. Il y a une armée devant Paris contre Paris. Espérons que cette tentative

il a laissé la frontière ouverte (*quatre mots rayés*) & sans défense contre une armée triomphante.

La Vendée, organisée depuis long temps pour la révolte, se soulève; un Lanjuinais & autres de sa troupe y entretiennent des correspondances criminelles. L'Angleterre, qui n'a d'autres vues que de mettre la France en lambeaux, envoie dans le pays en rebellion complète, des hommes, de l'or & des armes.

Bordeaux, le quartier général des riches, de ces hommes infames qui ont toujours conspiré, qui conspirent & qui conspireront toujours contre le peuple qu'ils appellent canaille, & qu'ils traitent comme des bêtes de somme; Bordeaux envoyoit dans tous les départemens des émissaires pour les exciter à s'unir contre la Convention nationale, qui scandalisoit, dit-on, par ses querelles.

Lyon (1), Toulon, Marseille, s'organisoient en révolte.

Tels étoient les résultats desirés des meneurs de la Convention nationale, dont les déchiremens déchiroient la République.

Il n'y avoit qu'un cri contre les représentans du peuple, dont les dissentions avoient amené l'état le plus déplorable. Lisez toutes les adresses, toutes les pétitions qui leur étoient faites alors; toutes leur disaient : Laissez-là vos personnalités; faites-nous des lois; donnez-nous une constitution républicaine.

échouera comme celle de La Fayette, celle de Dumouriez, celle des brigands de la Vendée, & que les défenseurs de la patrie ne tueront pas leurs frères (*trois mots rayés*) indignement calomniés.

(1) Un peu avant la révolte de Lyon, Lacroix & Legendre y ont été en mission. Cette ville n'eût jamais été rendue à la République si Couthon ne l'eût emporté sur Dubois-Crancé, qui ne laissa pas cependant d'ouvrir passage aux chefs de la révolte, qui se sont enfuis dans les montagnes. (*Cette note & la précédente font partie de la pièce.*)

On présenta un projet de constitution : mais ceux qui l'avoient rédigé n'en vouloient pas eux-mêmes : elle étoit obscure, aristocratique. Tout le côté droit, qui avoit (1) le mot, qui avec Cobourg, avec Dumouriez, prétendoit toujours mettre en vigueur celle de 1791, entravoit sans cesse la discussion, l'interrompoit d'altercations éternelles au sujet de Rolland, de Marat, de Robespierre, de Dumouriez, d'un prétendu triumvirat, de tout ce qui allumoit les passions : rien ne se décidoit plus ; le peuple, les désordres & les malheurs s'accumuloient ; (*trois mots rayés*) Paris, qui a fondé la liberté, qui la voyoit s'écrouler, se leva, & demanda à la Convention nationale de faire cesser les maux qui affligeoient la République.

Cette démarche de Paris étoit aussi un devoir. Les plaintes des départemens provoquèrent sa sollicitude. Paris périra avec la liberté, il le sait ; Isnard le lui a prédit : Merlin de Thionville & autres de ce genre (*un mot rayé*) se sont vantés, au moment du 10 août, que si les Prussiens en approchoient, ils le leur livreroient en flammes & s'enfuiroient dans le Midi.

Paris tout entier sous les armes le 31 mai 1792, premier & 2 juin, ne fait que montrer sa puissance. Il a consigné ses réclamations dans un manifeste en son nom & en celui des départemens, où il a demandé l'arrestation de plusieurs membres de la Convention qu'il a désignés comme les auteurs du trouble (*sept mots rayés*).

Il ne pouvoit pas se tromper sur les intentions de ces membres : ils étoient coupables aux yeux de la nation ;

(1) On donnoit des repas chez Rolland composés des initiés, & chez des restaurateurs où se trouvoient les hommes achetés ou foibles. C'est dans ces repas que se fabriquoient les décrets. Les invitations se faisoient même dans le sein de la Convention sous des expressions convenues, & sous le nom d'une députation qui étoit invitée à se trouver à trois heures à la salle des confréries, c'est-à-dire au banquet. (*Cette note fait partie de la pièce.*)

c'étoient ceux qui s'opposoient à la discussion des lois, de la constitution demandée par le peuple français. Les procès-verbaux sont là; ils sont une preuve sans réplique en faveur de la pétition des Parisiens.

Les Girondins sont arrêtés; une (1) commission est nommée pour présenter un (*un mot rayé*) projet de constitution républicaine suivant le vœu de toutes les pétitions : en moins de quinze jours la commission a fait son travail; elle le soumet à la discussion. Comme on ne s'occupe plus que des intérêts du peuple, comme la bonne foi préside à tout, on est facilement d'accord : chaque séance donne des lois; les malveillans sont condamnés à se taire : la constitution est faite.

Ce projet de loi est présenté à la nation entière; plus de 4,000,000 de Français l'acceptent : (*trois mots rayés*) les assemblées primaires envoient leurs députés à Paris célébrer la fête solemnelle de cette acceptation, & féliciter la Convention nationale, qui rendoit le repos & le bonheur à la République.

Bientôt tout se rallie; les départemens qui s'étoient révoltés viennent abjurer leur erreur; l'incendie allumé dans le Calvados s'éteint; Marseille, Toulon, Lyon, ne tardent pas à être reconquis à la République; & bientôt après, quand les trahisons de Custine & d'Houchard ont été punies, les généraux patriotes dirigent la bravoure des Français à la victoire : les succès depuis ont été en permanence dans nos armées.

Or, c'est mentir impudemment que de dire que c'est la

---

(1) Une chose bien étrange est à remarquer. Deux membres de cette commission, Berlier & Cambacérès, ont aussi été membres de celle de 1795, & plusieurs de ceux qui viennent de décréter la peine de mort contre ceux qui demanderoient le rétablissement de cette constitution de 1793, l'ont votée avec enthousiasme. Les Carnot, les Letourneur, les Legendre, les André Dumont, les Tallien, &c. &c., en étoient les apôtres les plus ardens. (*Cette note fait partie de la pièce.*)

terreur qui a fait accepter la constitution de 1793, & que c'est une faction qui l'a rédigée.

A l'époque de la rédaction, de la discussion, de l'acceptation de la constitution de 1793, le gouvernement révolutionnaire n'existoit pas. Tous les ennemis du peuple qui depuis ont été incarcérés sur la demande des envoyés des assemblées primaires, étoient encore en liberté.

A cette époque ils pouvoient se trouver aux assemblées primaires, bien libres, bien ouvertes.

Où est donc cette prétendue terreur de la nation? où trouve-t-on la moindre circonstance qui en fournisse le moindre prétexte? Nos gouvernans actuels sont donc, sous ce rapport, les plus insolens imposteurs.

Seroit-ce l'arrestation de vingt-deux membres de la Convention qui imprimoit de la terreur? Mais cette arrestation avoit fait cesser les malheurs; mais cette arrestation étoit sollicitée par toute la République, qui réclamoit une constitution républicaine, & par suite l'éloignement de ceux qui s'y opposoient.

D'ailleurs, une pareille objection seroit elle-même une arme bien puissante contre la (1) constitution de 1795, qui a été précédée de l'arrestation de plus de cent membres de la Convention & de l'assassinat de prairial.

Il n'y avoit donc dans la terreur que ceux qui ne vouloient pas de constitution, que Dumouriez & ses amis, que Cobourg & Pitt, qui prétendoient remettre en vigueur celle de 1791 : il n'y avoit dans la terreur que les rois & leurs suppôts.

---

(1) Ce qui explique la contradiction apparente qui résulte de cette objection avec les prétentions des gouvernans, c'est qu'ils ne veulent pas plus de celle de 1795 : tous les gouvernans qui ne veulent pas d'un pouvoir précaire viennent de s'accommoder entre eux. Ils vont mettre le fils de d'Orléans sur le trône constitutionnel de la loi de 1791, après avoir massacré tous les républicains à la suite d'un mouvement que Fréron & quelques autres préparent. (*Cette note fait partie de la pièce.*)

On a tort également de se prévaloir de ce que Robespierre, Couthon & Saint-Just, ont concouru à la rédaction de cette constitution.

Les calomnies contre ces hommes ne sont pas des raisons ; ils n'étoient (*un mot rayé*) d'ailleurs (*deux mots rayés*) que des coopérateurs : Hérault de Séchelles en étoit le rapporteur ; Guyton de Morveau, Berlier, Cambacérès, & autres qui siègent au Corps législatif, sont également ses rédacteurs.

Au surplus, cette charte est devenue la loi du peuple, qui l'a acceptée avec joie & enthousiasme. Il faut la juger, non sur le nom de quelques personnes, mais sur son contenu, sur le bonheur du peuple qui en a suivi la proclamation, & qui n'a cessé que depuis que ses détracteurs & ses ennemis ont pu réaliser le projet de l'écarter.

Ce bonheur alloit être cimenté à jamais, quand les ennemis du peuple ont assassiné le 9 thermidor Saint-Just, qui termina le discours qui l'a mené à l'échafaud par demander qu'on donne au peuple les institutions qui doivent mettre en activité la constitution républicaine ; Robespierre, qui abandonnoit depuis long-temps le comité de salut public, parce que (1) quatre hommes s'opposoient malgré lui à ce qu'on terminât une révolution qui devenoit odieuse par sa durée & quelques erreurs, & qui vouloit qu'on fît des lois ; & le vertueux Couthon, qui n'a jamais commis d'autre crime que de détester les scélérats qui nous oppriment, & de penser avec Robespierre & Saint-Just qu'il étoit temps de donner des institutions au peuple.

Que résulte-t-il des faits qui viennent d'être rappelés, & dont tous les procès-verbaux, tous les (2) bulletins, tous les journaux, contiennent la preuve ? Que toutes les calo-

---

(1) Carnot, Billaud-Varennes, Collot-d'Herbois & Barère.

(2) Alors tout étoit public. Aujourd'hui les Conseils ne veulent entendre aucune pétition, & rien apprendre à la nation. (*Cette note & la précédente font partie de la pièce.*)

mités affiégeoient la République avant la constitution de 1793, & que cette loi a tout rallié, tout rétabli.

Les héros de thermidor sont ce qu'on peut appeler la queue de Danton, & plutôt de d'Orléans.

Ces hommes, avant cette époque, étoient les ennemis des (1) constitutionnels (*quatre mots rayés*), qui avoient jeté les yeux sur un descendant de Capet : mais, pour se venger des républicains qui avoient fait périr sur l'échafaud & Danton & d'Orléans, ils s'adressèrent aux constitutionnels, avec lesquels ils étoient d'ailleurs d'accord sur un point important, sur celui de royaliser la République.

Ils promirent à ceux-ci leurs soixante-treize, leurs mis hors de la loi, & tout ce qu'ils voudroient, s'ils vouloient immoler Robespierre : ils jetèrent adroitement la terreur parmi les membres des deux comités de salut public & de sûreté générale ; ils indisposèrent plusieurs membres de la Convention rappelés de mission. On saura un jour par quelles menées adroites & souterraines les Tallien, les Barras, les Fréron, les Dubois de Crancé, les Legendre & autres, sont parvenus à faire croire à une foule d'hommes qu'ils alloient périr s'ils ne tuoient Robespierre, & sa mort étoit résolue plusieurs jours avant le 9 thermidor.

Les résultats de cette journée, qui est la victoire du crime sur la vertu, sont la mise hors de la loi de toute la commune de Paris, qu'on traînoit pendant plusieurs jours sur l'échafaud, sans jugement (2), sans raison même appa-

---

(1) Il y avoit cependant entre ces factions un point de contact dont le but se devine, & des associations communes à d'Orléans & aux Brissotins. Tous les matins d'Orléans donnoit des déjeûners chez Robert, député de Paris, où se trouvoient les Dubois-Crancé, les Merlin (de Thionville), les Thuriot, les Tallien & autres ; & tous les jours Sillery, homme d'affaires de d'Orléans, donnoit des soupers où se trouvoient les Vergniaud, les Guadet, Gensonné & compagnie.

(2) Le tribunal révolutionnaire d'alors étoit menacé d'être mis hors de la loi lui-même, s'il n'envoyoit à l'échafaud ceux que la Convention désignoit. (*Cette note & la précédente font partie de la pièce.*)

rente ; l'incarcération, le jugement, la mort des plus sincères & des plus intègres amis du peuple.

La faction d'Orléans étoit composée d'hommes monstrueux comme leur chef ; ce monstre avoit rallié à lui la lie de l'espèce humaine, gens voluptueux, corrompus, corrupteurs, avides & prodigues d'or, auquel ils sacrifient tout, hormis l'honneur, qu'ils ont toujours méconnu ; audacieux, menteurs, intrigans.

Après le 9 thermidor, on les a vus trafiquer hautement des mises en liberté des plus forcenés contre-révolutionnaires. Elles furent la plupart le prix ou de l'or ou de l'honneur, & même du plus scandaleux libertinage. Les Gabarus, les Contat, les Saint-Romain, & d'autres prostituées, sont couvertes de diamans & de bijoux payés ou donnés par des incarcérés pour obtenir la liberté ; ils sont devenus la récompense d'une prostitution & d'orgies dont les Tallien, les Legendre, les Merlin de Thionville, se vantent d'être les héros.

Ces hommes aussi féroces que vils, pour se donner des coopérateurs de leur vengeance & de leurs crimes, provoquèrent les suppôts de tripots, les voleurs publics, les détenus, les parens de ceux qui ont expié sur l'échafaud leurs attentats liberticides. Ils les invitèrent à se venger : il suffit, pour s'en convaincre, de jeter les yeux sur les dégoûtantes & sanguinaires feuilles de Fréron, intitulées : *l'Orateur du peuple*.

De là, la jeunesse dorée, les muscadins, les hommes à collets, à cravates vertes, le Réveil du peuple, les compagnies de Jésus & du Soleil.

De là le procès fait à la révolution dans la personne de Carrier, qui a moins révolutionné que Fréron lui-même, son délateur.

De là le procès fait à la révolution dans la personne des grands coupables, c'est-à-dire, Billaud Varennes, Collot d'Herbois, Barère.

Ce dernier procès étoit le comble de l'infamie & la plus

atroce contre-révolution; on y accusoit ces anciens membres du comité de salut public de ce qui auroit fait leur justification aux yeux de la patrie & des gens de bonne foi, & ils ne se défendoient, eux, que de ce qui est un grief contre eux aux yeux des patriotes, c'est-à-dire de la journée du 9 thermidor, dont ils ont été les principaux agens; cruelle position qui prouve tout à-la-fois d'une part la perversité ou l'erreur des juges, &, de l'autre, la lâcheté & la bêtise des accusés.

La faction d'Orléans ne faisoit pas une démarche contre les patriotes, qu'ils ne donnassent une nouvelle puissance aux constitutionnels, qui, renforcés des soixante-treize, des mis hors de la loi & de quelques tartuffes déserteurs de la montagne, tels que les Thibaudeau, les André Dumont, ne tardèrent pas à rougir de marcher sous les bannières des septembriseurs, des Tallien, Legendre. Il falloit d'ailleurs, pour faire le procès à la constitution de 1793, dont ils ne vouloient plus, le faire également au 31 mai.

Tel fut le vrai motif de l'arrestation de Thuriot, Cambon, Lecointre de Versailles, Ruamps, Thirion, Foussedoire, Huguet, tous acharnés thermidoriens, mais qui se constituoient les champions du 31 mai & de la constitution de 1793.

Tous ceux en qui on a soupçonné de l'énergie & quelques dispositions à tenir le serment qu'ils avoient fait de la maintenir, furent décrétés d'arrestation.

C'est alors vraiment que les partisans de Dumourier, & par conséquent de Cobourg, triomphèrent & eurent le pouvoir de tout être.

Ils ont fait une constitution, dont ils espéroient que personne ne voudroit, ou au moins dont les dispositions ne tarderoient pas à faire regretter celle de 1791 qui est leur idole.

Alors des députés royalistes, envoyés dans tous les départemens, royalisoient la République, tant par la mise en liberté & la rentrée des prêtres réfractaires, que par leurs discours & l'organisation des autorités constituées, toutes composées de leurs semblables.

Tout s'organisoit pour que les assemblées primaires n'envoyassent au Corps législatif que des députés royalistes qui devoient dire que la constitution de 1795 étoit inexécutable, & que celle de 1791 pouvoit seule cimenter la paix, dont, à force de vexations & de tourmens, on avoit rendu le peuple desireux.

La liberté étoit perdue le 13 vendémiaire, si les patriotes appelés par les Tallien, les Fréron & la masse de la Convention, pour défendre leur vie menacée, n'eussent dispersé ces nuées de royalistes, qui heureusement sont lâches.

La (*un mot rayé*) journée de vendémiaire fut celle des thermidoriens; ceux de cette faction qui la voulurent eurent des emplois; les patriotes purs & républicains eurent une amnistie & des dégoûts: on voit languir dans la misère les vrais patriotes, & les places sont prodiguées aux (*un mot rayé*) intrigans qui se précipitent à corps perdu dans les révolutions, & flagornent le parti dominant pour s'enrichir.

La misère publique, loin d'avoir cessé sous un état constitué, a augmenté & augmente de jour en jour; les riches & les scélérats de toute espèce affament le peuple; l'assassinat se commet impudemment & impunément; les départemens se révoltent: rien d'efficace n'est employé pour faire cesser ces malheurs. Tels sont les auspices sous lesquels la constitution de 1795 est mise en activité.

Les patriotes, effrayés de ces calamités, adressent leurs plaintes au Directoire. Ils demandent aussi qu'on accorde aux défenseurs de la patrie la récompense qui leur a été promise par les lois.

Pour réponse à leurs réclamations, on les appelle anarchistes; on fait fermer les lieux où ils s'assemblent.

Les regrets indiquent la constitution de 1793 comme le seul remède à nos malheurs, & aussi-tôt il y a une loi qui punit de mort quiconque demandera la constitution de 1793 ou un roi.

Le peuple se plaint de ce qu'on le musèle; il s'assemble sur les quais, sur les places publiques, & aussi-tôt il y a une loi martiale pour disperser les grouppes.

Cependant le Directoire s'entoure de canons, de mitraille, de cavalerie, de bataillons; des flatteurs le flagornent, lui disent que la République est heureuse, que la canaille seule se plaint, & que les baïonnettes sont à son service.

Il vit dans les bombances, dans un palais, suivi de laquais, d'un cortége d'états-majors, d'hommes à places, couvert de broderies, enrichi des dépouilles du peuple. Il ne voit pas que toute autorité qui ne se soutient que par la violence est [illegible] & que ce genre de gouvernement n'est pas celui que les Français ont voulu se donner.

Un roi n'existera pas en France; les défenseurs de la patrie ne veulent pas nous rendre esclaves & le devenir : si cela arrivoit, nous serions l'opprobre & la risée du genre humain.

C'est une dérision que de prétendre que demander la constitution de 1793 ou un roi, c'est la même chose; l'une est l'anéantissement de l'autre.

Vingt-deuxième pièce.

Frejus, le 1er. floréal, an 4 Rép.

Marte cadet, à Gracchus Babœuf.

Par ta lettre du 7 germinal, tu desires connoître la somme que Bournaud cadet t'a fait passer; elle est de 500 livres, qui, jointe aux 500 livres que tu recevras par la présente, feront la somme de 1,000 livres dont tu lui tiendras compte pour son abonnement. Quant aux 250 livres de Jourdan de Rapheau, tu peux les allouer à mon abonnement, ainsi qu'il est dit dans la tienne. Notre desir seroit de recevoir un peu plus de tes journaux pour nourrir & alimenter nos ames brûlantes du plus pur plébéianisme; mais je ne doute nullement que tes numéros soient séquestrés par quelques inquisiteurs, puisque tu me marques que tu vas me faire partir le 40 & le 41e. avec d'autres écrits tyrannicides; c'est ce que j'attends encore. N'importe, nous ne saurions nous écarter de la doctrine que tu professes; nos ames bouillantes en patriotisme ne transigent jamais; il n'y a pour nous que la morale du sage & du philosophe que nous chérissons, la seule qui soit capable de nous faire mouvoir. Mais où vais-je me perdre en parlant des choses qui ont disparu avec ses plus fermes soutiens, au moment même qu'elles ne faisoient qu'éclore? Qu'est-il devenu ce temps heureux où le républicain a été craint & respecté, & l'ennemi de la patrie seul puni? Cet heureux temps ne fut qu'un instant, & créa des héros, & fit des publicistes démocrates une haute renommée. Aujourd'hui la corruption, la passion la plus effrénée a pris la place de la vertu; tous les vices se sont ligués pour la combattre & l'anéantir, parce qu'ils craignoient la pureté de ses principes: aussi voyons-nous encore les bandes assassines dans nos malheureuses contrées s'organiser de nouveau & méditer des malheurs plus grands que ceux que nous avons éprouvés; aussi notre résolution est faite, & elle sera constante. Ce saint précepte, résistance à l'oppression, sera religieusement observé; des Vendées plébéiennes se formerout, & on reconnoîtra si les républicains savent mourir pour être libres. Ainsi, que tes écrits clairvoyans circulent pour détromper le peuple du précipice qu'on lui creuse; que tous les amis de la doctrine plébéienne se serrent; qu'une seule phalange ne forme qu'un cordon, pour que nous puissions, à la tête d'un tribun courageux, former le Mont-Aventin pour sauver la liberté & tous les droits naturels, droits que nous saurons acquérir en dépit du patriciat & du royalisme; que le combat commence; que les champions des vices & de l'immoralité paroissent en braves pour défendre la cause des rois & de toute autre tyrannie, ils trouveront des bras républicains pour les combattre & terrasser leur audace; qu'ils confondent, s'ils veulent, nos ennemis, cet élan révolutionnaire à l'odieuse signification d'anarchistes, trop usée dans la bouche des imposteurs. Si la faculté de m'imprimer m'étoit donnée, je ne cesserois de combattre toute demi-mesure, & de démontrer que toute demi-mesure est contraire à l'établissement d'un gouvernement democrate; qu'il faut de nécessité extirper du sol de la liberté les plus petites racines de toute aristocratie; hors de ce principe, point de bonheur social, point de liberté. J'entends déjà les esclaves des rois s'écrier à tue-tête : Voilà le signal de l'insurrection du midi, voilà l'anarchie se déployer. Oui, je lui répondrai, c'est le signal de l'insurrection; & cette insurrection est légitime & tolérable, puisqu'elle doit soustraire nos personnes aux passions les plus effrénées, & pour instituer le pacte de l'égalité, le seul bon, qui assure au corps social son existence politique.

Salut & amitié.

Marte cadet.

Vingt-troisième pièce.

Le citoyen Miquel, de Rieupeyroux, département de l'Aveyron, s'est abonné pour le trimestre de germinal, floréal, prairial.

Il s'étoit abonné pour le trimestre précédent, celui-ci susd.; il a reçu le n°. 39; il me marque qu'il croit que depuis le n°. 39 jusqu'au premier germinal, il a paru d'autres n^os^.; en conséquence, il desire les avoir. On ne se plaint pas depuis le premier germinal, ce n'est que jusqu'à cette époque.

(*En réponse à ce billet.*) Renvoie-nous une petite lettre, parce que le citoyen Miquel (*Un mot raturé.*) a chargé quelqu'un qui viendra la chercher dans quelques jours.

Vingt-quatrième pièce.

Le citoyen Duclair, grande rue Paris, (*un mot raturé*) orfèvre, au Havre,

n'a reçu que jusqu'au n°. 97.

F. G.

Vingt-cinquième pièce & vingt-cinquième bis.

Aux armées campées devant Paris.

DÉFENSEURS DE LA PATRIE,

Qui vous a appelés à Paris ? contre qui (*un mot rayé*) veut-on que vous y tourniez vos armes ? Sans doute il y a là un ennemi bien redoutable, puisque, pour le contenir, on vous a fait abandonner la frontière où vos frères versent leur sang (*huit mots rayés.*)

Cet ennemi est en effet bien dangereux, puisqu'il se couvre du masque du patriotisme : il faut vous le désigner ; il faut vous expliquer ce qui doit vous paroître si extraordinaire ; c'est de vous voir armer contre Paris, à-peu-près le seul refuge des patriotes ; contre Paris, cette ville que les rois, les royalistes & tout ce qui est ennemi de la liberté, ont en exécration.

Ecoutez & comparez.

Les Anglais, après avoir fait périr sur l'échafaud un roi imbécille & fanatique, se donnèrent un protecteur qui les opprimoit. Qu'arriva-t-il ? ce protecteur fit place à un roi, & la liberté fut bannie en Angleterre : c'est que la révolution fut dans cette île la proie du fripon le plus adroit & le plus fourbe, de l'infame Cromwel.

Les Francais ont fait expier sur l'échafaud à un roi foible, fanatique & cruel, la peine due à ses crimes ; & les voilà

voilà gouvernés par cinq protecteurs ou directeurs qui oppriment, qui sont obligés d'employer la violence pour se maintenir, comme si le pouvoir légitime pouvoit avoir d'autre soutien que la confiance, qui est le prix de la vertu; que le bonheur du peuple, qui résulte toujours de la probité, de la modestie & de la sagesse des gouvernemens. Que va-t-il arriver, si l'on n'y porte remède? nos directeurs, qui ont les usages, le luxe, les formes & l'amitié des rois, se proposent de faire place à un roi; c'est que la révolution française est aussi, depuis le 9 thermidor, la proie de quelques fripons. Avant le 9 thermidor, il ne falloit pas d'armées dans l'intérieur; les choses alloient donc bien pour la multitude, qui contenoit *les ennemis de l'ordre*: c'est que la vertu étoit à l'ordre du jour; c'est que la probité triomphoit du crime.

Mais, vous dit-on, la terreur régnoit. Oui, la terreur régnoit; mais qui est-ce qui avoit peur? ce n'est pas vous, qui épouvantiez alors tellement l'ennemi, qu'il vous fuyoit de toutes parts; ce n'est pas ce peuple qui se réjouissoit sans cesse de vos victoires, qui (*deux mots rayés*) épanchoit si souvent sa joie dans les fêtes publiques, qui avoit du pain avec deux sous en assignats plutôt qu'avec deux sous en numéraire. Qui est-ce donc qui avoit peur? La réponse est bien simple; c'est ceux qui se cachoient alors, & qui se montrent aujourd'hui avec insolence.

Les agioteurs se réfugioient dans des caves; & aujourd'hui, allez au Palais-Royal, dans tous les lieux publics, vous les voyez trafiquer hautement du signe républicain & du signe royaliste.

Les tripots étoient fermés ou ne se tenoient que dans des souterrains inaccessibles; aujourd'hui, & depuis le 9 thermidor, ils sont publiquement ouverts & fréquentés.

Le riche mangeoit le même pain que vous, &, par peur, il faisoit des dons à la patrie: aujourd'hui, & depuis le 9 thermidor, il affiche le luxe des tables, des habits, des châteaux, des voitures; il insulte à la misère publique, manifestée aujourd'hui par cette foule de mendians (*trois mots rayés*), qui avoit du pain avant cette époque.

(*Cinq lignes rayées.*)

Les pourvoyeurs des armées, les chefs d'administration, les commissaires des guerres, n'osoient être fripons (*six mots rayés*), à peine d'être impitoyablement destitués & punis: aujourd'hui, pourvu qu'ils soient en règle sur leurs registres, & qu'ils plaisent à nos seigneurs les directeurs ou à leurs amis, ils n'ont rien à craindre; ils sont sûrs d'être impunis, vous eussent-ils affamés & fait périr de misère.

Avant le 9 thermidor, les échafauds étoient dressés; mais on n'y faisoit monter que les ennemis du peuple. Prenez la liste des guillotinés (*quatre mots rayés*) alors, vous y verrez émigrés, comtes, barons, marquis, princes, fermiers-généraux, banquiers, agioteurs, sang-sues du peuple. Depuis cette époque, les échafauds ont subsisté; on y a fait périr les pauvres sans-culottes, les jacobins, ceux qui avoient renversé la Bastille ou fait la révolution dans leur foyer. Depuis le 9 thermidor, les compagnies de Jésus se sont formées, & parcourent tout le Midi, égorgeant, non pas les riches, non pas les royalistes, mais le peuple, mais ceux qui ont exercé des fonctions publiques avant le 9 thermidor (*quatre mots de rayés*), mais ceux qui ont leurs enfans dans les armées républicaines, c'est-à-dire, vos pères, mères, frères, sœurs, vos amis. Depuis cette époque, la Vendée s'est allumée; les chouans anéantis se sont organisés; & là on continue à égorger les patriotes & (*deux mots rayés*) vos frères.

Voilà, soldats, ce que c'étoit que la terreur dont on fait un si grand crime aux patriotes. Il est clair qu'elle n'étoit funeste qu'à nos ennemis. Depuis qu'elle a cessé, tous les malheurs ont assiégé, ont déchiré la patrie; & Pitt, & Cobourg, & Brunswick, ne pouvoient desirer & obtenir rien de plus avantageux pour eux que la fin d'une semblable terreur.

Ecoutez encore un moment.

Avant le 9 thermidor, vos chefs étoient vos égaux quant

aux droits civils & politiques. Aussi jamais ils ne vous traitoient impunément avec mépris ; ils étoient élus par vous, & ne pouvoient être destitués que par la loi.

Aujourd'hui un général en chef a la souveraine puissance sur son armée, il a le droit de renvoyer les officiers qui lui déplaisent ; aujourd'hui l'intrigue peut présider aisément à bien des élections.

Avant le 9 thermidor, vos actions de bravoure & d'énergie étoient consignées dans un bulletin répandu avec profusion dans toute la République comme moyen (*un mot rayé*) d'émulation & d'instruction ; aujourd'hui on vous cache tout, hormis quelques flagorneries utiles aux gouvernans.

Aujourd'hui on ne parle pas plus de vous que des satellites des despotes. Lisez la dernière relation des victoires remportées en Italie ; remarquez comme on n'y rapporte que les actions des généraux, des officiers : on y rappelle soigneusement qu'un tel général a eu un cheval blessé ; tel officier, son épaulette enlevée ; & pas un mot des braves soldats.

(*Neuf mots rayés.*)

Avant le 9 thermidor, on ne (*deux mots rayés*) vous envoyoit que pour des expéditions utiles : c'étoit au Nord, c'étoit à Fleurus ci-devant Charleroy, c'étoit sur les rives du Rhin qu'on vous mettoit à la pourchasse de l'ennemi.

Aujourd'hui on verse du sang pour des conquêtes inutiles & funestes en Italie, qui fut toujours le tombeau des Français : on s'amuse là, tandis qu'on devroit porter toute l'attention sur le Rhin, où, à la fin de la campagne dernière, l'infame Merlin (de Thionville) nous a fait éprouver des (*un mot rayé*) revers, & fait périr des milliers de vos frères, où l'ennemi est en masse, & va, nous assurent les ennemis de la liberté, se précipiter sur l'invincible armée de Jourdan.

Avant le 9 thermidor, l'assignat étoit au pair avec le numéraire ; aujourd'hui l'assignat de 100 liv. ne vaut pas 10 sous.

Aujourd'hui les gouvernans avilissent eux-mêmes la monnoie de la République, en taxant eux-mêmes leur salaire aux deux centuples de la valeur nominale.

Bientôt la monnoie républicaine n'aura plus d'hypothèque, *parce qu'avec les mandats on va rendre les biens aux émigrés*; vous allez en être convaincus.

Avec 24 livres en or, on a 6,000 liv. en assignats. Ainsi, avec 50 louis en or, on a 300,000 liv en assignats; avec 300,000 liv. en assignats, on a 10,000 liv. en mandats; & avec 10,000 liv. en mandats, on a un bien d'émigré, de la valeur de 10,000 liv. en or.

Il s'ensuit de ce calcul aisé à faire, que l'émigré, avec 50 louis ou 1,200 liv., reprendra à la nation son bien qui vaut 10,000 liv. conséquemment, & que la nation perdra 8,800 liv. sur un bien de 10,000 liv. de valeur. Il y a déja des compagnies de riches qui se sont coalisées pour acheter tous les biens d'émigrés, qui vont être ainsi repris pour leur être rendus après la paix, époque à laquelle on leur permettra de rentrer; ce qui est déja arrangé entre les puissances.

Vous voyez donc que bientôt il n'y aura plus d'hypothèque pour les monnoies nationales, puisque les biens qui les garantissoient vont être rendus pour moins que le septième de leur valeur; ce qui ne seroit pas arrivé, si on eût continué à les laisser vendre à l'enchère, comme précédemment.

Les biens nationaux vont donc être donnés au septième de leur valeur; mais à qui? Ce n'est pas à vous; vous n'avez pas des monceaux d'assignats: ce n'est pas à vos femmes, à vos mères, on les laisse mourir de faim: ce n'est pas au peuple; il desséche de misère, il a vendu jusqu'à son lit pour vivre. Qui aura donc ces biens? vous venez de l'apprendre; ce sont les riches, ce sont les fripons, ce sont les agioteurs qui ont traité avec les émigrés, pour les leur rendre.

Cependant, que devient la récompense que vos travaux vous ont acquise, qui vous étoit promise, que vous étiez sur le point d'obtenir, sans l'exécrable journée du 9 thermidor, qui a contre-révolutionné la République ?

Cette récompense (*sept mots rayés*), ouvrez les yeux, & considérez celle que reçoit la légion de police ; on n'en a plus besoin, on la congédie (*douze mots rayés*). Si vous ne laissez pas diriger vos baïonnettes par vos chefs indistinctement & aveuglément contre père, mère, parens, étrangers, ami & ennemi, patriote & aristocrate, on vous licenciera aussi. Déja on vous traite comme des automates, dont on dispose à volonté : on se propose même de vous envoyer, pour de l'argent, en Turquie, & de vous vendre comme un vil troupeau envoyé, au gré de son maître, ou en pâture ou à la boucherie.

Voilà donc quel étoit votre sort & celui de la République avant le 9 thermidor, & quel il est depuis cette époque : or, qui a machiné & consommé les trahisons & les infamies de cette journée ? ce sont ceux qui nous gouvernent.

On vous appelle, assure-t-on, pour contenir les inquiets & remuans jacobins.

Bon : voilà que vous allez devenir les soldats de Cobourg, des traîtres, de Pitt, Lafayette & Dumouriez.

Quand l'empereur, d'accord avec Capet d'odieuse mémoire, déclara la guerre à la France, il exposa, dans son manifeste, que ce n'étoit que la destruction des jacobins qu'il demandoit. Lisez les papiers d'Angleterre, vous y verrez que Pitt ne consentira à aucune paix, tant qu'il y aura un jacobin en France. Quand le perfide Lafayette quitta la France, qu'il trahissoit depuis plus de six mois, il déclara qu'il n'en vouloit qu'aux jacobins ; le perfide Dumouriez, qui a fait détruire dans la Belgique une armée immense & belliqueuse, ne cessoit, en consommant le crime, de le couvrir de sa haine contre les jacobins. Antoinette détestoit les jacobins, tous les rois ont en horreur les jacobins. Par quel renversement de tout ordre de choses serviriez-vous d'instrumens à vos plus cruels ennemis ? ne deviendriez-vous pas les ennemis de vous-mêmes ?

(*Deux mots rayés.*) Vous ne tournerez donc pas vos armes contre vos frères, ce seroit les tourner contre la patrie.

Les braves carabiniers furent appelés il y a un an à Paris : on leur proposa de contenir le peuple ; ils ont dit : Notre ennemi est aux frontières ; qu'on nous y conduise, & nous continuerons à y verser notre sang : le peuple est notre ami. Voilà sans doute votre réponse.

(*Trois mots rayés.*) Ces états-majors, ces freluquets, vendus à un gouvernement corrupteur, parce qu'il est corrompu, ont promis de disposer de vos bras & de vos armes au desir des directeurs. Vous démentirez cette promesse.

Vous avez des chefs qui sont en ce moment destitués, ceux-là vous menoient à la victoire & jamais contre le peuple ; ceux-là étoient vos amis & non vos maîtres ; ceux-là partageoient vos travaux & vos dangers, & (*trois mots ray s*) n'affichoient pas le luxe, la débauche & l'insolence. (*Huit mots rayés.*) Ceux-là sont prêts : vous les verrez au besoin vous diriger contre tous les tyrans intérieurs & extérieurs, & remplacer ceux qui ne serviroient pas une si belle cause.

Vingt-sixième, vingt-septième & vingt-huitième pièces.

Avis fraternel des chouans aux membres des deux Conseils & du Directoire exécutif du royaume de France.

Courage, messieurs, vous n'allez pas mal, & nous vous en félicitons ; nous ne pouvions confier en de meilleures mains nos plus chers intérêts, nous voyons bien que vous n'êtes pas de faux frères.

Pourtant, permettez-nous de vous le dire confidentiellement, vous nous laissez encore quelque chose à desirer : vos succès nous rendent exigeans & difficiles.

Messieurs, vous n'avez plus qu'un pas à faire : il ne vous reste plus qu'un mot à dire; pourquoi différer ? pourquoi ne pas appeler la chose par son nom ? Graces à votre constitution de 1795 & à vos lois martiales, la France est redevenue enfin ce qu'elle n'auroit dû jamais cesser d'être : nous voilà bien réunis sous la monarchie, *avec tous ses agrémens*. Certes, Richelieu & Louis XIV vous avoueroient pour leurs compagnons. Mais, dites-nous, pourquoi, à la tête des actes émanés de votre pleine autorité, pourquoi laissez-vous lire encore ces expressions mal-sonnantes, *République*, *Liberté*, *Égalité ?*

Vous nous répondrez en souriant : C'est seulement pour la forme.

Messieurs, prenez-y garde : craignez que la forme n'emporte le fond; & sentez toutes les conséquences de cette disparate entre les termes & ce qu'ils expriment.

Oui, il y a encore des patriotes : c'est un fait sûr, nous en rencontrons chaque jour sur nos pas. Le républicanisme est une plante vivace. Il y a même des jacobins; & depuis que nous les avons chassés du Panthéon, on en voit partout. Le peuple n'a pas encore perdu le goût de la démocratie; & son Tribun, qui le sait, *loin de s'avouer vaincu*, redouble d'audace; chaque jour il hausse le ton. (*Deux mots rayés.*) Tous ces gens-là conçoivent encore des espérances, même sous vos baïonnettes; & savez-vous, messieurs, comment cela se fait ? c'est qu'ils s'imaginent que vous avez peur.

Du moins les apparences sont contre vous, il faut l'avouer; & l'une des meilleures preuves qu'on pourroit en alléguer, c'est que vous n'avez pas arboré le pavillon blanc au palais du Luxembourg, ni effacé les mots insignifians de *République*, *Liberté*, *Égalité*.

Messieurs, encore une fois, songez-y, le mot mène à la chose : quittez de vains subterfuges dans une proclamation rédigée sans art; tenez-vous franchement pour ce que vous êtes : à l'exemple du chat prêt à faire ses ordures, ne tournez plus autour; publiez en toutes lettres que la France est une monarchie en cinq personnes, cette mesure terminera une bonne fois la guerre civile; les républicains, les démocrates, *les égaux*, selon l'expression de Babœuf & consorts, n'auront plus d'excuses; de ce moment ils seront tous de bonne prise.

Nous le savons, personne ne s'y trompoit, pas même le peuple. Tout le monde connoissoit les principes que vous professez *in petto* : mais des médisans publioient que vous étiez de misérables tartuffes; des royalistes de basse-cour ne démêloient pas bien votre politique tortueuse, en sorte que vous étiez en butte à la haine des uns, au mépris des autres. En déposant votre masque, on n'a plus de reproches à vous faire, & le Tribun n'apprendra plus rien de nouveau à ses nombreux lecteurs; le peuple trouvera tout simple de devenir étique pour engraisser son roi en cinq personnes : au lieu que tôt ou tard il eût perdu patience, à la vue révoltante en effet de la misère des gouvernés, & du luxe des gouvernans, sous le régime qu'on donne pour être celui de l'égalité : il ne faut pas se jouer ainsi trop long-temps du pauvre monde : le secret perce.

Envoyez donc, messieurs, un message aux Cinq-Cents, pour leur demander une résolution tendante à déclarer que la France est une monarchie dans le genre anglais.

Mais, dites-vous, votre serment de haine à la royauté?

Messieurs les scrupuleux, il deviendra ce qu'est devenu votre serment à la constitution de 1793 :

Autant en emporte le vent.

Vous êtes un peu trembleurs de votre métier; vous trouveriez fort doux de cueillir les roses de la royauté, sans vous piquer à ses épines. Vous nous demandez si dans le parti que nous vous proposons, il y a, comme on dit à Londres, chambre d'assurance pour vos personnes.

Eh! n'avez-vous pas des millions de fusils, des milliers de canons, trois camps autour de vous, les deux compagnies de Jésus & du Soleil, les émigrés accourant à votre voix, les prêtres réinstallés par vous dans leurs églises, les agioteurs que vous faites semblant de poursuivre? Allez, ne craignez rien, les loups ne se mangent point.

Vous insistez : ces mots de *République, de Liberté, d'Égalité (cinq mots rayés)*, étoient, dites-vous, une étiquette qui faisoit passer bien de mauvaises marchandises : tant que le peuple s'est cru en république, il a supporté bien des choses dont il se montrera impatient sous le nom de royauté.

Encore une fois, vous le ferez taire, peut-être même n'aurez-vous pas besoin de prendre cette peine. Quand il saura qu'il lui faut enfin renoncer à la chicane, il reprendra son ancien harnois, & retournera paisiblement à ses glands ou à ses chardons; vous le verrez serrer la queue entre les jambes au bruit du fouet à ses oreilles.

Messieurs, consultez-vous bien, prenez en grande considération la mesure qui vous est proposée, & connoissez-en l'urgence, sans quoi nous ne répondons plus de vous, placés comme vous l'êtes entre deux feux.

Vingt-neuvième pièce.

Les citoyens de Paris, à leurs majestés le Directoire exécutif de France.

Nous avons vu sans étonnement l'écrit dont il a plu à *vos bontés* de tapisser les murs de *votre bonne ville de Paris*, le 25 de ce mois. Votre style est toujours calomnieux; c'est apparemment *la force de l'habitude* ou *l'étiquette de votre cour*.

Ce libelle méprisable devroit être suivi du silence le plus profond de notre part; mais il faut relever vos mensonges qui pourroient tromper quelques *foibles*, servir de prétexte à vos *perfides partisans*, & grouper dans vos antichambres quelques bandes d'hécatombistes. Vous avez tellement dénaturé nos principes & nos projets, que nous sommes forcés de les reproduire dans leur véritable jour.

Nous détestons bien cordialement la royauté, soit qu'elle soit l'héritage d'un seul, soit qu'elle se partage électivement entre cinq : ainsi nous sommes loin de prendre des couleurs aussi odieuses, encore bien plus de tromper ni de séduire personne, & nous avons même la franchise de vous déclarer que nous avons juré, sur le *poignard de Brutus*, de purger notre patrie de tout ce qui tient à la royauté.

Nous voulons la constitution républicaine, nous la voulons avec tout le peuple français, qui l'a acceptée, & a juré de la maintenir; vous ne serez pas assez ineptes pour prendre le change, & feindre de croire que nous parlons *du code d'Anglas*, qui ne fut accepté que par *quelques coquins à votre solde*. Cette dernière est *arithmétiquement une intruse*, & ne peut plaire qu'aux valets des rois. Nous voulons celle de 93, *& nous l'aurons*, parce que quatre millions huit cent mille citoyens l'ont acceptée & ont juré de la maintenir, & qu'il ne leur sera pas difficile de lutter avantageusement contre neuf cent mille, dont la majeure partie a été trompée.

Nous voulons rétablir la représentation nationale que vous avez avilie, tronquée, embastillée, guillotinée............. pour faire du reste imbécille ou pervers, le marche-pied de votre trône......... Nous voulons un gouvernement, mais ferme, mais paternel, mais terrible, mais juste. Nous voulons un gouvernement qui fasse voguer le vaisseau de l'état à pleines voiles vers le bonheur, la tranquillité, la vertu & l'abondance; mais nous ne voulons pas d'une régence qui domine par les échafauds......... par la famine.......... & bientôt peut-être par la peste !............ Nous vous le répétons encore, afin que vous l'entendiez pour votre désespoir; nous voulons & nous aurons la constitution de 93, ce code de l'égalité

& de la liberté, que vous qui l'avez ou fait ou consenti, avez l'imbécille scélératesse d'appeler *atroce*, *impraticable*, parce qu'il contraste avec vos projets d'élévation, de domination, parce qu'il ne permet à aucun citoyen de se *broder*, de se *panacher*, de se *pourprer*.

Nous voulons & nous aurons la constitution de 93, parce que ce contrat national proscrit les fortunes scandaleuses, & déverse leur superflu pour le soulagement de l'humanité souffrante, que vous avez la barbarie d'entasser dans des hôpitaux où elle périt d'inanition.

Nous voulons & nous aurons la constitution de 93, parce qu'elle est le supplice de tous les tyrans comme vous & vos pareils.

Nous la voulons enfin, & nous l'aurons malgré vous, malgré vos canons & malgré vos machines à décrets, qui viennent moutonnièrement, sur votre message, de décréter la peine de mort contre ceux qui demanderont cette constitution de 93, à laquelle nous touchons du bout du doigt.

MORT AUX ROYALISTES ET AUX CONSTITUTIONNELS DE 95 !

Trentième pièce.

Observations d'un patriote de bonne foi sur la proclamation du Directoire exécutif aux citoyens de Paris, affichée dans cette commune en germinal an 4.

J'ai lu en homme libre la proclamation aux citoyens de Paris, dont la rédaction est revêtue de l'autorité du Directoire exécutif ; je l'ai lue, dégagé de toute passion étrangère à un cœur républicain, à un zélateur de la franche, de la pure démocratie représentative, & telle qu'elle convient à un grand peuple ; je l'ai lue enfin avec la simplicité d'un homme qui, sous aucun titre, n'appartenant, ni à la faction royaliste, ni à la faction patricienne, ni enfin aux amateurs d'aucune nouvelle dynastie, desire ardemment découvrir dans les mesures proposées la prompte renaissance d'un ordre de choses qui procure & puisse assurer pour toujours la félicité commune.

J'avois cru que tel étoit le but que le gouvernement s'étoit proposé pour règle invariable de sa conduite ; je voudrois le croire encore, je l'avoue : mais la contexture de cette proclamation, en me jetant dans une incertitude involontaire, autant que répugnante, m'a paru s'écarter absolument d'un résultat si desiré & si desirable. En vain ai-je cherché dans cette production le style persuasif fraternel, qui, par la force des moyens & non des mots, loin d'exciter les passions individuelles, & pour ainsi dire les *ruer* les unes contre les autres, pût au contraire, & comme par magie, en concentrer l'effet & le diriger vers l'intérêt public.

Je ne rapporterai textuellement ici cette proclamation ; je me bornerai seulement à en relever quelques expressions qui m'ont paru légèrement hasardées par le rédacteur, si elles n'ont pas été dictées par la prévention la plus caractérisée & la plus funeste ; & quoique deux signatures publiques y soient imprimées, je ne puis me résoudre à soupçonner de passion ou de mauvaise foi le Directoire exécutif. Ce n'est pas cependant que je croie ses membres d'une nature particulière, & plus infaillibles que les autres hommes ; mais le poste qu'ils occupent leur commande l'impassibilité au degré possible.

Je reviens à la diction de cette proclamation.

La première des phrases qui m'ont le plus frappé par leur singularité, c'est celle par laquelle on affecte d'établir une similitude vraiment originale entre les royalistes & les amis de la constitution de 1793. La bonne foi, la franchise, l'amour de la vérité, tous ces motifs si purs n'auroient-ils pas dû faire un devoir au rédacteur, s'ils eussent présidé au travail de son genie, de faire sentir aux lecteurs bénévoles la très-grande, l'énorme disparité qui existe de fait entre les sincères amis de cette constitution, & ceux qui, ne respirant que le royalisme ou l'anarchie qui y aboutit, se font de ce masque un moyen infaillible d'appeler sur cet acte constitutionnel l'animadversion des gens simples? Le rédacteur a trouvé beaucoup plus court de les envelopper & les uns & les autres du même manteau d'infamie. La raison, sans doute, lui en est connue; quant aux conjectures, chacun les a tirées à sa manière.

Poursuivons : dans cette affiche, la constitution de 93 y est appelée code atroce & impraticable.

Atroce!.... Je prends cet acte, je le lis, le relis; je me mets l'esprit à la torture pour y trouver en quoi il blesse les droits du peuple; ce qui seul pourroit lui mériter la qualification d'atroce, donnée d'une manière si tranchante & si sommairement affirmative; mais c'est en vain: d'où il suit que, me sentant un être pensant, non moins organisé que le rédacteur, même que ceux d'après les ordres de qui peut-être il a opéré; pour mon compte, je ne me vois nullement obligé de le croire sur parole; & jusqu'à ce que des *hommes* aient pris la peine de démontrer *à moi homme ni plus ni moins qu'eux*, en quoi gît cette atrocité qu'ils proclament, ou qu'enfin l'on m'ait rendu tous les moyens de communication que j'avois jadis, & par lesquels une discussion lumineuse, approfondie, en m'instruisant de mes devoirs & de mes droits, dirigeoit & rectifioit mes idées politiques, à mon sens l'inculpation d'atrocité n'a qu'un caractère de passion qui ne peut que m'être suspect, d'autant plus même, que je ne puis me dissimuler que la constitution de 93 n'est pas tout-à-fait concordante avec quelques calculs tant soit peu particuliers à ceux au nom de qui a été composée cette proclamation; &, toujours dans la même hypothèse, ne suis-je pas efficacement aidé à deviner la cause qui, selon eux, & ceux que des spéculations tiennent à leur suite, rend cette constitution impraticable?

Il ne tenoit cependant qu'au rédacteur & à ceux qui l'ont

mis en œuvre, de me tirer d'une perplexité vraiment pénible, puisqu'elle appelle mes soupçons sur une autorité gouvernante que je dois respecter, mais non croire, & encore moins adorer en esclave.

Oui, il nous faut un gouvernement; nous en sentons tous plus que jamais le besoin pressant; il nous le faut donc basé sur l'égalité des droits: tel est celui que tout bon citoyen, tout véritable ami de la constitution de 93, réclame à grands cris, & non pas, comme le dit le rédacteur de l'affiche, l'égalité arithmétique de toutes les fortunes, leur partage effectif, celui de toutes les maisons, propriétés, même des *plus petites boutiques*. En vérité je ne sais à quoi il tient que je ne croye que le rédacteur, par cette fausse & plate assertion, n'ait eu en vue que de jouer une mauvaise pièce à ses protecteurs, en déversant sur l'autorité gouvernante ou les membres qui la composent, un ridicule vraiment contre-révolutionnaire. Eh! qui ne sait que cette égalité, procédant de ce partage arithmétique, ne se soutiendroit pas seulement vingt-quatre heures? Les événemens de circonstances nécessaires & inévitables suffiroient pour la détruire, sans compter la masse inégale & chanceuse des besoins individuels, la variété des goûts dans les (*un mot rayé*) genres de propriété, &c., &c., &c. C'est donc gratuitement que l'on prête aux amis de la constitution de 93 la ridicule idée de cette égalité du partage arithmétique des fortunes, *même des plus petites boutiques*. N'est-ce pas plutôt un épouvantail par lequel on stimule tous les riches, on les excite contre ceux qui n'ont que peu ou rien? Quelle en est la raison, sinon que parmi ces derniers se trouve le plus de zélateurs de l'égalité en droits, que méchamment on s'efforce de présenter aux propriétaires comme des partisans effrénés de la loi agraire?

Je reviens sur l'épithète d'*impraticable*. Qui nous le dit? Le rédacteur, ou, tranchons le mot, le Directoire exécutif, qui de sa signature a sanctionné cette production; cinq fonctionnaires publics, il est vrai: mais, quoi qu'ils puissent dire & faire, fussent-ils couverts des diamans du Mogol, ils ne seront toujours que cinq hommes; il faut en revenir là. Pourquoi ce code est-il impraticable? Parce qu'ils le disent ou le font dire, & qu'ils le signent . . . . Mais qui leur a démontré cette impraticabilité? Sont-ils, par leur nature, doués de prescience? . . . Non. Quelque commencement d'essai a-t-il donné lieu à une présomption presque convaincante? Pas plus. En ce cas, que cinq citoyens pris dans la masse de ceux qu'on ne peut taxer d'imbécillité disent & signent que cette constitution est bonne, praticable, nullement atroce, voilà égalité numérique de voix & pour & contre; qu'un sixième témoin se présente, & se range de l'avis de ces cinq acceptans: voilà le procès gagné, jusqu'à ce que d'autres d'opinion contraire se joignent aux cinq refusans, & ainsi alternativement.

Le fait est, & on ne peut le nier sans la plus insigne mauvaise foi, que la constitution de 93 a reçu un assentiment général non moins, mais plus encore que celle de 95.

Je ne prétends nullement m'ériger en juge des deux constitutions; mon devoir & mon vœu, c'est d'obéir à la volonté générale légalement, notoirement constatée, & sur-tout sans aucune escobarderie: mais je dirai toujours que par son époque seule, & celle des actes qui en ont consacré la sanction populaire, la constitution de 1793 a le droit de (*un mot rayé*) priorité: par quelle cause découverte depuis son acceptation libre, légale, authentique, expresse, pour quel motif est-elle tout-à-coup devenue un code *atroce, impraticable?* Par qui est-elle ainsi désignée? quels en ont été les rédacteurs?...... les présentateurs,...... les premiers approbateurs (*trois mots rayés*), les garans sous le sceau même d'un dernier serment solemnel & simultané?.... Mille & une réflexions m'assiégent......... Je me tais.

La proclamation en appelle au témoignage des hommes de bonne foi sur les travaux du Directoire exécutif: à ce titre me voilà colloqué, & je me mets sur les rangs; car, je le répète, je cherche, je chéris la vérité. Les brigands sont désarmés, m'y est-il dit, les chefs punis, les subsistances assurées; les lois contre les émigrés exécutées avec vigueur, de nouvelles ont été provoquées contre eux; les armées ci-devant désorganisées, maintenant dans le meilleur état, & prêtes à moissonner de nouveaux lauriers. (A cet égard, quel qu'ait été leur dénuement, les Républicains n'en ont jamais laissé derrière eux.) Enfin, & pour clorre la pompeuse tirade, le Directoire y est proclamé l'ami le plus chaud des patriotes: il les porte tous dans son cœur. Son sort, y est-il dit, est indissolublement lié au leur, &c., &c., &c.

Je ramasse toutes mes forces morales, je m'arme de toute la résolution dont je suis capable, je m'évertue pour *croire*, & c'est cet instant même que prend ma mémoire, en opposition avec ma bonne volonté, pour me jetter dans la plus gênante des positions. Cette mémoire fort incomplaisante me rappelle les mille & mille plaintes des soldats de la liberté sur les privations sans nombre qu'ils éprouvent, & l'amertume dont ils sont abreuvés; sur les secours que leurs pères, mères, femmes, enfans, &c., ne peuvent obtenir, où les lenteurs assassines & outrageantes qui entravent leur soulagement; sur la fortune & le luxe scandaleux de nombre d'individus dont les sibarites jouissances sont le résultat de la misère des héros républicains.

A l'égard des subsistances, cet objet m'est trop peu connu. Je dis donc, ainsi soit-il!

Ce n'est pas tout: pour me torturer encore plus, à côté de cette intime affection directoriale, de ce sentiment si ardemment tendre pour tous les patriotes, ma mémoire me retrace les massacres du Midi & autres départemens, les administrations & bureaux ministériels infectés encore de nombre d'individus connus pour vendémiaristes qui, malgré leur rébellion ouverte & armée contre la représentation nationale, ont eu le funeste secret de se procurer des certificats

plus

plus qu'honorables. Jusqu'à ce que j'aie vu les abus réprimés avec vigueur, les auteurs, instigateurs & organisateurs des massacres, dans quelques places & quel que soit le poste qu'ils occupent, de bonne foi poursuivis & justement punis, le rédacteur de la proclamation ne peut, sans injustice, trouver mauvais qu'au rappel de tous ces faits cet amour si chaud, si cordial, dont il affuble le Directoire exécutif & dont il fait tous les patriotes l'objet exclusif, ne soit pour moi tant soit peu problématique.

Je suis si peu éclairé en matière de gouvernement, que je ne veux m'ériger aucunement en censeur de ses actes. Si, pour sauver ma patrie, rendre au peuple des droits légitimes qu'il n'auroit jamais dû perdre, en un mot opérer le bonheur commun sans distinction, une marche contraire à mes desirs, à mes foibles idées, est la seule efficace, je m'envelopperai la tête de mon manteau; mais tant que durera la tourmente, on ne pourra m'empêcher d'attendre ma conviction dans le seul, final & absolu résultat.

Post-scriptum. Il est aisé de juger que, depuis la rédaction des observations ci-dessus, les circonstances ne sont plus les mêmes. La loi du 27 germinal n'étoit ni promulguée ni rendue, pas même provoquée; ou du moins n'étoit-elle pas connue pour telle par les non initiés comme moi : mais une affiche multipliée avec profusion, & les mesures qui se préparent, n'empêcheront point que, tant que je jouirai d'un jugement sain, je ne prendrai jamais des baïonnettes, des canons, & tout cet appareil foudroyant, pour des argumens fraternels. A qui viendra-t-on à bout de persuader qu'un frère dira à son frère (*quatre mots rayés*); Crois, parce que je le dis, ou je te tue? Ah! qu'il me répugne de penser que tel pourroit être le mode de persuasion adopté par le gouvernement.

J'ai vu ses dispositions vraiment pleines de sollicitude (*quatorze mots rayés*). La loi du 27 germinal me démontre d'une manière si convaincante cet amour du Directoire pour tous les patriotes, & tant exalté par sa proclamation, que je m'en sens pénétré de la plus vive reconnoissance. En effet, quoi de mieux imaginé que de traiter en royalistes les patriotes, & ce pour les appeler fraternellement à une obéissance toute passive ? Qui ne conviendra pas que les menaces de recommencer les scènes trop mémorables de prairial an 3 sont un moyen très-efficace d'inviter à se tenir sur leurs gardes ces patriotes que leur amour pour la liberté & le bonheur de tous leurs concitoyens sans exception pourroit mettre encore une fois en avant ? Pour ma part, je rends graces au gouvernement d'avoir éclairé le précipice creusé par des mains puissantes & habiles, dans lequel peut-être les vrais patriotes eussent encore donné tête baissée.

Trente-unième pièce. (1)

On ne peut faire le bien que par la confiance, & le premier pas que nous voudrions faire en révolutionnant seroit d'exciter la méfiance. Nous voudrions en ménager le peuple.

Nous n'avons déja pas trop de moyens, il faut les ménager.

Cela ressemble trop à la monarchie ; car qu'est-ce que la monarchie ? la dictature, le pouvoir d'un seul.

Darthé est tellement convaincu que c'est là le seul moyen de faire le bien, qu'il n'y aura que la raison politique qui l'en fera départir : ainsi c'est sous ce rapport qu'il faut le combattre.

La dictature de l'autorité, & non la dictature de l'homme.

Il est plus aisé d'exercer l'influence sur un homme que sur plusieurs, de le circonvenir que plusieurs.

Cromwel, Sylla, Marius, César, Cincinnatus, Robespierre.

Que l'on lui traceroit son thême ! ce thême seroit donc le

---

(1) Notes décousues qui paroissent écrites de la main de Babœuf.

dictateur du dictateur ; s'il s'en écarte, vous avez donc une dictature au-dessus de la sienne : je ne conçois pas cela. Il aura l'opinion, je suppose pour lui : les baïonnettes pour lui ! Où irez-vous ?

On tirera à la courte paille, n'importe que ça soit un mannequin. Quelle pitié !

Aurez-vous tout prévu, de manière qu'il n'y ait point à prendre des mesures de circonstance ? & s'il n'est point capable (*deux mots rayés*), vous le déposerez pour le remplacer, vous avilissez votre mesure ; & s'il est mal intentionné, & plus fort que vous, le pouvez-vous, le déposer ?

D'ailleurs, je ne connois personne parmi vous ; les uns

Les questions (*un mot rayé*) sont connexes. Elle se lient & s'enchaînent ; elles ne peuvent être divisées, il faut les traiter ensemble.

(*Cinq mots rayés.*) Ils vous ont laissé à achever leur ouvrage. Vous le ferez & vous leur éleverez des statues. On nous opposera le décemvirat, le triumvirat, le comité de salut public, qui se sont divisés.

Dictature à chaque circonstance, route ouverte à tous les ambitieux, effaroucheroit le peuple. Si l'un n'envahit pas, c'est l'autre.

Trente-deuxième pièce.

Extrait d'un discours prononcé le 29 ou le 30 germinal par le commandant du deuxième bataillon de la legion de police, première demi-brigade, caserné à la Courtille.

Mes camarades, j'ai appris avec peine qu'hier des légionnaires avoient eu la lâcheté de se fourrer au milieu des grouppes formés par la canaille ; qu'ils s'y sont permis d'assurer aux assistans qu'ils se laisseroient plutôt tuer par le peuple que de prendre les armes pour le gouvernement contre le peuple.

Ces propos infames, ces sentimens dignes de la populace de 93, ont été portés au général en chef. J'ai pris, comme je le devois, votre défense, & je l'ai assuré que ce ne pouvoit être que quelques intrigans qui, sous notre habit, avoient pu tenir de semblables discours. Camarades, on vous trompe sur l'état de choses actuelles; songez que votre existence tient à l'existence du gouvernement; que si le gouvernement est renversé, vous restez sans chefs, comme un troupeau de moutons. Quelle honte pour vous!.... Camarades, ayez confiance dans vos chefs; combattons, sous les ordres de nos supérieurs, les anarchistes & les royalistes. Le salut de la république tient à cette détermination: sans elle, c'en est fait; les factions de l'étranger, de d'Orléans, des Capets, se disputeront le trône, & vous aurez servi, sans le savoir, de marche-pied à l'usurpateur qui viendra vous commander en maître, en despote..... Il ne sera plus temps alors de vous plaindre de l'erreur où vous auront conduits des sentimens d'une fausse pitié pour un peuple qui vous trahit, qui veut un roi: vous serez indignés de vous être laissé tromper: vous recommencerez la révolution, tandis que si vous soutenez le gouvernement, la constitution s'affermit, ce peuple rentre dans l'ordre; vous, vous allez dans vos foyers, couverts des lauriers de la victoire, accompagnés des applaudissemens de tous les amis de l'ordre & des loix.

Camarades, songez y bien, le peuple n'affecte de crier à la famine que pour se rebellionner contre le gouvernement actuel, que pour vous livrer plus sûrement à un roi, que pour rejeter sur vous seuls toutes les horreurs de la guerre, afin de pouvoir vous accuser, en face du tyran qu'il se sera choisi, d'être les seuls auteurs des calamités qui ont désolé la France pendant la révolution..... Oui, soldats, voilà la perspective que ce peuple vil & barbare vous réserve: voyez-le se déchaîner sans cesse contre le gouvernement, qui fait tous ses efforts pour lui donner du pain; voyez comme il discrédite déja les mandats qui ne sont pas encore faits; entendez-le murmurer contre l'augmentation de paye que le Corps législatif dans sa justice vient de vous donner pour que vous puissiez vous procurer quelques douceurs. Ne sont-ce pas de vrais scélérats, ceux qui médisent ainsi du gouvernement, qui entravent sa marche constitutionnelle, ceux qui vous méprisent? ils savent bien, ces brigands, ces anarchistes, que le gouvernement fait tout son possible pour que cette grande cité soit toujours bien approvisionnée, & que ce n'est qu'à sa vigilance que nous devons l'obligation de l'arrivage de toutes les subsistances dont cette commune abonde. Ainsi donc je suis, *comme l'a bien dit le général en chef*, persuadé que la légion de police sera l'exemple de toutes les autres troupes, & qu'elle remplira son devoir quand elle en sera requise.

Vive la République!

Trente-troisième pièce.

La nouvelle Carmagnole

Pour la grande réunion des défenseurs de la patrie campés à Vincennes, à Grenelle, &c., avec leurs frères les Sans-culottes de Paris.

Air : *Dansons la Carmagnole.*

Français, volons tous à Paris, (*bis*)
Pour embrasser nos bons amis; (*bis*)
Vive la liberté!
Chantons l'égalité;
Dansons la carmagnole,
Vive le son,
Vive le son;
Dansons la carmagnole,
Vive le son
Du canon!

Salut, braves Parisiens, (*bis*)
Ce jour va serrer nos liens, (*bis*)

Périssent les tyrans,
Et leurs projets sanglans!
Dansons la carmagnole, &c., &c.

Tremblez, traîtres, conspirateurs, (*bis*)
Oligarchistes, imposteurs! (*bis*)
Vos projets sont connus,
Vous êtes tous foutus,
Dansons la carmagnole, &c., &c.

Fuyez, fuyez, il en est temps, (*bis*)
La guillotine vous attend, (*bis*)
Nous vous raccourcirons,
Vos têtes tomberont,
Dansons la carmagnole, &c., &c.

Sans-culottes, rassurez-vous, (*bis*)
La victoire sera pour nous. (*bis*)
Oui, certes, ça ira,
Toujours l'on chantera:
Chantons la carmagnole,
Vive le son,
Vive le son;
Dansons la carmagnole,
Vive le son
Du canon!

FIN.

Trente-quatrième pièce. (1)

Au citoyen
Gracchus Babœuf,
notre bon
paire. (2)

4. (*Un mot rayé qui paroît être* Bouin.)
6. Fiq.
5. Guilh.
Paris.
3. Menissier.
10. Pierron.
2. Bodman.

---

(1) Cette pièce paroît être de la main de Babœuf.
(2) Cette adresse paroît être de la main d'Émile Babœuf.

1.
† 2. Bod.
3. M.
4. B.
5. G.
6. F.
7. P.
† 8. Caz.
† 9. D.
† 10. P.
† 11. B.
12. M.

Trente-cinquième pièce.

Une lettre arrive près de Landau à sa mère, & marque que son fils se trouve fort surpris qu'ils sont dans l'inaction, & qu'ils sont plus tranquilles que quand ils avoient une trève, & que cependant ils avoient été quatre jours sans pain, & qu'ils ont eu recours à leurs ennemis qui leur en passoient une assez grande suffisance ; &, dit-il, on ne sait ce que cela veut dire, nous buvons & mangeons ensemble sans nous faire de mal, tant d'une part que de l'autre.

Trente-sixième pièce.

Le 7 floréal à onze heures du matin, le vingt-unième régiment de chasseurs, qui venoit de Versailles, passoit sur le boulevard. Je me suis trouvé en face de la rue du Mont-blanc, & j'ai vu avec horreur un grand officier à figure noire, ayant l'accent méridional, & le regard despote, dire brusquement à un chasseur qui avoit laissé un peu trop de distance entre lui & son chef de file : He bien ! avanceras-tu ? Le chasseur poussa son cheval & regardoit l'officier. Tu me regardes ? lui dit ce dernier : je te foutrai à la tête du camp pour six mois, pour t'apprendre à me regarder. Cette conduite atroce envers un soldat de la liberté lui a valu à cet officier, qui est sûrement de la formation du citoyen Aubry, l'admiration des chouans qui étoient présens : aussi se sont-ils approchés pour le féliciter, en lui disant : Bravo, il faut savoir se faire obéir. Ha ha, c'est que je les ai déshabitués à me répondre ; & je veux aussi les déshabituer de me regarder quand je leur parlerai. Alors l'un des chouans s'est approché pour lui parler tout bas, & j'ai entendu que l'officier lui a dit : Je vous exhorte à venir manger la vache enragée avec moi au camp ; ce qu'on lui a promis.

Labé de la légion de police, deuxième compagnie, cinquième bataillon à Vincennes.

Trente-septième pièce.

NOTE A REMETTRE.

Convaincu combien il importe de jouer complétement les royalistes, & de les tromper sur nos véritables intentions dans le mouvement qui se prépare, afin de les empêcher eux & le gouvernement d'employer contre nous pendant le mouvement leurs injures bannales de terroristes, de jacobins, de factieux, de prairial, &c. il me semble qu'il faudroit faire mettre d'abord à la craie sur les chapeaux de tout le monde : *armée du peuple, à bas les tyrans.*

On portera aussi trois sortes de bannières où seront les inscriptions suivantes : *armée du peuple ; à bas les tyrans ; vengeance du peuple.* Ce moyen me paroît très-propre à faire servir à nos desseins nos ennemis eux-mêmes. Qu'on en juge par les applaudissemens qu'ils donnent au théâtre, aux mots *Tremblez, tyrans*, &c. Lorsque le succès se décidera pour le parti populaire, alors il faudra faire paroître théâtralement & comme descendant des nues les bannières portant les inscriptions : *Constitution de 93. Bonheur commun. Victoire du peuple*, &c.

Vous verrez, au milieu des applaudissemens, des bravos cent mille fois répétés, l'insurrection se diriger d'elle-même à son but naturel.

C'est ainsi seulement qu'on peut se flatter de tourner les efforts de tout le monde contre l'ennemi commun, de tirer un parti sûr de la haine publique, & d'éviter l'opposition de la faction royale qui pourroit être fort nuisible en commençant l'action.

Trente-huitième pièce.

De bon citoyent qui s'intéresse à la chose publique, évitte le rédacteur du journal républiquin, de vouloir insérer dans son journal pour faire conoître à tout bon citoyent les infamies des administrateurs de messagerie national qui ne cherche que la ruine de la République : nous voyons avec douleur qui ne cherche quà mette des entrave à la chose publique : huit diligence toute neuve qui lon fait briser, & quantité d'autre qui pouvoit rouller encore, lontems le cheveau qui ont resté jusqu'à quatre jours sans mangé, le conducteur même on été obligé de leur donné la pail de leur lit ; quelqu'un leur a demandé pourquoi briser de bonne voiture, il on répondu que ceux qui viendroit après eux en feroit faire. Sitoyent veillon à se quatre celeras, il et tems.

On ne veux pas le nommé, mais le chefe Catherine Saint à Jorge à Joliveau decidé pencé.

Tout quatre coupable du crime de lese nation.

Trente-neuvième pièce. (1)

Transporte toi au moment où tous les moyens militaires sont pris, où toutes les mesures de l'insurrection sont prêtes

(1) Cette pièce paroît être de la main de Babœuf.

& où il est question de la faire éclater tel jour. Fais ce premier *déclaratoire*, ou manifeste de cette insurrection, au nom du Directoire insurrecteur ; ce premier *manifeste* ne devra pas être signé.

Il doit être court, hardi, positif dans les points d'accusation contre les tyrans ; il ne doit énoncer que les plus puissans, les plus atroces & revoltans.

Il doit être en forme d'arrêté, & commencer par divers *considérant*.

Le premier *considérant* doit être consacré à justifier le Directoire insurrecteur d'avoir pris l'initiative de l'insurrection ; les motifs de justification peuvent être expliqués à-peu-près comme dans notre acte de création, & dans notre première instruction aux agens.

Les autres *considérant* doivent rouler sur les crimes de la tyrannie & des riches, sur l'oppression & la misère du peuple.

Viennent les articles.

On arrête d'abord que l'on s'insurge à l'instant : on arrête pourquoi, la constitution de 93 & le bonheur.

On (*un mot rayé*) arrête ensuite (*trois mots rayés*). la manière dont le peuple doit s'ébranler simultanément, & les points où il doit se porter ;

Que le peuple ne se rasseoira pas qu'il n'ait abattu ses ennemis, & assuré son bonheur ;

Que des vivres seront portés dans les places publiques pour nourrir les insurgens ;

Que le peuple des galetas & des greniers n'y rentrera plus, qu'il sera sur le champ pourvu à ce qu'il soit logé, meublé & habillé ;

Que la récolte, ainsi que les subsistances en magasin, sont mises sous la main de la République, & seront distribuées gratuitement au peuple, moyennant une indemnité suffisante payée aux cultivateurs par le gouvernement ;

Que le Directoire insurecteur restera en permanence jusqu'à ce que cette nouvelle révolution soit consolidée, le bonheur du peuple assuré. Il aura (*deux mots rayés*) provisoirement le gouvernement général de la République : & attendu l'impossibilité de former sur le champ les assemblées primaires, qui seroient (*un mot rayé*) encore toutes royalisées, leur convocation est remise à trois mois, pendant lequel temps l'opinion (*un mot rayé*) sera relevée, & alors les élus du peuple seront choisis pour mettre en activité la constitution de 93 ; (*cinq mots rayés*), avec les lois organiques que le peuple & ses libérateurs y adapteront. (*deux mots rayés.*)

Ajouter cet article : Les biens des émigrés, des contre-révolutionnaires, des ennemis du peuple, sont assurés aux soldats, à leurs parens, au peuple.

Quarantième & quarante-unième pièces. (1)

CITOYENS,

Plusieurs révolutions depuis 1789 se sont succédées ; aucune vraisemblablement n'a eu un *but* précisément déterminé d'avance ; aucune n'a eu des directeurs exclusifs, des directeurs exactement d'accord en principes & en volonté finale, des directeurs également purs & (*cinq mots rayés*) qui se soient proposé pour terme de leurs travaux, le *maximum* de LA VERTU, de LA JUSTICE, DU BONHEUR DE TOUS : aussi chacune des révolutions précédentes a eu des effets plus ou moins vagues, dérivant nécessairement de la marche au hasard, & du défaut de point arrêté de la multitude des co-agens ; chacune a été caractérisée par une foule d'incohérences, produit naturel des passions, des vues & des moyens discordans de ces mêmes co-agens ; chacune enfin n'a eu que des résultats imparfaits & définitivement nuls.

---

(1) Ces pièces paroissent être de la main de Babœuf.

Vous avez été frappés d'un apperçu aussi triste, & l'amour de votre pays, le spectacle du dernier dégré de calamités auquel vous l'avez vu en proie, ont inspiré à chacun de vous (*deux mots rayés*) le dessein généreux de remédier aux maux dont vos yeux étoient affligés. Un concours heureux de circonstances, sorties pourtant du sein des malheurs particuliers, des orages des révolutions, vous a fait vous connoître réciproquement, vous a découvert les uns aux autres pour être imbus également des mêmes idées de bonne morale publique & de meilleur ordre social. Vous vous êtes rapprochés, & vous vous êtes communiqué mutuellement le même plan d'association politique, plan exclusivement juste, seul capable de procurer le bonheur général, & dont l'ame franche de chacun de vous étoit devenue, par la grace de la bonne nature, l'intéressante dépositaire. Alors vous vous êtes dit les uns & les autres: C'est à nous qu'il appartient de faire aussi une révolution; elle sera la dernière si elle réussit, puisque son résultat infaillible sera de combler tous les besoins, tous les desirs de chaque membre des associés, de faire à tous un sort qui ne laisse rien à envier à aucun d'eux.

Vous avez ainsi réuni les avantages, 1°. de marquer d'avance un *point unique* où, sans partage, sans modifications, sans restrictions, sans nuances, vous tendez tous; 2°. & d'être circonscrits dans un cercle étroit d'hommes vertueux, isolés de tout ce qui pourroit opposer des vues divergentes & contradictoires, de tout ce qui ne seroit point capable de se confondre dans le sentiment un & parfait de l'*apogée du bien*.

Ce sont là des bases favorables, précieuses, essentielles; mais que de matériaux subséquens il faut pour asseoir sur elles le grand édifice que nous nous proposons de construire!

Qu'il est sublime, le projet que vous avez conçu! quel beau spectacle que le seul tableau que peut s'en former l'imagination! certes, jamais aussi belle entreprise n'occupa des hommes; qu'il seroit glorieux de la faire réussir!

Vous êtes peut-être déja trop avancés dans la carrière pour ne pas voir que la seule alternative qui nous reste est d'y périr ou de vaincre. Hé! cette alternative n'est pas seulement celle des amis de l'*égalité pure*; elle est tout aussi inévitablement celle des simples patriotes: autant vaut-il l'être donc en mesure pleine & comblée; autant vaut-il vendre, au plus haut prix, aux tyrans & aux oppresseurs, notre existence, & acquérir, même dans le cas d'insuccès, des droits au souvenir reconnoissant & honorable des races futures.

Enchantés de l'image de cette belle révolution projettée par vous, nous l'avons tous crue possible & peut-être facile à opérer, sans qu'il me semble qu'aucun de nous ait encore sérieusement combiné les vastes moyens d'exécution (*quatre mots rayés*), prévu les obstacles successifs, les nombreuses difficultés qui peuvent se rencontrer sur la route.

J'ai voulu mesurer ce grand ensemble. Je vous donnerai à cet égard mes vues pour répondre à ce que vous avez desiré, de voir traiter la grande question: *Quelle sera, dans l'hypothèse que l'on parvienne à renverser l'autorité principale qui existe, celle qu'on lui substituera pour établir le systême social que nous voulons?*

Vous aviez demandé que l'on examinât isolément cette question importante, mais elle ne m'a nullement paru simple; elle m'a semblé liée, enchaînée à tout ce qui doit précéder, accompagner & suivre votre mouvement révolutionnaire. Je n'ai donc pu la traiter à part; je vous présenterai, par conséquent, mes idées sur le tout, & je passe de suite au coup-d'œil sur la première époque, c'est-à-dire sur la manière dont je conçois TOUT CE QUI DOIT PRÉCÉDER LE MOUVEMENT.

Vous êtes déja en mesure sur cette partie: pour savoir si vous y êtes bien, si votre organisation est passablement combinée, si les circonstances dans lesquelles vous ouvrez une telle entreprise présentent quelques avantages, il me paroît encore que nous devons porter un peu nos souvenirs en arrière, comparer notre position insurrectionnelle avec celle des insurrecteurs de nos précédentes révolutions, voir ce qu'ils avoient en leur faveur & ce que nous n'avons plus, voir aussi ce que nous avons & qu'ils n'avoient pas.

Les causes de la révolution de 89 ne sont peut-être pas telles que bien des écrivains les ont voulu peindre. La bonne foi un peu clairvoyante reconnoîtra & pourra avouer que c'est l'orgueil national qui nous a fait nous vanter que ce furent les vertus des Français qui présidèrent à cette première crise : je ne l'attribue ni aux dilapidations & au libertinage de la cour, au désordre dans les finances, aux impôts ruineux, ni aux lumières philosophiques, & aux sentimens de justice & de patriotisme inné qu'on a prétendu qui enflammoient le cœur d'un grand nombre d'hommes. Au fond, sans doute le royaume de France étoit bien mal gouverné, mais il ne l'étoit pas plus mal que beaucoup d'autres. Le peuple y étoit bien malheureux, mais il ne l'étoit pas plus qu'ailleurs en Europe ; &, comme par-tout, abruti sous le poids de ses chaînes, il n'eût jamais songé de lui-même à les briser. Il y avoit des lumières ; mais la plupart de ceux qui s'en trouvoient investis, n'étoient pas en même temps ceux qui avoient, en proportion, des vertus & l'amour de leurs semblables. Voici ce qui, selon moi, contribua le plus à ce premier ébranlement populaire : on venoit de voir la révolution de l'Amérique septentrionale, & les essais de mouvemens populaires en Hollande & dans le Brabant : l'esprit de nouveauté, d'imitation, si naturel chez les Français, les porta à vouloir faire ce qui leur avoit paru attirer les éloges de la renommée à des peuples qu'ils ne croyoient pas valoir mieux qu'eux ; il eût été honteux à une nation qui se piquoit de surpasser toutes les autres en tout point, de rester en arrière de celles qui se distinguoient le plus sous le rapport politique. Il fallut donc chez nous avoir aussi sa révolution ; cette révolution devoit être puissamment aidée par l'assentiment des ambitieux de tous étages, qui y virent une grande porte ouverte à tous les moyens de fortune & de gloriole : ce furent là, j'imagine, les principales causes motrices de la révolution du 14 juillet : tous la secondèrent : elle trouva, sauf bien peu d'exceptions, la nation entière à son service. Mais je ne lui fais pas plus d'honneur que de croire que l'on n'y donna les mains que, les uns par spéculation, les autres au nom de la nouveauté & par esprit d'imitation, de mode & de manie ; les autres encore par un entraînement machinal, & pour eux inévitable : très-peu s'y lancèrent par vertu.

On voit toutefois que les circonstances étoient telles, que très-peu de gens se trouvant capables de lire dans l'avenir & de calculer les grands effets de cette révolution, personne, pour ainsi dire, ne se doutant pas qu'elle pût dans la suite lui donner à perdre ; chacun, au contraire, en raison de l'inexpérience d'alors, ayant été facilement porté à croire que dans le mouvement il trouveroit quelque chose à gagner, d'autant plus (*trois mots rayés*) que c'étoit là une illusion dans laquelle les premiers meneurs avoient grand soin d'entretenir la généralité des individus, il devoit résulter ce qui fut en effet, c'est-à-dire que tout le monde seconda cette révolution (*six mots rayés*) : c'est ce qui fait dire encore à présent qu'en 89 il n'y avoit presque point d'aristocrates. Ainsi il ne faut réellement pas considérer cette première révolution comme ayant dû être difficile à déterminer.

Elle eut des effets auxquels très-peu d'hommes, sans doute, s'étoient attendus. La classe riche & vicieuse, qui croyoit bien avoir aussi accaparé la majorité des lumières, en concluoit qu'elle n'avoit rien à craindre de la vertu, dont elle comptoit les partisans (*un mot rayé*) en petit nombre & sans moyens transcendans. Ce qu'on appeloit les corps & ordres intermédiaires & privilégiés s'attendoit à ne trouver dans le changement qu'une route pour abaisser la puissance monarchique au profit de la leur ; il en arriva tout autrement. La vertu, effectivement en minorité dans le corps représentatif qui étoit parvenu à se former & à se mettre en mesure de traiter les grands intérêts de la nation entière, gagna (*trois mots rayés*), par (*cinq mots rayés*) son ascendant naturel, une force que le petit nombre de ses apôtres ne devoit pas faire espérer ; quelques avocats du peuple parvinrent à contre-balancer le prti colossal des défenseurs des abus & de ceux qui en profitent. (*trois lignes rayées*) Il faut pourtant avouer qu'il y avoit une certaine compensation dans les forces des deux partis, & c'est ce qui ramène la vraisemblance des résultats également grands que tour à tour l'un & l'autre obtinrent ; je veux dire que, tandis que le parti du peuple doré étoit composé d'une majorité de patrons & d'une moindre quantité relative de cliens, le parti du vrai peuple comptoit une (*quatre mots rayés*) plus grande quantité relative de cliens & une minorité de patrons : mais ces derniers, appuyés par ceux qu'ils défendoient, n'avoient pas besoin d'être en si grand nombre ; l'assentiment du peuple & le bon droit attaché à sa cause furent des barrières souvent infranchissables par l'astuce la plus déliée & la plus opiniâtre.

Tant (*six mots rayés*) que les soi-disant honnêtes gens, à travers leur perversité profonde, conservèrent cependant encore une sorte de pudeur, une teinte de respect pour les principes incontestables auxquels ils avoient rendu hommage, ou qu'ils avoient eux-mêmes proclamés les premiers à l'origine de la révolution par le motif qu'ils durent l'aider de la manière & dans les circonstances que j'ai rapportées ; tant que la terreur primitive de la justice populaire du 14 juillet les retint encore, ces honnêtes gens ne purent empêcher que les grandes colonnes de l'esclavage national, telles que le sacerdoce, la féodalité, la robinocratie (*trois mots rayés*), la gabelle, ne s'écroulassent à la satisfaction du peuple, qui voyoit, dans ces premiers renversemens, l'heureux présage d'une d'une destruction plus complète, d'une destruction qui, nettoyant l'emplacement de l'édifice social de tout vestige antique & vicié, offriroit à de nouveaux architectes un site riant, purifié, redevenu vierge ou sans obstacles ; ils pourroient élever majestueusement le temple de la liberté & de l'égal bonheur de tous les associés. (*cinq mots & six lignes rayés.*)

Mais, lorsqu'insensiblement les vils champions (*cinq mots rayés*) de l'aristocratie & de la royauté s'aguerrirent, lorsqu'ils ne rougirent plus de plaider, contre les droits les plus évidens de la saine justice, la cause du crime & de ses sectateurs (*trois lignes rayées*) ; lorsqu'ils conçurent que le moyen honteux de braver toutes les censures du peuple, de rendre nul son appui auprès de sa mince poignée d'avocats, seroit capable de faire cesser tout contre-balancement avec eux, & que ces mêmes avocats du peuple seroient alors réduits à leur simple valeur individuelle ; ils ne balancèrent pas & ne rougirent pas d'adopter cette mesure assassine ; & en effet, il en résulta aussitôt des désavantages sensiblement mortels pour le peuple. Ses premiers (*trois lignes & trois mots rayés*) succès, étrangement minés par des altérations journalières, furent bientôt réduits à rien, &, la veille du 10 août 92, la prétendue liberté française n'étoit pas différente de la liberté de la veille du 14 juillet 89.

Quels furent le véhicule & l'esprit de cette révolution du 10 août ? Ressembla-t-elle à celle du 14 juillet ? Fut-elle inspirée & exécutée par les mêmes hommes ? Y avoit-il autant de chances pour qu'elle dût réussir ?

Non, l'esprit de cette seconde révolution n'étoit pas le même que celui de la première ; ce ne fut plus cette espèce de vertige, d'imitation, d'inconséquence (*cinq mots rayés*), de nouveauté & de mode, qui domina les auteurs ; sans contredit, ils n'étoient plus en aussi grand nombre qu'au 14 juillet. Il y avoit déja trois années qu'on révolutionnoit (*trois mots rayés*). Les immoraux de toute espèce avoient eu assez de temps pour faire leur école; les petits-maîtres, les amateurs de modes & de nouveautés, avoient vu que la révolution n'étoit point une affaire de colifichets; qu'il y avoit quelque différence entre ce grand incident public, & les trois affaires du collier, du mariage de Figaro, & de la chanson de Marlborough, qui avoient sérieusement occupé la nation pendant plusieurs des années précédentes. La classe des intrigans & des chevaliers d'industrie, celle du mercantisme, avoient vû, de leur côté, que le champ des spéculations d'intérêt se trouvoit plutôt resserré qu'étendu par le nouvel ordre de choses. Les égoïstes & les insoucians reconnurent aussi qu'ils avoient moins à y gagner qu'à perdre; que tout au moins leur profond repos, leur apathique indifférence, ne trouvoient pas toujours leur compte au milieu de la générale tourmente: enfin, les vivans d'abus & de vanité se trouvoient plus désorientés, & plus en désaccord que tous les autres. Toutes ces classes devoient former nécessairement à l'époque du 10 août une coalition, partie neutre, partie décidément ennemie. Mais une coalition contraire s'étoit aussi formée: c'étoit celle des hommes vertueux, & de la masse du peuple; car (*trois mots rayés*), s'il faut convenir qu'en 89 ce furent l'intrigue, la légéreté & l'entraînement machinal du peuple vers le nouveau & le merveilleux, qui contribuèrent le plus à faire commencer la révolution, il faut aussi reconnoître que de 89 à 92 (*trois mots rayés*) une bonne partie de la nation insurgente devint plus conséquente, & prit un véritable caractère: la vertu conçut le généreux dessein de s'emparer de ce que le crime & la dépravation avoient entrepris pour le compte de leur cupidité: elle vouloit faire tourner (*cinq mots & une ligne rayés*) au profit du grand nombre opprimé ce qui avoit servi de point de mire à beaucoup d'ambitieux pour remplacer d'autres ambitieux; ces sycophantes rivaux s'étoient vus obligés d'emprunter le masque de la justice, & des principes de la vérité éternelle, parce qu'ayant besoin de grands élans d'énergie, ils avoient bien calculé ceux qu'ils obtiendroient du rapport des droits imprescriptibles, dont la nature laisse toujours des traces profondes dans le cœur même de l'esclave le plus dégradé : mais quelques uns de ces hommes qui joignoient ces lumières à la bonne foi & à l'ardent amour de leurs semblables, quelques-uns de ces philosophes que l'instinct du juste avoit entretenus depuis long temps dans l'habitude de rêver aux idées du bonheur public, moins dans l'attente de voir réaliser aucun des plans régénérateurs qu'ils concevoient (*une ligne rayée*) que pour promener leur imagination bienveillante sur des tableaux consolans capables de les distraire de l'aspect douloureux du système social auquel ils voyoient la pauvre humanité asservie ; quelques-uns de ces hommes droits, ai-je dit, électrisés par l'intervention d'une disposition de choses inattendue, entrevirent la possibilité raisonnable de songer à appliquer des théories, dont quelque temps avant ils ne s'étoient point flattés de s'être occupés pour leur siècle. Leur ame, dès-lors enflammée de tout le courage nécessaire, leur montrant praticable le projet d'envahir des mains du crime les élémens de parfaite justice que la politique de celui-ci lui avoit conseillé de faire fermenter, cette entreprise de la vertu réussit. Un homme, entre autres, s'éleva dès l'Assemblée constituante, & parut avec de grands moyens pour venger l'humanité des longs attentats portés contre elle. Au milieu des factions hypocrites qui savoient que la masse du peuple a des vertus, & qu'elle trouve son plus grand intérêt dans l'application des règles les plus strictes de l'éternelle justice ; au milieu de ces passions qui en conséquence singeoient l'amour des grands principes, dans la vue de capter la confiance du peuple, & de la maîtriser après s'en être servies pour abattre les puissances dont elles vouloient prendre la place ; l'homme que j'ai dit parut avec la pure intention de travailler avec lui sérieusement & sincèrement à donner au peuple la réalité des choses dont le commun des prétendus défenseurs n'entendoit lui présenter que l'image. Robespierre presque seul, voulant pour le peuple autre chose que des factions, n'avoit cependant pas l'air extraordinaire & isolé au milieu de ses collègues: l'astuce d'un assez grand nombre leur commandoit des discours d'une morale qui ne sembloit pas différente & moins pure que la sienne. Il fut alors assez difficile même à l'œil pénétrant de distinguer le clinquant de la vertu d'avec la vertu effective. Long-temps on parut incertain si Robespierre lui-même n'étoit pas d'une faction : on put le prendre aussi pour un intrigant plus adroit que tous les autres, & ambitieux pour son propre compte; il put passer pour cela aux yeux de ses pervers collègues, parce que les pervers, les ames rampantes, qui rapportent tout à elles, ne conçoivent pas d'autre passion que l'égoïsme pour être capable d'inspirer les grands desseins; mais depuis l'Assemblée constituante jusqu'au 10 août les différentes révolutions des tartuffes politiques.

Quarante-deuxième pièce. (1)

ÉGALITÉ. LIBERTÉ.

BONHEUR COMMUN.

En vertu de l'arrêté du comité insurrecteur de salut public, en date de confirmé par le peuple, il est ordonné aux citoyens ou à ceux qui ont actuellement la garde de la maison, dite rue N°. d'y loger commodément, & avec tous les meubles nécessaires le citoyen & sa famille, ci-devant demeurant rue N°. section A Paris, ce de l'an 4e. de la République, une & indivisible,

Le comité révolutionnaire de la section de

(1) Constatée être de la main de Buonarotti.

Quarante-troisième pièce. (1)

ÉGALITÉ. LIBERTÉ.

BONHEUR COMMUN.

Au nom du peuple français,

Le comité insurrecteur de salut public.

Laissez passer le citoyen
(*un mot rayé*).
Taille
Cheveux
Yeux
Bouche
Nez
Menton
Visage
allant à
chargé d'une mission
A Paris, le de l'an 4 de la République française une & indivisible.

Quarante-quatrième pièce. (2)

ÉGALITÉ. LIBERTÉ.

BONHEUR COMMUN.

Le C. insurrecteur de salut public requiert le comité révolutionnaire de la section de
de faire faire à l'instant des visites domiciliaires dans l'étendue de cette section pour y rechercher les provisions de subsis-

---

(1) Constatée être de la main de Buonarotti.
(2) Cette pièce paroît être de la main de Babœuf.

tances, qu'ils saisiront & mettront sur-le-champ à la disposition de la commission administrative des subsistances & approvisionnemens de la République.

Paris l'an 4 de la République.

Quarante-cinquième pièce. (1)

ÉGALITÉ. LIBERTÉ.

BONHEUR COMMUN.

Le Directoire insurrecteur de salut public,

Considérant que le peuple a été long-temps bercé par de vaines promesses, & qu'il est temps de pourvoir enfin efficacement à son bonheur, seul but de la révolution;

Considérant que l'insurrection majestueuse de ce jour doit détruire à jamais la misère, source perpétuelle de tous les genres d'oppression,

Arrête ce qui suit:

ARTICLE PREMIER.

A la fin de l'insurrection les citoyens pauvres qui sont actuellement mal logés ne rentreront pas dans leurs demeures ordinaires, ils seront immédiatement installés dans les maisons des conspirateurs (*cinq mots & une ligne rayés*).

II.

L'on prendra chez les riches ci-dessus les meubles nécessaires pour meubler avec aisance les Sans-culottes.

III.

Les comités révolutionnaires de Paris sont chargés de prendre toutes les mesures pour l'exécution prompte & précise du présent arrêté.

---

(1) Constatée être de la main de Buonarotti.

Quarante-sixième pièce. (1)

ÉGALITÉ. LIBERTE.

BONHEUR COMMUN.

Le comité insurrecteur de salut public
Arrête ce qui suit :

ARTICLE PREMIER.

Les citoyens pauvres que la tyrannie a laissés nuds seront habillés demain aux frais de la République.

II.

A cet effet, les comités révolutionnaires de Paris mettront sur-le-champ les scellés sur tous les magasins & dépôts de draps & des habits, souliers ou autres effets pour habillement.

Quarante-septième pièce. (2)

Le comité insurrecteur de salut public,
Considérant que, par le fait seul de l'insurrection de ce jour, toutes les autorités civiles & militaires créées par la tyrannie sont cassées ;
Considérant qu'il est instant de mettre en activité des défenseurs connus des droits du peuple pour veiller à ses intérêts & comprimer ses ennemis ;
Arrête ce qui suit :

ARTICLE PREMIER.

Les comités révolutionnaires de Paris sont rétablis tels qu'ils étoient le 8 thermidor an 2e. ; les citoyens qui les

---

(1) Constatée être de la main de Buonarotti.
(2) *Idem.*

composoient sont tenus de s'assembler sur-le-champ dans le lieu de leurs séances ; & ils rendront compte dans une heure de leur installation au comité insurrecteur.

II.

Le citoyen   est nommé agent général de la police de Paris, au lieu & place du bureau central de la police de ladite commune.

III.

Les comités révolutionnaires correspondront avec ledit agent général, qui rendra compte au comité insurrecteur dont il prendra les ordres.

IV.

Le comité insurrecteur nomme le citoyen   général en chef de l'armée de l'intérieur & de la force armée de Paris, & lui ordonne de se mettre à l'instant à la tête des troupes & du peuple pour exécuter les ordres du comité.

Quarante-huitième pièce. (1)

ÉGALITÉ. LIBERTÉ.

BONHEUR COMMUN.

Le comité insurrecteur de salut public nomme provisoirement les autorités ci-après, & les compose ainsi qu'il suit :

Commissions ministérielles,
Municipalité de Paris,
Etat-major de Paris,

---

(1) Cette pièce paroît être de la main de Babœuf.

Département de Paris,
Administration de la poste aux lettres;
Comités revolutionnaires des sections.

La présente nomination sera notifiée sur-le-champ à chacun des citoyens qu'elle regarde, chacun en ce qui les concerne, & ils se mettront à l'instant en fonctions.

Paris, l'an 4 de la République.

Quarante-neuvième pièce. (1)

Paris, l'an 4 de la République.

Une motion sur les sociétés populaires pour Drouet, par Antonelle. Une pour Moltedo par Buonarotti.	B. s'en occupe, & l'on a écrit à Drouet pour lui insinuer dans quel sens il doit faire son discours.
Faire un petit écrit pour rallier les patriotes de toutes les couleurs, & calmer les inquiétudes sur les prétendues vengeances qu'on médite contre ceux qui auroient pu errer.	Le n°. 5 de l'Eclaireur & l'écrit de F. remplissent cet objet.
Faire une brochure détaillée & circonstanciée des tracasseries, vexations & actes arbitraires auxquels sont journellement en butte les défenseurs de la patrie.	On rassemble des matériaux à cet effet, & Gri... s'en occupe.
Faire faire le recensement des patriotes aisés qui pourroient recevoir chez eux & héberger des frères des départemens.	Fait. Circulaire du 19 germinal.

(1) La colonne à gauche a été constatée être de la main de Darthé; & Pillé a déclaré reconnoître la colonne à droite pour être de la main de Babœuf.

Ecrire dans les départemens pour engager les hommes jaloux de reconquérir leurs droits à se rendre à Paris.	On s'en occupera aussitôt après le recensement des logemens.
Faire une instruction pour Bertrand (1) ; le charger de former l'opinion des Lyonnais & des patriotes du Midi, &c.	Fait. Lettre à Bert. du g[al].
Organiser des compagnies d'afficheurs des écrits libres, lesquels seront aussi chargés d'arracher les écrits du royalisme & du patriciat.	Fait. Circulaire du 19 germinal.
Charger les agens de rendre compte des ateliers qui peuvent se trouver dans leurs arrondissemens respectifs, & de combien d'ouvriers ils sont composés ; quels sont leurs travaux.	Fait. Circulaire du 19 germinal.
Dépôts d'armes & de magasins.	Fait. Circulaire du 19 germinal.
Paris : les listes individuelles des canonniers.	Cela est fait. Lettre du 17 germinal.
Liste des mouchards dans chaque arrondissement.	Fait. Circulaire du 19 germinal.
Groupes.	Fait. Circulaire du 19 germinal.
Argent & écrits.	Fait. Circulaire du 19 germinal.

(1) Ce Bertrand a été fusillé pour l'affaire du camp de Grenelle.

(Au do· ·ft écrit:)

(1) Que les f^es. & les enfans y soient.

Listes des canonniers dans tous les arrondissemens, avec des notes sur le civisme de chacun d'eux.	Fait. Circulaire du 27 germinal.
Découvrir où sont les piques.	Fait. Circulaire du 27 germinal.
Poudrerie de Grenelle. Ecrire à Clerx pour avoir le nom du chef.	Fait 25 germinal. Réponse : Hervieux : demander son adresse positive. C'est fait, on attend la réponse.
Liste des bons & mauvais citoyens.	Fait. Circulaire du 27 germinal.
Que le s^re. soit auprès de moi.	
Les dépôts de toute espèce dans les maisons particulières, chez les négocians.	Fait. Circulaire du 28 germinal.
Les armuriers.	
Espions à signaler dans le Tribun ou l'Eclaireur, d'après le rapport du 6e. arrondissement, du 24.	
Pour les patriotes de Lyon. Rapport du 24 germinal, 5e. arr.	Lettre à Bert. du germinal.

(1) Le surplus de la pièce paroît, tant sur l'une que sur l'autre colonne, être de la main de Babœuf.

Cinquantième pièce. (1)

1er floréal an 4.

A Drouet.

Attendu, citoyen, que vous ne faites rien de mon discours; attendu que vous avez voulu substituer à des vérités & à des choses, des insignifiances & du bavardage; attendu que vous êtes *prudent*; attendu que vous n'êtes qu'un sénateur comme un autre; attendu que vous vous laissez conduire par des phraseurs & de grands diseurs de riens; attendu que vous ne voulez pas prendre l'attitude qui vous eût fait mériter d'entrer dans les rangs de ceux qui arracheront de l'oppression leur patrie esclave; attendu qu'au contraire le salmigondis que vous avez commencé de livrer à l'impression vous rend le tacite approbateur, plus que le tolérateur & par conséquent le complice de l'édifice affreux de tyrannie qui a été bâti pendant votre absence; attendu que vous ne voulez pas profiter de la disposition du plus beau rôle qui s'offroit à vous seul, qu'à la vérité vous n'auriez peut-être dû qu'à la circonstance de votre captivité, qui fut alors heureuse & glorieuse pour vous, à qui il seroit au moins resté un guide autour duquel il eût pu se rallier comme à un homme vertueux, qui se fût déclaré lui-même non participe des crimes de ses odieux confrères; attendu, enfin, que vous refusez l'honorable exception qui vous avoit été offerte contre la générale animadversion conçue à l'égard de l'affreuse compagnie dont vous êtes membre: je vous prie de remettre à celui qui vous donnera la présente, le manuscrit que je vous avois confié; je pourrai au moins, dans tous les temps, justifier tout ce que j'ai fait pour vous sauver de l'opprobre, tous les mouvemens que je me suis donnés.

---

(1) Minute qui paroît être de la main de Babœuf.

Cinquante-unième pièce.

NOTES INTÉRESSANTES.

Quelques vérité bonnes à savoir sur le compte de monsieur Letourneur (de la Manche), *président du* fameux *Directoire exécutif.*

Letourneur est originaire de Coutances. Son père n'étoit pas noble, mais il en avoit les priviléges comme ancien gouverneur de ville.

Placé dans le génie par M. de Caux, son oncle, *cordon rouge*, il parvint, par le moyen de cette puissante protection, au grade de capitaine & à la dignité de *chevalier de l'ordre royal & militaire de Saint-Louis.*

Il étoit à Cherbourg lors de la révolution, sans autres talens que l'intrigue, la morgue des ci-devant & la plus profonde hypocrisie : il alloit à la *messe* tous les matins à six heures, & *communioit* tous les *dimanches.*

Il fit semblant d'être patriote, & fréquenta la société populaire de Cherbourg.

Parvenu à se faire nommer à la première législature, il se montra alors ce qu'il avoit toujours été, un vil intrigant, un partisan zélé du fanatisme, des grands & de la royauté. Il fut l'ennemi des hommes à caractère & prononcés pour la liberté; protégé de Lafayette, il vota pour lui à la législature; habitant du *côté droit*, il vota toujours contre le peuple.

Le 10 août vint : monsieur Letourneur en fut grandement affecté; mais il se fit employer au camp près Paris, où il dirigea les *beaux* ouvrages qu'on y a faits.

Quoiqu'il fût connu pour aristocrate par penchant & par habitude, on le nomma encore à la Convention, parce qu'on le vit chargé d'une mission près de Paris.

Il a constamment croupi dans le *Marais*. Jamais il n'a fait preuve d'aucun talent, jamais il n'a produit que de la haine pour les amis de l'égalité.

Il fit tous ses efforts pour sauver Capet; il vota l'appel au peuple; & voyant qu'il ne pouvoit réussir, il vota la mort.

Il fut en mission avec Rouhyer & un autre représentant, pour visiter les côtes: on sait qu'il eut le bonheur de revenir huit jours avant ses collègues, & d'échapper à la punition qui les attendoit.

Après le 31 mai, il fut conspué, chassé du comité de la guerre, où il avoit toujours été avec son ami Aubry.

Le 9 thermidor le rendit à ses prétentions. Membre du comité de la guerre, il fut chargé de la direction de la force armée de Paris; il fit destituer les patriotes, armer les aristocrates, prépara & dirigea l'assassinat des jacobins, provoqua & signa l'arrêté des comités: il a été un des plus ardens réacteurs. Nommé successivement secrétaire, président de la Convention, il déclama contre les patriotes; nommé ensuite au comité de salut public, il suivit le plan d'*Aubry* pour la *régénération des armées*. Il dénonça impudemment & poursuivit les républicains.

Nommé pour remplacer à Toulon Jean-Bon Saint-André, il a favorisé la réaction dans le Midi, de concert avec Cadroy, Guérin, &c. Les lettres horribles qu'ils ont écrites à la Convention le prouvent.

Vieux célibataire & craignant d'être exclus de la législature par la constitution qu'on fabriquoit, il se maria à une jeune *demoiselle* qui n'est pas *noble*, mais qui a vécu depuis long-temps avec eux, & qui en a sucé les principes.

Le 13 vendémiaire vient: il se montreco ntre les royalistes, qu'il avoit favorisés auparavant, afin de faire tourner le succès au profit de l'aristocatie.

La nomination est faite au Directoire, il y est porté comme le plus propre à soutenir contre le peuple la fureur des réacteurs. Qu'a-t-il fait depuis? rien autre chose que de très-conséquent avec ses principes.

Voilà une esquisse des principes de votre premier gouvernant.

On fournira d'autres renseignemens sur Letourneur & sur les *vertus* de son épouse.

Cinquante-deuxième, cinquante-troisième, cinquante-quatrième & cinquante-cinquieme pièces.

MANIFESTE DES ÉGAUX.

Épigraphe. . . . { Égalité de fait, dernier but de l'art social.
Condorcet, Tableau de l'esprit humain, p. 329. }

PEUPLE DE FRANCE!

Pendant quinze siècles tu as vécu esclave, & par conséquent malheureux. Depuis six années tu respires à peine, dans l'attente de l'indépendance, du bonheur & de l'égalité. (*Deux mots rayés*).

L'ÉGALITÉ! premier vœu de la nature! premier besoin de l'homme, & principal nœud de toute association légitime! Peuple de France! tu n'as pas été plus favorisé que les autres nations qui végètent sur ce globe infortuné! Toujours & par-tout la pauvre espèce humaine, livrée à des anthropophages plus ou moins adroits, servit de jouet à toutes les ambitions, de pâture à toutes les tyrannies. Toujours & par-tout on berça les hommes de belles paroles: jamais & nulle part ils n'ont obtenu la chose avec le mot. De temps immémorial on nous répète avec hypocrisie; *les hommes sont égaux*; & de temps immémorial la plus avilissante comme la plus monstrueuse inégalité pèse insolemment sur le genre humain. Depuis qu'il y a des sociétés civiles, le plus bel apanage de l'homme est sans contradiction reconnu, mais n'a pu encore se réaliser une seule fois: l'égalité ne fut autre chose qu'une belle & stérile fiction de la loi. Aujourd'hui qu'elle est réclamée d'une voix plus forte, on nous répond : Taisez-vous, misérables! l'égalité de fait n'est qu'une chimère; contentez vous de l'égalité conditionnelle: vous êtes tous égaux devant la loi. Canaille, que te faut-il de plus? Ce qu'il nous faut de plus? Législateurs, gouvernans, riches propriétaires, écoutez à votre tour.

Nous sommes tous égaux, n'est-ce pas? Ce principe demeure incontesté, parce qu'à moins d'être atteint de folie, on ne sauroit dire sérieusement qu'il fait nuit quand il est jour.

Eh bien! nous prétendons désormais vivre & mourir égaux comme nous sommes nés : nous voulons l'égalité réelle ou la mort; voilà ce qu'il nous faut.

Et nous l'aurons cette égalité réelle, n'importe à quel prix. Malheur à ceux que nous rencontrerons entre elle & nous! Malheur à qui feroit résistance à un vœu aussi prononcé!

La révolution française n'est que l'avant-courrière d'une autre révolution bien plus grande, bien plus solemnelle, & qui sera la dernière.

Le peuple a marché sur le corps aux rois & aux prêtres coalisés contre lui : il en fera de même aux nouveaux tyrans, aux nouveaux tartuffes politiques assis à la place des anciens.

Ce qu'il nous faut de plus que l'égalité de droits?

Il nous faut non pas seulement cette égalité transcrite dans la déclaration des droits de l'homme & du citoyen, nous la voulons au milieu de nous, sous le toit de nos maisons. Nous consentons à tout pour elle, à faire table rase pour nous en tenir à elle seule. Périssent, s'il le faut, tous les arts, pourvu qu'il nous reste l'égalité réelle!

Législateurs & gouvernans, qui n'avez pas plus de génie que de bonne foi, propriétaires riches & sans entrailles, en vain essayez-vous de neutraliser notre sainte entreprise en disant : Ils ne font que reproduire cette loi agraire demandée plus d'une fois déja avant eux.

Calomniateurs,

Calomniateurs, taisez-vous à votre tour, &, dans le silence de la confusion, écoutez nos prétentions dictées par la nature & basées sur la justice.

La loi agraire ou le partage des campagnes fut le vœu instantané de quelques soldats sans principes, de quelques peuplades mues par leur instinct plutôt que par la raison. Nous tendons à quelque chose de plus sublime & de plus équitable, le BIEN COMMUN ou la COMMUNAUTÉ DES BIENS ! Plus de propriété individuelle des terres, *la terre n'est à personne*. Nous réclamons, nous voulons la jouissance communale des fruits de la terre : *les fruits sont à tout le monde*.

Nous déclarons ne pouvoir souffrir davantage que la très-grande majorité des hommes travaille & sue au service & pour le bon plaisir de l'extrême minorité.

Assez & trop long-temps moins d'un million d'individus dispose de ce qui appartient à plus de vingt millions de leurs semblables, de leurs égaux.

Qu'il cesse enfin, ce grand scandale que nos neveux ne voudront pas croire ! Disparoissez enfin, révoltantes distinctions de riches & de pauvres, de grands & de petits, de maîtres & de valets, de gouvernans & de gouvernés.

Qu'il ne soit plus d'autre différence parmi les hommes que celle de l'âge & du sexe. Puisque tous ont les mêmes besoins & les mêmes facultés, qu'il n'y ait donc plus pour eux qu'une seule éducation, une seule nourriture. Ils se contentent d'un seul soleil & d'un même air pour tous : pourquoi la même portion & la même qualité d'alimens ne suffiroient-elles pas à chacun d'eux?

Mais déja les ennemis d'un ordre de choses le plus naturel qu'on puisse imaginer, déclament contre nous.

Désorganisateurs & factieux, nous disent-ils, vous ne voulez que des massacres & du butin.

Peuple de France,

Nous ne perdrons pas notre temps à leur répondre ; mais nous te dirons : La sainte entreprise que nous organisons n'a d'autre but que de mettre un terme aux dissentions civiles & à la misère publique.

Jamais plus vaste dessein n'a été conçu & mis à exécution. De loin en loin quelques hommes de génie, quelques sages, en ont parlé d'une voix basse & tremblante. Aucun d'eux n'a eu le courage de dire la vérité toute entière.

Le moment des grandes mesures est arrivé. Le mal est à son comble ; il couvre la face de la terre. Le chaos sous le nom de politique y règne depuis trop de siècles. Que tout rentre dans l'ordre & reprenne sa place. A la voix de l'égalité, que les élémens de la justice & du bonheur s'organisent. L'instant est venu de fonder la République des Égaux, ce grand hospice ouvert à tous les hommes. Les jours de la restitution générale sont arrivés. Familles gémissantes, venez vous asseoir à la table commune dressée par la nature pour tous ses enfans.

Peuple de France,

La plus pure de toutes les gloires t'étoit donc réservée ! Oui, c'est toi qui le premier dois offrir au monde ce touchant spectacle.

D'anciennes habitudes, d'antiques préventions, voudront de nouveau faire obstacle à l'établissement de la *République des égaux*. L'organisation de l'égalité réelle, la seule qui réponde à tous les besoins, sans faire de victimes, sans coûter de sacrifices, ne plaira peut-être point d'abord à tout le monde. L'égoïste, l'ambitieux frémira de rage. Ceux qui possèdent injustement crieront à l'injustice. Les jouissances exclusives, les plaisirs solitaires, les aisances personnelles, causeront de vifs regrets à quelques individus blasés sur les peines d'autrui. Les amans du pouvoir absolu, les vils suppôts de l'autorité arbitraire, ploieront avec peine leurs chefs superbes sous le niveau de l'égalité réelle. Leur vue courte pénétrera difficilement dans le prochain avenir du bonheur commun; mais que peuvent quelques milliers de mécontens contre une masse d'hommes tous heureux, & surpris d'avoir cherché si long-temps une félicité qu'ils avoient sous la main.

Dès-le lendemain de cette véritable révolution, ils se diront tout étonnés: Eh quoi! le bonheur commun tenoit à si peu? Nous n'avions qu'à le vouloir Ah! pourquoi ne l'avons-nous pas voulu plutôt? Falloit-il donc nous le faire dire tant de fois? Oui, sans doute, un seul homme sur la terre plus riche, plus puissant que ses semblables, que ses égaux, l'équilibre est rompu: le crime & le malheur sont sur la terre.

PEUPLE DE FRANCE,

A quel signe dois-tu donc reconnoître désormais l'excellence d'une constitution?..... Celle qui toute entière repose sur l'égalité de fait est la seule qui puisse te convenir & satisfaire à tous tes vœux.

Les chartes aristocratiques de 1791 & de 1795 rivoient tes fers au lieu de les briser. Celle de 1793 étoit un grand pas de fait vers l'égalité-réelle, on n'en avoit pas encore approché de si près; mais elle ne touchoit pas encore le but & n'abordoit point le bonheur commun, dont pourtant elle consacroit solemnellement le grand principe.

PEUPLE DE FRANCE,

Ouvre les yeux & ton cœur à la plénitude de la félicité. Reconnois & proclame avec nous LA RÉPUBLIQUE DES ÉGAUX.

Cinquante-sixième pièce. (1)

ÉGALITÉ LIBERTÉ

BONHEUR COMMUN.

Paris, Germinal, l'an 4 de la République.

LE D. DE S. PUB.

Aux agens des douze arrondissemens.

Les intrigans masqués sont la plus dangereuse peste que nous avons dans ce moment à redouter. Nous allons vous en signaler un entre autres, contre lequel vous devez prémunir les patriotes, en attendant que nous puissions lui donner, dans la première feuille publique, l'attache de réprobation générale qu'il mérite : c'est un certain Fournier, surnommé l'Américain, qui prétend lui tout seul avoir été le plus grand héros du 10 août, mais qui (tous les patriotes le savent) a beaucoup mieux marqué dans le généralat pour la conduite des prisonniers d'Orléans, populairement exécutés à Versailles. Cet habile homme n'épargna rien pour les sauver ; & quand il ne put empêcher à Versailles que le peuple & sa propre armée en fissent justice, il joua un rôle neutre & passif, dont il pût argumenter depuis pour se soustraire à la vindicte des *honnêtes gens*, qui n'auroient pas manqué de l'immoler s'il ne leur eût démontré son *innocence*. On lui passa de n'avoir fait que dévaliser les nobles *victimes* ; ce qui lui valut honnêtement ; joint à la somme qu'il avoit reçue du gouvernement pour payer, dans cette expédition, sa troupe, à qui il ne donna rien du tout. Il s'occupa ensuite de calomnier Marat. Il fut incarcéré avant thermidor & n'en

---

(1) Quinze copies. Cette minute paroît être de la main de Babeuf.

sortit que deux mois après, moyennant qu'il livra à Fréron la liste d'extermination, qu'il assura lui avoir été donnée par un citoyen dont le nom est cher aux patriotes, & qui fut depuis vendémiaire même sacrifié à l'implacable vengeance du peuple doré. Fournier ne resta cependant pas libre plus d'un mois ; il fut réincarcéré & pardonné à l'époque de vendémiaire, sous la promesse qu'il fit aux honnêtes gens, & même publiquement, de ne plus se mêler des affaires, & de se retirer à la très-jolie maison de campagne qu'il possède à Verneuil près Paris, & qui est le fruit de ses épargnes dans la révolution. Ce très-équivoque révolutionnaire, manquant aujourd'hui à sa promesse, reparoît sur la scène; il fréquente les cafés patriotiques, & s'y montre plus démocrate que personne. Il y a bien apparence que c'est de sa part un rôle de commande au profit de la caste honnête avec laquelle il n'a jamais été sans liaisons, & qu'il peut servir d'autant mieux, que ses formes souples lui donnent beaucoup de facilités pour capter la confiance des Sans-culottes. Ce fut toujours ces êtres amphibies qui ont l'art de s'insinuer chez tous les partis à la fois, qui furent nos plus dangereux ennemis. Donnez donc par-tout le mot pour qu'on repousse & que l'on chasse celui que nous avons cru essentiel de vous signaler. De braves gens trompés sur son compte disent que sa prétendue audace pourroit être utilisée. Nous ne manquerons pas d'hommes plus véritablement courageux que lui, doués de plus de talens militaires, & qui ne veulent que le bonheur du peuple.

Cinquante-septième pièce. (1)

ÉGALITÉ. LIBERTÉ.

BONHEUR COMMUN.

Paris, le germinal l'an 4 de la R.

LE D. DE S. PUB.

A l'agent du 11ᵉ. arrondissement,

CITOYEN,

Nous devons prendre toutes les précautions pour nous garantir des pièges sans nombre qui nous sont tendus. Le mouchardage gagé par nos adversaires est un de leurs ressorts que nous devons le plus craindre. Il se glisse dans le *forum*, dans tous les grouppes du peuple, quantité de coquins qui empruntent notre langage, & qui parviennent d'autant plus facilement à recueillir nos paroles & nos dispositions, qu'ils savent combien le patriote est d'ordinaire confiant & ingénu. Nous nous adressons à toi, pour te charger de placer en sentinelle, pendant quelques jours, deux de *tes hommes*, dont l'un à la porte de la mairie, l'autre à celle du ministre de la police, pour y remarquer ceux des sycophantes qui se déguisent en patriotes, & qu'on voit toujours dans nos rassemblemens, qu'on doit voir souvent aussi entrer & sortir de ces deux maisons d'inquisition, pour y porter à leurs maîtres leurs découvertes & nos entretiens. Nous les signalerons de la bonne manière à la suite de tes renseignemens sur eux ; & en parvenant peut-être à les faire trembler, nous ranimerons le courage des foibles, & augmenterons celui des forts.

---

(1) Une copie. Cette minute paroît être de la main de Babœuf.

Cinquante-huitième pièce.

Copies à faire faire. (1)

Cinquante-neuvième & soixantième pièces. (2)

EGALITÉ. LIBERTÉ.

BONHEUR COMMUN.

Paris, 10 flor. l'. 4 de la R.

LE D. DE S. P.

Aux agens des douze arrondissemens.

CITOYENS,

Le thermomètre est changé; l'ordre du jour n'est plus le même qu'hier : notre manœuvre doit varier en conséquence.

Notre lettre pressante d'hier avoit été dictée par l'apperçu des mouvemens qui s'étoient manifestés le matin dans les deux bataillons de police. Connoissant les dispositions du peuple, connoissant les fermens d'insurrection qui existent dans le plus grand nombre de corps des différens camps sous Paris, nous avions pensé que nous pourrions profiter du soulèvement apparent des deux légions pour former un noyau armé qui alloit se grossir, & qu'aussitôt nous pourrions faire éclater cumulativement la levée du peuple. Nous avons tout fait pour entretenir hier la fermentation durant toute la journée. Nous avons envoyé aux meneurs des casernes la copie manuscrite de deux écrits, dont l'un étoit une déclaration insurrectionnelle de la part de la légion, & l'autre une réponse au nom du peuple, annonçant que le

---

(1) Titre sans suite, qui paroît être de la main de Babœuf.

(2) Minute qui paroît être de la main de Babœuf.

peuple ne tarderoit pas à se mettre en mesure de soutenir ses défenseurs. Nous dûmes cependant nous assurer de ne point exposer le peuple inconsidérément ; en conséquence, nous voulûmes observer avant de nous lancer. Nous arrêtâmes le plan d'entretenir par nos émissaires la fermentation durant toute la journée du 9. Nous avions espéré que cette fermentation détermineroit vers le soir une résistance plus prononcée ; d'où il pourroit résulter (d'après même quelques annonces de cela) la jonction aux compagnies insurgées de la force hostile envoyée pour la réduire. Si cela se fût opéré, le peuple eût été convoqué ce matin, & nous fussions à présent morts ou victorieux : il n'en arriva pas ainsi. Le soulèvement n'étoit guère qu'une affaire d'indiscipline ; & ces soldats sur lesquels nous avions fondé des espérances étoient bien plutôt unis par leurs petits intérêts personnels que par l'amour de la patrie ; aussitôt qu'on leur parla de les renvoyer chez eux, ils chantèrent, & se laissèrent lâchement désarmer, & conduire à l'Ecole militaire, où ils sont maintenant parqués. Voilà ces hommes qui avoient acquis un commencement de gloire, & qui avoient inquiété la tyrannie par leurs dispositions manifestes à ne vouloir pas la servir.

Maintenant que faut-il faire ? Nous croyons qu'il faut laisser rasseoir les sens émus du despotisme épouvanté ; il s'entoure de précautions effrayantes ; il prodigue le vin & les caresses à ceux qu'il institue ses janissaires : mais l'effet de ces moyens ne sera ni puissant ni durable ; les harangues de nos missionnaires démocratiques pénètrent & circulent dans tous les camps ; elles y sont accueillies, goûtées, dévorées. Nous opérons par-tout la séduction : encore quelques jours, & ceux qui remplacent les légions de police & toute l'armée sous Paris vaudront au moins ces légions ; nous frapperons alors à coups bien plus sûrs.

Nous devons au moins nous réjouir que nous & les nôtres se soient conduits dans cette concurrence avec une telle circonspection, qu'au lieu de nous soupçonner, le despotisme attribue *l'insubordination* d'hier aux muscadins de la première réquisition.

Activez nos communs travaux ; fournissez-nous tous les renseignemens qui vous restent à nous donner ; ils sont utiles pour garantir le plein succès de notre sublime entreprise. Forcés par les évènemens, nous nous en fussions passés hier ; mais peut-être ce qui nous manque des indications que nous attendons de vous, nous eût-il gênés & arrêtés dans bien des points. Nous ne laisserons pas échapper, soyez en sûrs, la première occasion de briser les chaînes du peuple ; mais ni vous, ni nous, ne voulons pas que cette occasion soit équivoque, & risquer qu'elle serve à immoler sans fruit nos concitoyens & à river nos chaînes à jamais. Nous voulons aller à une victoire à-peu-près certaine, & nous coordonnons toutes nos mesures pour cela.

Ne faites pas faire les guidons demandés par la circulaire d'hier, nous allons les préparer nous mêmes uniformément, & nous les distribuerons aussitôt dans tous les arrondissemens. Ceux qui ont pu acheter des matières premières pour des guidons, peuvent les remettre à l'agent intermédiaire pour nous les rapporter ; on leur remboursera leurs déboursés.

Soixante-unième pièce. (1)

ÉGALITÉ. LIBERTÉ.

BONHEUR COMMUN.

Création d'un Directoire insurrecteur.

Des démocrates français, douloureusement affectés, profondément indignés, justement révoltés de l'état inoui de misère & d'oppression dont leur malheureux pays offre le spectacle ; . . . . .

---

(1) Cette pièce est de l'écriture de Pillé.

Pénétrés du souvenir que lorsqu'une constitution démocratique fut donnée au peuple & acceptée par lui, le dépôt en fut remis *sous la garde de toutes les vertus ;*

Considérant, en conséquence, que c'est aux vertus les plus pures, les plus courageuses, qu'appartient l'initiative de l'entreprise de venger le peuple, lorsque, comme aujourd'hui, ses droits sont usurpés, sa liberté ravie, & jusqu'à son existence compromise ;

Reconnoissant que c'est un reproche injuste que celui qui accuse le peuple de lâcheté, & que le peuple n'a jusqu'ici ajourné sa justice qu'à défaut d'avoir de bons conducteurs prêts à paroître à sa tête ;

Reconnoissant que le comble de la mesure des crimes d'une autorité usurpatrice a mûri les dispositions de toutes les ames en faveur d'une explosion révolutionnaire, au point que, pour la rendre fructueuse, pour mettre les régulateurs en mesure d'en assurer le succès, il sera peut-être nécessaire de tempérer plutôt que d'accélérer l'élan des hommes libres,

Ont résolu ce qui suit :

ARTICLE PREMIER.

Ils se forment dès ce moment en directoire insurrecteur, sous le nom de Directoire secret de salut public. Ils prennent en cette qualité l'initiative de la conduite de tous les mouvemens qui doivent mener le peuple à ressaisir sa souveraineté.

II. Ce directoire est de quatre membres.

III. Ce directoire sera secret ; les noms de ses membres ne seront même point connus des premiers agens. Il y aura entre ceux-ci & les membres du directoire des agens intermédiaires pour servir les communications des uns aux autres.

IV. Le directoire secret de salut public s'engage de remplir l'immense étendue de devoirs que ce grand titre lui impose.

V. Il sera apposé une marque distinctive aux instructions par écrit qui seront indispensables à donner aux principaux agens, & cette marque servira à les prémunir contre toute surprise sur de fausses instructions ; elle leur garantira, malgré le défaut de signatures, l'authenticité des actes qu'ils recevront du directoire secret.

Organisation des agens principaux au nombre de douze, & des agens intermédiaires. Premières fonctions de chacun d'eux.

Le directoire secret de salut public a résolu ce qui suit :

ARTICLE PREMIER.

Il y aura douze agens révolutionnaires principaux, dont un pour chaque arrondissement de la commune de Paris.

II. Chacun d'eux est chargé d'organiser, dans son arrondissement, une ou plusieurs réunions de patriotes, d'y alimenter, d'y diriger l'esprit public par des lectures de journaux populaires, & par des discussions sur les droits du peuple & sur sa situation présente.

III. Ces agens tiendront note du thermomètre journalier de l'esprit public. Ils rendront compte, dans ces notes, des dispositions plus ou moins favorables des patriotes ; ils signaleront les individus qu'ils remarqueront les plus capables de seconder la marche du mouvement qu'il convient d'amener ; ils indiqueront le genre d'emploi ou la tâche révolutionnaire auxquels ils croiront que chacun des individus est propre ; ils désigneront pareillement les intrigans, les faux frères qui tenteront de se glisser dans les rassemblemens, & ils rendront compte encore des entraves & des oppositions mises par ceux-ci au développement de l'énergie, à l'inspiration des bons principes & des idées régénératrices.

IV. Il y aura des agens intermédiaires pour entretenir

les communications entre les principaux agens & le directoire secret.

V. C'est à ces agens seuls que les douze agens principaux remettront les notes de leurs observations journalières.

VI. Les agens intermédiaires iront chercher successivement ces notes, tous les jours ou tous les deux jours, au domicile même de chacun des agens principaux.

VII. La présente organisation avec celle du directoire secret, & l'instruction suivante, seront remises à chacun des agens principaux.

Première instruction du directoire secret, adressée à chacun des agens révolutionnaires principaux.

CITOYENS,

Il n'en est pas des temps de crises comme des temps ordinaires. Quand le peuple jouit de ses droits, quand les principes de la liberté triomphent, nul n'a de droit sur les autres sans leur concours : aucun ne peut faire d'entreprise relative à l'intérêt général sans consulter le peuple entier & sans avoir obtenu son assentiment. La raison est qu'alors c'est le meilleur ordre qui règne, & le meilleur ordre ne se perpétue que par le maintien rigide des principes. Celui qui, les choses en cet état, revêtiroit de son chef un titre quelconque pour s'ériger, sans aucune concession, en magistrat public, sous le prétexte de vouloir améliorer la situation de ses concitoyens, seroit un usurpateur, même en supposant que ses intentions, en dernière analyse, fussent très-droites. Le motif encore très-sensible de ceci, c'est que quand le peuple est libre & qu'il peut être consulté, on ne peut pas présumer que d'autres puissent mieux juger que lui-même ce qui lui est bon & avantageux.

Il n'en est pas ainsi lorsque le peuple est enchaîné, lorsque la tyrannie l'a mis dans l'impuissance d'émettre son vœu sur tout ce qui l'intéresse; lorsqu'à bien plus forte raison il lui est devenu impraticable d'ordonner des mesures de répression contre ses tyrans; lorsqu'il lui est impossible de leur arracher le pouvoir usurpé dont ils se servent pour le faire souffrir & languir, pour l'asservir toujours de plus en plus, & jusqu'à des bornes dont l'accroissement ne peut plus être calculé.

Alors il y a justice, il y a nécessité que les plus intrépides, les plus capables de se dévouer, ceux qui se croient pourvus au premier degré d'énergie, de chaleur & de force, de ces vertus généreuses sous la garde desquelles a été remis le dépôt d'une constitution populaire que tous les Français vraiment libres n'ont jamais oubliée; il y a alors justice & nécessité que ceux-là, convaincus d'ailleurs que l'inspiration de leur propre cœur, ou celle de la liberté elle-même, qui leur fait entendre plus fortement, plus particulièrement, sa voix, les autorise suffisamment à tout entreprendre; il y a justice & nécessité que d'eux-mêmes ils s'investissent de la dictature de l'insurrection, qu'ils en prennent l'initiative, qu'ils revêtent le glorieux titre de conjurés pour la liberté, qu'ils s'érigent en magistrats sauveurs de leurs concitoyens.

Tels sont les motifs qui nous ont semblé justifier notre résolution & lui donner un caractère de grandeur & de magnanimité. Après avoir ainsi reconnu que notre mission donnée par nous-mêmes est éminemment légitime, puisque les circonstances qui rendent cette mission indispensable pour le salut de la liberté ne permettent pas qu'elle soit transmise par la nation souveraine, nous avons en outre distingué cette vérité bien encourageante : que l'accusation de lâcheté dont on charge le peuple est un pur blasphème, & qu'à l'impatience générale qu'il manifeste pour vouloir rompre un joug en effet bien odieux, il n'est pas difficile de voir que si jusqu'à présent il n'a rien fait pour le briser, il faut en attribuer la seule cause à ce qu'il s'est vu sans guides; & nous avons remarqué que c'est avec le plus grand regret qu'il ajourne la répression des attentats accumulés contre lui. Tout nous a annoncé ce qu'il feroit capable de faire s'il appercevoit à fa tête des conducteurs dignes de toute fa confiance.

Animés par de telles difpofitions, nous avons été immédiatement conduits à jeter nos regards fur des hommes capables de nous feconder dans la plus glorieufe entreprife. C'eft vous, citoyens, qui, par une fuite de conduite républicaine, par des actes multipliés d'un civifme pur pendant tout le cours de la révolution, par des épreuves terribles dans les jours de perfécution de tout ce qui fut patriote & vertueux; c'eft vous fur qui ceux qui fe font conftitués les premiers vengeurs de la patrie trahie, ont porté leurs vues pour tranfmettre leur première confiance, & vous déléguer les premières & principales divifions des opérations.

La portion du dépôt que le directoire fecret de falut public vous communique, eft précieufe & importante; fa garde exige beaucoup de difcrétion, de prudence, d'activité, & d'amour pour le bien de tous; elle exige toutes les vertus d'hommes tels que le directoire vous a cru être.

Le directoire fecret a pefé fon organifation fondamentale & celle de fes rapports avec vous dans la balance de la fageffe & de la circonfpection.

Il a cru devoir créer douze agens municipaux dans les douze arrondiffemens de la commune de Paris; & il a tellement combiné leurs moyens de communication avec lui, que la correfpondance fera prefque directe, fans cependant que les douze agens principaux puiffent connoître les membres du directoire. La raifon de cette précaution eft facile à faifir. On a fenti que la partie la plus importante du fecret de l'infurrection projetée, celle d'où dépend le fuccès de toute la fuite des opérations; on a fenti que la partie la plus importante de ce fecret n'étoit pas autant l'exiftence d'un comité infurrectionnel que la connoiffance des perfonnages qui le compofent. En effet, que la tyrannie apprenne qu'un tel comité exifte, dès que fes membres font inconnus il n'en peut réfulter aucun mal pour eux; il n'en réfultera pas non plus pour la patrie, fi ce n'eft d'avertir le defpotifme de fe tenir sur ses gardes ; & il y a long-temps qu'il s'y tient, parce qu'il y a long-temps qu'il sait que ses crimes doivent avoir inspiré toutes les ames pures vers la disposition de conspirer contre lui. Il n'y auroit donc pas un grand danger dans la divulgation de l'existence d'un comité de révolution générale, & nous examinerons plus tard si même il ne sera pas sage, à certaine époque, d'en laisser transpirer le demi-aveu, afin d'encourager davantage la majorité malheureuse qui ne soupire qu'après l'occasion & le moment de sortir d'oppression ; au lieu que l'on perdroit tout par la découverte des premiers conjurateurs : en les perdant, l'ensemble combiné des ramifications qui partent d'un centre unique seroit détruit ; & un second effet certain & désastreux seroit le déconcert & la terrification des plus courageux citoyens.

Ce sont là, républicains, les motifs qui ont déterminé le directoire de salut public, malgré la plus grande confiance qu'il a en vous, puisqu'il vous choisit pour ses principaux & ses premiers agens ; ce sont là les motifs qui l'ont déterminé vers le parti de vous faire ignorer à vous-mêmes quels sont ses membres. Le danger d'une imprudence ou celui d'une contre-détermination, celui encore que fait naître la connoissance de la foiblesse humaine, qui supporte trop souvent comme un fardeau le poids d'une grande confidence, & semble se soulager en la déposant dans le sein de l'amitié, ou de ce qu'on croit être elle ; tout cela, en outre, a été considéré par le directoire secret, & il n'a pas voulu abandonner peut-être le salut de la patrie au hasard de telles chances : outre que, sous le rapport de la fidélité, il est encore très-difficile d'être assuré de celle également inébranlable de douze hommes institués les dépositaires de choses de la dernière importance. Le directoire secret a cru qu'il n'en parviendroit pas moins sûrement à vous inspirer à vous-mêmes cette entière confiance que le salut de la chose exige, que de votre côté vous placez en lui. Comment l'a-t-il cru ? En se persuadant que vous verriez dans la hardiesse, dans le dévouement, dans le fonds de vertu qu'il faut avoir pour embrasser une telle entreprise, à qui s'offriroit pour reposer cette confiance.

Il a encore cru que, pour seconde garantie à votre égard, il étoit un ton de vérité & de bonne foi que la malveillance n'a jamais su très-bien simuler, & que, ce ton, vous l'appercevrez dans tous ses actes.

En même temps que nous nous sommes armés de toutes les précautions propres à nous rendre insaisissables & à rendre nos mesures impossibles à déconcerter, nous avons voulu que vous fussiez à l'abri de toute surprise, & qu'à des marques particulières, empreintes sur nos actes, vous soyez toujours en mesure d'en reconnoître l'authenticité, indépendamment de ce qu'ils ne comporteront pas de signatures.

Le directoire secret a poussé la prudence jusqu'à isoler entre eux les douze agens principaux. Ils recevront tous les mêmes instructions; ils seront chargés tous de faire les mêmes choses, de concourir à la même fin, & cependant ils ne se connoîtront pas entre eux. Nous avons pensé que cette connoissance réciproque n'étoit nullement nécessaire; *il n'en pourroit résulter aucun bien*, puisqu'évidemment il suffit que la marche de l'impulsion soit immédiatement reçue du directoire secret par chacun des agens, & puisqu'il est encore incontestable que le succès ne peut dépendre que de l'exécution très-ponctuelle, & qu'une concertation entre les douze agens pourroit n'amener que des entraves, des retards ou des modifications qui peut-être s'éloigneroient des vues & des combinaisons du directoire régulateur. *Il en peut résulter le plus grand mal*, si, dans un cas dont le soupçon sans doute doit être jeté bien loin de nous, d'après le soin scrupuleux que nous avons mis dans le choix des principaux agens (mais il faut tout craindre, tout supposer au pis, & tout prévenir d'avance, lorsqu'il s'agit d'objets aussi sérieux); il pourroit, disons-nous, résulter le plus grand mal à la réciproque connoissance de la mutuelle communication des premiers agens du directoire secret: dans le cas très-malheureux où l'un d'eux viendroit à commettre une indiscrétion ou

une

une perfidie, il immoleroit peut-être alors tous ses co-agens; au lieu que ne les connoissant pas, les insurgens, par l'effet de sa mal-adresse ou de son infidélité, ne peuvent perdre que lui; il ne peut ni entraîner personne dans sa défection, ni désorganiser l'entreprise & compromettre le sort de la liberté.

Les mêmes précautions d'isolement sont prises à l'égard des agens intermédiaires; mêmes soins ont été apportés dans leur choix: mais, indépendamment de cette attention, tout est encore arrangé par rapport à eux, de manière à ce qu'un seul ne puisse compromettre que lui ou n'enlève que sa personne à tout le parti des conjurés; il ne connoîtra d'ailleurs ni le rôle positif qu'il jouera, ni celui de l'agent principal qu'il approchera & dont il sera l'un des ressorts de correspondance avec le directoire secret. Il sera induit à se croire employé pour tout autre objet; il ne remettra pas ses paquets de correspondance directement au directoire secret, & le tout arrivera à ce même directoire sans qu'aucun intermédiaire puisse être dans la confidence: ainsi les agens principaux n'auront pas à craindre d'être trahis ni par leurs co-agens, ni par les agens intermédiaires, puisque les uns & les autres ne les connoîtront pas pour ce qu'ils seront. Les agens principaux ne seront connus que des quatre membres du directoire secret; & de ceux-là, telle chose qui arrive sans doute, ils ne doivent pas s'en mêler.

En général, le directoire secret ayant adopté le grand systême de tout isoler, de couper toutes les communications, il subordonnera toute son organisation à cet ordre, tellement que chaque individu employé médiatement ou immédiatement par lui ne pourra trahir personne, & que sa perte n'enlevera que lui aux révolutionnaires. Sans doute un tel plan, d'après lequel chacun n'aura uniquement à se défier que de soi, est fait pour rassurer tous ceux qui concourront à sa réussite.

Quant aux précautions que toujours l'extrême prudence nous commande de prendre nous-mêmes à votre égard, pour n'être point trompés par les rapports & les renseignemens de quelques-uns de vous, cela nous regarde. Nous n'exigeons ni n'établissons de marques particulières, ni de signatures pour nous garantir l'authenticité de ces rapports; mais nous sommes sûrs de distinguer cette authenticité à des signes & à des preuves non équivoques.

Après vous avoir parlé, citoyens, de ce qui nous a paru légitimer notre entreprise, & de ce qui doit individuellement vous tranquilliser tous en y coopérant, il convient de vous tracer ce que le directoire secret estime que, dans ces premiers momens, vous avez à faire.

Les articles II & III de l'organisation que nous avons destinée, & qui précèdent cette instruction, vous l'indiquent.

« Organiser, dans votre arrondissement, une ou plusieurs réunions patriotiques; y alimenter, y diriger l'esprit public par des lectures de journaux populaires, & par des discussions sur les droits du peuple & sur sa situation actuelle.

» Tenir des notes du thermomètre journalier de l'opinion; rendre compte, dans ces notes, des dispositions plus ou moins bonnes, plus ou moins énergiques, des patriotes; signaler les individus que vous remarquerez les plus capables de seconder la marche du mouvement à produire; indiquer le genre d'emploi ou la tâche révolutionnaire auquel vous croyez que chacun de ces individus seroit propre; désigner les intrigans, les faux frères qui tenteront de se glisser dans les rassemblemens, rendre compte encore des entraves & des oppositions mises par ceux-ci au développement de l'énergie, à l'inspiration des bons principes & des idées régénératrices. »

Les articles IV & V de la même organisation déterminent les moyens par lesquels vous pourrez transmettre au directoire secret ces notes, renseignemens ou rapports qu'il attend de vous.

Vous les remettrez aux agens intermédiaires, qui les iront

recevoir directement de vos mains, de même qu'ils vous remettront les instructions ultérieures que le directoire secret se trouvera obligé de vous faire passer.

Telle est, citoyen, dans ce premier moment, la détermination de votre tâche. Nous ne pourrons plus avoir à vous présenter que quelques idées de détail, que vous modifierez même au gré de votre prudence.

En vous invitant à organiser dans votre arrondissement une ou plusieurs réunions patriotiques, vous concevez qu'il est convenable que cela se fasse sans trop d'affectation ; & il est possible que de telles réunions se forment par vous, & que leur esprit devienne le vôtre, sans que vous ayez l'air d'en être ni le fondateur ni le meneur : sacrifions la gloriole de paroître à l'avantage d'être & de faire réellement. Rien ne garantit de grands & véritables succès, rien ne peut donner une meilleure satisfaction intérieure, comme de se rendre compte à soi-même que l'on est l'instrument invisible par qui se meuvent de grands ressorts. Nous rendons alors à notre génie un hommage mérité, bien supérieur à celui que s'attribueroit la jactance empressée de quiconque voudroit passer pour principal acteur dans une scène politique. Il sera assez temps de cueillir les applaudissemens de nos frères lorsque nous les aurons sauvés.

Or donc, il nous paroît très-praticable que les agens principaux instituent, organisent & dirigent les clubs que nous desirons, sans avoir l'air d'instituer, d'organiser, de diriger rien : même en parlant d'organiser, nous croyons toujours par les mêmes raisons de prudence qu'il doit falloir, moins s'attacher à faire de nouvelles créations qu'à asseoir notre édifice sur d'anciens élémens, d'anciennes bases déja existantes. Dans plusieurs arrondissemens vous avez des cafés où s'assemblent déja habituellement les patriotes : attachez-vous tout simplement à les y attirer en plus grand nombre & plus souvent. Cherchez cependant à multiplier plutôt ces points de réunion qu'à les encombrer d'une multitude trop considérable où l'on ne se connoîtroit plus,

& où l'on donneroit lieu à l'autorité de concevoir de l'ombrage. Visitez tour-à-tour chacun de ces lieux ; préférez encore de composer des rassemblemens dans les maisons particulières plutôt que dans les cafés : là, les patriotes seront plus complètement libres, moins exposés *au mouchardage*, plus à portée de n'admettre parmi eux que les frères dont ils seront sûrs. En général, évitez de donner une importance publique & extérieure à ces rassemblemens ; n'appelez pas cela des clubs, des sociétés, des réunions ; évitez tous les noms pompeux : dites tout bonnement le café *tel*, la maison *telle* ; l'action de vous y rendre, nommez cela des promenades, des visites : que les choses y soient, mais non les mots.

Nous vous avons parlé d'une autre tâche après celle de l'établissement des lieux de réunion ; c'est celle d'y alimenter & d'y diriger l'esprit public. Nous avons établi que pour cela des discussions sur les droits du peuple & sur son actuelle position difficile, jointes à des lectures de journaux populaires, suffiroient. Oh ! sur-tout des lectures de journaux populaires ! le directoire secret vous recommande ce moyen comme le levier le plus puissant. Le choix de ces journaux ne vous sera pas difficile : vous les connoîtrez aisément. Le directoire secret vous en fera passer, non-seulement pour distribuer dans vos réunions, mais encore particulièrement à tous les meilleurs patriotes. Outre les écrits, tous autres moyens d'agir & de faire agir vous seront fournis quand il en sera besoin. Les journaux dont nous venons de parler vous serviront, en grande partie, de boussole ; & d'instructions générales après celle-ci : ils ont prêché jusqu'à présent nos principes & ceux de tous les vrais démocrates. Nous croyons qu'ils continueront, & que vous reconnoîtrez toujours dans leur doctrine notre doctrine. L'appuyer & l'applaudir, voilà presque où peut se réduire votre rôle ostensible ; & pour cela, vous n'avez point à sortir du cercle des démonstrations qui ne peuvent faire voir en vous que de simples acteurs, de simples auditeurs & assistans, comme tous les autres. La partie des notes & rapports ne devant se faire qu'à huis clos, laisse encore votre mission ignorée. Cette dernière partie de votre mission ne nous engagera dans aucune observation de détail ; sa marche d'exécution est assez précisée par l'article III du règlement d'organisation, & par ce que nous avons dit plus haut dans cette instruction.

En vous disant que les journaux populaires qui vous seront fournis pourront être votre boussole & suppléer principalement aux instructions ultérieures que nous vous donnerons (sauf celles contraires que vous pourriez recevoir de nous), c'est assez vous dire que vous ne devez pas monter le thermomètre de l'énergie au-delà du degré fixé par ces mêmes journaux ; & cette observation rentre dans celle que le directoire a faite dans son acte de création lorsqu'il a dit : « Que le comble de la mesure des crimes d'une » autorité usurpatrice a mûri les dispositions de toutes les » ames en faveur d'une explosion révolutionnaire, au point » que, *pour la rendre fructueuse, pour mettre les régulateurs en mesure d'en assurer le plein succès*, il sera peut-» être nécessaire de tempérer plutôt que d'accélérer l'élan » des hommes libres. »

Or, autant il est essentiel d'entretenir les esprits à une bonne chaleur, autant il seroit inutile & même dangereux de les embraser trop vîte jusqu'à la suprême mesure. Il faut considérer que si l'opinion du peuple est faite, celle du soldat ne l'est pas ; il est égaré par les perfides caresses d'un gouvernement qui veut s'en servir pour écraser les citoyens & le soldat lui-même. Il faut le temps pour désabuser nos frères armés. Ce sera donc faire usage de sagesse que de n'échauffer les têtes que dans la juste progression du thermomètre, dont le point variant sera toujours indiqué par le directoire secret.

Voilà, citoyens, à-peu-près tout ce que nous avons à vous dire en débutant. Votre zèle, vos lumières, votre civisme, suppléeront à tout ce que nous pouvons avoir omis de vous tracer dans le plan d'une mission aussi majeure. La parfaite connoissance qu'avant tout nous avons prise de vos vertus civiques, nous a dispensés de recourir à l'art pour enflammer votre énergie. Une simple exposition de choses dont la justice reconnue est dans vos cœurs comme dans les nôtres, nous a paru suffire pour vous convaincre de l'essentielle nécessité de l'entreprise à laquelle nous vous engageons de concourir. Français ! il y va de votre salut & du nôtre. Il y va du salut de la race actuelle & de la postérité, du salut de notre République & de l'univers. Que notre courage soit le signal du réveil du véritable peuple ! Qu'électrisé par nous, il sorte enfin d'un sommeil mortel, & qu'il fonde à jamais le règne du bonheur, le règne de l'égalité & de la liberté ! Tout est prêt. . . . . L'édifice législatif qui garantira l'abondance pour tous, l'égalité, la liberté de tous, n'attend, pour sortir grand & majestueux, que le renversement du monument de l'esclavage, d'oppression & de mort, dont il doit prendre la place. Préparons cette heureuse catastrophe ! Il sera enfin durable & éternel, le code que nous établirons . . . . . , parce qu'il assurera le bonheur de tous. Il ne sera point fait pour élever aucun homme, mais pour avantager à-la-fois tous les hommes auxquels on le destine. Il est temps que tous les ambitieux disparoissent, que l'orgueil humain soit confondu. Il est temps de résoudre enfin, dans la pratique, ce beau problème : *que chacun de nous ne dépende que des institutions & des lois ; & qu'aucun de nous ne tienne personne sous sa dépendance !*

Le directoire secret de salut public a choisi pour agent principal, pour l'arrondissement des sections d
le citoyen . . . . Paris, ce . . . .
l'an quatrième de la République démocratique à venir.

Soixante-deuxième pièce. (1)

ÉGALITÉ. LIBERTÉ.

BONHEUR COMMUN.

Paris, 19 floréal, an 4 de la République.

LE D. DE S. P.

Aux agens des douze arrondissemens.

Citoyens, la multiplicité de nos opérations ne nous a pas permis de vous envoyer à tous une copie particulière de la circulaire ci-jointe ; prenez-en de suite lecture en présence de l'agent intermédiaire, à qui vous la rendrez pour qu'il la transmette aussitôt aux autres agens principaux.

Comme cette circulaire nous est cependant essentielle, on va en achever les copies, & il en sera passé une à chacun de vous.

Soixante-troisième pièce.

ÉGALITÉ. LIBERTÉ.

BONHEUR COMMUN.

Paris, 19 floréal, an 4 de la Répub.

LE DIRECTOIRE DE SALUT PUBLIC,

Aux agens des douze arrondissemens.

Vous le savez déja sans doute, citoyens ; hier au soir nos frères les volontaires & les légionnaires de police ont reconnu le piège infame qu'on leur tendoit aux uns & aux autres : ils ont reconnu que la querelle des collets blancs & des collets rouges, qui les faisoit s'entre-tuer, étoit le résultat d'une tactique du perfide gouvernement : cette querelle s'est terminée par une fraternisation entre les deux partis réunis au Palais royal au nombre d'environ 1,800,

(1) Minute de la main de Babœuf.

joints à un autre nombre de patriotes conciliateurs. Dans le même temps, d'autres frères de la légion alloient demander au Directoire la liberté de leurs camarades détenus : le Directoire la leur promit, &, par une atrocité indigne, qui ne ressemble pourtant qu'à tous ses autres actes, au lieu de leur tenir parole, il ordonna dans la nuit que les deux bataillons fussent consignés pour recevoir au premier moment l'ordre du départ. Ils y résistent encore : nous leur avons dépêché quelques patriotes pour leur souffler de soutenir cette résistance, sous la promesse d'un prompt appui plus imposant : il faut leur tenir parole, & profiter enfin de cette occasion. Le moment est venu de préparer le dénouement ; envoyez d'abord le plus grand nombre possible de patriotes de chacun de vos arrondissemens aux deux casernes de la rue Mouffetard, fauxbourg Antoine, & de la rue Verte, fauxbourg Honoré. Donnez-leur le mot de fraternisér avec les légions, d'entretenir toute la journée l'esprit d'effervescence, d'entraîner les collets rouges dans leurs mouvemens, de fixer quelques points de réunion, tels que celui d'hier au Palais royal, où l'on agiteroit la question d'aller chercher les légionnaires pour prendre part à une nouvelle fraternisation. Si ce mouvement préparatoire a lieu, on enverra une somme considérable au lieu du rendez-vous, & l'on fera boire les acteurs : on se disposeroit ensuite pour éclater demain de bonne heure ; préparez les guidons ; préparez tout, & tenez vous prêts.

Soixante-quatrième pièce. (1)

16 Floréal. (2)

AUX AGENS.

Si nous ne t'avons pas écrit ni hier ni avant-hier, citoyen, c'est que de longs travaux préparatoires nous ont

---

(1) Constatée être de la main de Buonarotti.

(2) Cette date paroît être de la main de Babœuf.

absorbé tout notre temps; c'est qu'avant de te tracer la marche à suivre dans ces circonstances difficiles, nous avons voulu tout voir, tout combiner, & calculer avec exactitude tous les moyens d'attaque, & tous les degrés de résistance que nous pourrons rencontrer. Rassure-toi sur notre silence; nous travaillons pour la liberté, & nous voulons la sauver ou périr avec elle.

Nous ne pouvons pas encore te marquer le moment positif où il faudra sonner le tocsin : ce moment n'est pas éloigné; mais la prudence ne nous permet pas de le fixer. Tiens-toi prêt à en recevoir l'avis, & sur-tout exhorte les patriotes à l'attendre avec patience sans rien perdre de cette ardeur qui a fait dernièrement le désespoir des tyrans.

Il nous est revenu de plusieurs côtés que les patriotes s'impatientent déja & vont jusqu'à traiter de trahison le calme que nous avons fait régner pendant le licenciement & le désarmement de la légion de police. Cette méfiance est bien pardonnable chez des hommes qui brûlent de se mesurer avec la tyrannie; mais qu'ils songent aussi que c'est ici la dernière lutte entre la liberté & le despotisme. Si celui-ci triomphe, c'en est fait de la République & des républicains. Quels que soient les murmures que les agens du gouvernement excitent peut-être exprès pour nous perdre, nous serons fermes & nous né donnerons le signal du combat que lorsque nous serons sûrs de la victoire. Il te reste à faire dans cette occasion, c'est d'alimenter les espérances des républicains, en les exhortant à ne pas se livrer à une impatience indiscrète qui pourroit, par des explosions intempestives, donner l'éveil aux tyrans, & tout découvrir.

Tu dois en même temps fomenter avec prudence, & sans donner lieu à des emportemens dangereux, les grouppes & les rassemblemens qui tiennent le peuple en haleine & qui pourront devenir le point d'appui d'un mouvement général.

Soixante-cinquième pièce. (1)

ÉGALITÉ. LIBERTÉ.

BONHEUR COMMUN.

Paris, 14 floréal, l'an 4 de la République.

LE DIRECTOIRE DE SALUT PUBLIC,

Aux agens des douze arrondissemens.

Tenez-vous prêts, citoyens; avertissez les hommes en qui vous avez le plus de confiance; tenez en haleine tous les autres. Faites cependant qu'il ne soit commis aucune indiscrétion. Disposez tous les guidons : vous avez reçu ou vous recevrez les inscriptions qui doivent y être collées. Vous avez également reçu ou vous allez recevoir le manifeste d'insurrection. Nous avons cru inutile de vous recommander le plus grand secret à cet égard : il faut n'en faire la distribution *qu'à l'heure positive* qui vous sera indiquée. Attendez cette heure par notre premier avis.

Restez chez vous pour y recevoir cet avis & autres ultérieurs. Ce point est essentiel.

Soixante-sixième pièce. (2)

ÉGALITÉ. LIBERTÉ.

BONHEUR COMMUN.

Paris, 8 floréal, l'an 4 de la République.

LE DIRECTOIRE DE SALUT PUBLIC,

Aux agens des douze arrondissemens.

AMIS!

Hâtons-nous : les circonstances nous poussent & nous entraînent. Le moment d'affranchir notre pays n'est peut-être

---

(1) Minute qui paroît être de la main de Babœuf.

(2) De l'écriture de Pillé.

pas aussi loin que nous-mêmes l'aurions pensé. Accélérez le travail des renseignemens majeurs que nous vous avons déja demandés. Vite sur-tout la liste des canonniers de votre arrondissement, celle de tous les démocrates qui peuvent remplir les premiers postes militaires & de l'administration provisoire & insurrectionnelle, la note des poudres, des munitions, des armes, des dépôts de vivres, &c. &c. Il n'y a plus un moment à perdre.

Nota. Au bas de cette pièce est l'empreinte d'un cachet, en cire noire, de forme carrée, portant ces mots, *salut public*, surmontés d'un niveau.

Soixante-septième pièce. (1)

ÉGALITÉ. LIBERTÉ.

BONHEUR COMMUN.

Paris, 29 germinal, l'an 4 de la République.

LE DIRECTOIRE DE SALUT PUBLIC,

Aux agens des douze arrondissemens.

Nous l'avions prévu, citoyens, nous l'avions calculé dès le moment où nous posâmes les premiers fondemens de notre création : *Il sera peut-être nécessaire*, avons-nous dit, *de tempérer plutôt que d'accélérer l'élan des hommes libres.*

Cet apperçu nous avoit conduits à vous engager, par notre première instruction, de retenir autant qu'il seroit en nous, la trop grande exaltation du peuple, pour nous ménager le temps de dresser la totalité de nos batteries & d'enflammer l'esprit du soldat au même degré que celui de nos concitoyens. Nous avions facilement reconnu que, sans un tel ménagement, il arriveroit que les sans-culottes, trahissant trop

(1) Écriture de Pillé.

tôt leurs vœux, donneroient l'éveil à un gouvernement craintif comme le sont tous ceux qui tyrannisent, & qu'il en résulteroit de sa part des mesures & des précautions terrifiantes.

Nous savons bien qu'il n'a pas dépendu de vous d'arrêter l'effervescence de la multitude. Fatiguée par ses trop longues douleurs, elle a vu, dans la couleur des écrits de nos journalistes plébéiens, que l'on travailloit pour elle. Transportée d'alégresse, elle a cru être à la veille du terme de ses souffrances : elle a cru qu'il ne falloit plus que montrer qu'elle étoit prête; qu'un mot, un signe, suffiroient pour la faire se ranger sous les enseignes de ceux qui se présenteroient pour devenir ses libérateurs. Un tel mouvement nous a prouvé ce qu'on peut encore attendre du peuple, que ses vils détracteurs déclaroient si apathique & tout à-fait incapable de se livrer aux vigoureux efforts nécessaires pour opérer son affranchissement.

Il est donc déja certain que cette première démonstration de la part du peuple nous a été utile; on va reconnoître qu'elle l'a été entièrement à la chose publique par les excès dans lesquels elle a engagé le gouvernement. La répression qu'il exerce va tourner toute à notre profit. Si rien n'eût arrêté la marche des patriotes, ils alloient se livrer à des emportemens qui ne peuvent être profitables qu'au moment qui précède immédiatement l'explosion. Ils nous forçoient eux-mêmes la main, tandis que nous n'étions pas prêts; tandis que, comme vous le savez, nous n'avons point encore à nous tous les élémens capables de donner un triomphe assuré. Des mouvemens partiels avoient lieu : nous étions peut-être contraints de les suivre, & nous pouvions y trouver notre tombeau.

Au lieu que, par ce qui arrive, les patriotes reçoivent une compression salutaire pour la circonstance. Ils se replient sans coup férir, sans perte d'aucun des leurs, & ils donnent à leurs généraux le temps de disposer complètement les plans d'attaque.

Laissons donc tranquillement suivre l'effet des dernières convulsions d'une tyrannie qui a peur & qui se sent bourrelée non de remords, mais de l'appareil d'un supplice inévitable. Nous aurions tenu une autre conduite, si nous nous fussions trouvés en mesure. Il ne nous auroit pas été difficile de faire rompre les digues gigantesques que le despotisme oppose dans ce moment à la liberté; mais il faut feindre d'être foibles & de dévorer avec confusion un nouvel outrage. Que les démocrates se retirent la rage & la vengeance dans le cœur, voilà tout ce qu'il nous faut. Nous entretiendrons l'activité de ce sentiment, & nous en déterminerons l'explosion, lorsqu'il en sera temps. Ce n'est point dans le *forum*, ce n'est point dans la place publique qu'est seulement le patriotisme : ceux qui ont pu l'apporter là l'ont reporté chez eux : nous sommes sûrs de le retrouver au grand jour de notre affranchissement. Là même (dans le domicile de chaque citoyen), il nous sera plus facile de maîtriser l'effervescence & d'arrêter de funestes écarts. Tout ce que nous vous recommandons avec le plus d'empressement, c'est de hâter l'envoi des renseignemens de toute espèce que nous vous avons demandés, sans vous embarrasser de tout ce qui se passe autour de nous. Le despotisme jette dans cet instant feu & flamme. Cette bourrasque passera & ne doit inquiéter aucun de nous; nous saurons bien tourner à notre profit même les apprêts formidables qu'il dispose. Nous avons cru devoir vous adresser ces idées rassurantes, qui, en vous présentant notre état d'après ce qui vient de se passer, vous persuaderont peut-être que tout n'est pas perdu & que nous n'avons même point essuyé de défaite. Nous ne croyons pas avoir besoin de vous rallier, parce que nous jugeons votre courage égal au nôtre; mais nous vous invitons à opposer ces mêmes idées rassurantes aux mauvaises raisons contraires par lesquelles, avec la terreur qui vient d'être mise à l'ordre du jour contre les patriotes, les plus foibles d'entre eux pourroient être intimidés.

Soixante-huitième, soixante-neuvième, soixante-dixième, soixante-onzième, soixante-douzième, soixante-treizième, soixante-quatorzième, soixante-quinzième, soixante-seizième & soixante dix-septième pièces.

Les soixante-huitième, soixante-neuvième, soixante-dixième, soixante-onzième, soixante-douzième, soixante-treizième, soixante-quatorzième, soixante-quinzième, soixante-seizième & soixante-dix-septième pièces sont des expéditions, de la main de Pillé, de la cinquante-neuvième ci-dessus transcrite, minute de Babœuf, commençant par ces mots : *le thermomètre est changé, &c.*

Soixante-dix-huitième pièce. (1)

ÉGALITÉ. LIBERTÉ.

BONHEUR COMMUN.

Paris, 9 floréal, an 4 de la République, midi & demi.

LE DIRECTOIRE DE SALUT PULBIC,

Aux agens des douze arrondissemens.

Le moment est arrivé de terrasser la tyrannie; tiens-toi prêt, & mets en mesure tous les patriotes de ton arrondissement; nous veillons pour la liberté, & nous ne tarderons pas à te faire passer les ordres qui doivent sauver le peuple.

Fais faire immédiatement des guidons en carton attachés à un bâton, avec ces mots écrits à la main, en très-grosses lettres :

» CONSTITUTION DE 1793.

» ÉGALITÉ, LIBERTÉ

» BONHEUR COMMUN ».

---

(1) De l'écriture de Pillé.

Fais faire quelques autres guidons ; & sur les uns, fais écrire ces mots :

« Ceux qui usurpent la souveraineté doivent être mis à » mort par les hommes libres. »

Sur les autres :

« Quand le gouvernement viole les droits du peuple, » l'insurrection est, pour le peuple & pour chaque portion » du peuple, le plus sacré des devoirs. »

Envoie des sans-culottes d'heure en heure fraternise avec les légionnaires de police, à la caserne de la Courtille.

Soixante-dix-neuvième pièce.

La soixante-dix neuvième pièce est une autre expédition, aussi de l'écriture de Pillé, de la soixante-dix-huitième pièce ci-dessus transcrite.

Quatre-vingtième & quatre-vingt-unième pièces.

Les quatre-vingtième & quatre-vingt-unième pièces sont des copies de la soixante-sixième pièce, transcrite des autres parts.

(*Ecriture de Pillé, & toutes deux scellées du cachet en cire noire, reconnu être celui du comité insurrecteur.*)

Quatre-vingt-deuxième pièce. (1)

ÉGALITÉ. LIBERTÉ.

BONHEUR COMMUN.

Paris, 7 floréal, l'an 4 de la République.

LE DIRECTOIRE DE SALUT PUBLIC,

Aux agens des douze arrondissemens.

CITOYENS,

La tyrannie se meurt ; elle perd la tête, & ne sait plus

---

(1) Écriture de Pillé.

quel parti prendre ; elle voit le danger où il n'est pas ; elle applique des mesures bien loin de ce qui la menace véritablement ; elle ne se doute même pas quels sont ses vrais ennemis. Réjouissons-nous en, tirons-en de nouveaux motifs d'encouragement : il nous est donc prouvé par-là que nous n'avons parmi nous ni traîtres ni indiscrets.

Nous justifierons l'adage : qu'un grand secret peut être gardé même par beaucoup de monde lorsque chacun y est vivement intéressé.

Le moment est peut-être venu de tirer un grand parti des fautes du despotisme, & de tourner à notre avantage tout ce qu'il croit devoir faire pour se garantir d'un précipice qu'il sent & estime lui-même inévitable.

Nous vous parlerons de deux choses importantes à l'ordre de ce jour.

1°. Vous savez sans doute déjà que, par un arrêté, le Directoire du Luxembourg vient d'ordonner la sortie de Paris à sept ex-conventionnels qu'apparemment il soupçonne de tramer contre le gouvernement.

Mais ce que peut-être vous ne savez pas encore tous, c'est une mesure qui vient d'être prise au par-dessus de celle ostensible dont nous venons de parler. Tous les commissaires de police viennent de recevoir l'injonction d'arrêter avec ces sept ex-députés, d'autres patriotes au nombre de quatorze. Nous vous en envoyons la liste totale à la suite de la présente.

Nous avons pour but, dans cet envoi, de vous engager de faire insinuer à tous ceux des proscrits que vous pourriez connoître dans votre arrondissement, de se mettre à l'abri de l'arrestation & de ne point quitter Paris.

Vous comprenez que nous n'avons, dans cette recommandation, d'autre raison politique que celle de ne rien laisser faire qui puisse décourager la masse des patriotes. Notre sagesse est de résister à tous les actes arbitraires du despotisme, de lui donner par-tout le démenti, de nous montrer toujours au-dessus de ses attentats ; parce que c'est cette conduite qui seule maintiendra parmi les nôtres la confiance, l'énergie &

le

le sentiment de la force du parti. Ce point de vue rempli à l'occasion des ex-députés, voilà tout ce qu'il nous faut. Évitez de leur donner dans cette même occasion aucune importance, & ne laissez croire ni à eux ni à personne que l'intérêt qu'on prend à eux est parce que l'on croit avoir besoin d'eux. Nous vous répétons ici ce qui est dit dans la circulaire du 24 germinal : nous n'avons pas besoin d'eux. Les hommes du peuple ne peuvent faire quelque chose de grand pour lui, ils ne peuvent le sauver qu'avec lui tout seul. Il faut qu'ils écartent tout ce qui est ou qui a été gouvernant.

2.° L'autre objet que nous vous pressons de fixer avec nous, est celui des dispositions prises à l'égard des légionnaires de police. Ce sont ceux-là qu'il est bien plus intéressant encore de ne point laisser partir. Sans doute il n'est aucun de vous qui ne soit déjà frappé de l'avantage imprévu qui se présente à nous de ce côté. Nous savions que ce corps de police renfermoit des élémens de bons principes, mais apparemment nous n'en avions pas assez favorablement estimé la valeur. Les tyrans, par le parti qu'ils viennent de prendre, nous mettent à portée d'apprécier mieux cette ressource. Ne la laissons pas échapper. Profitons du patriotisme, profitons du mécontentement, profitons de toutes les passions de ces hommes précieux. Que le poltron qui s'est venu fourrer dans cette organisation pour se mettre à couvert des dangers auxquels on s'expose à la frontière, devienne pour nous un vaillant soldat. Que celui qui a ici ses habitudes, sa maîtresse, son père, ses parens, sa femme, ses enfans, ses amis, soit préparé à combattre pour rester près d'eux. Que les présomptions, l'image des périls auxquels on veut le mettre en proie en l'éloignant, soient grossies & exagérées, &c. &c. Caressons-les; promettons-leur secours & assistance, moyennant leur réciprocité en faveur du peuple, & attendons avec sécurité les fruits de ce genre de sollicitudes. Peut-être ne tarderons-nous pas à les recueillir; peut-être sommes-nous à la veille d'ouvrir au peuple la porte de l'égalité, de la liberté & du bonheur.

Liste des citoyens dont l'ordre d'arrestation est envoyé à tous les commissaires de police.

Ragmay ou Ragmey.	Pasquier.	Palis.
Le Bars.	Verneuil.	Bonnet.

Ces six ex-membres du tribunal révolutionnaire de Brest.

Huguet.	Choudieu.	Châles.	Fayand.
Amar.	Vouland.	Vadier.	

Ces sept ex-conventionnels.

Terrasse *dit* Teissonnet. Guillin : il est boiteux.

Boisset, ci-devant commissaire ordonnateur de l'armée de Lyon révolutionnaire. Grimeaux, volontaire, & Cheston, sergens tous deux au 5.e bataillon de Maine & Loire.

Pasquier, officier dans un bataillon de Maine & Loire.

Estampier, ci-devant officier de marine.

Medecin, ci-devant membre de l'administration départementale des Bouches-du-Rhône.

Quatre-vingt-troisième pièce.

La quatre-vingt-troisième pièce est une seconde expédition, aussi de la main de Pillé, de la quatre-vingt-deuxième ci-dessus transcrite.

Quatre-vingt-quatrième pièce. (1)

ÉGALITÉ. LIBERTÉ.

BONHEUR COMMUN.

Paris, 6 floréal, an 4.e de la République.

LE DIRECTOIRE DE SALUT PUBLIC,

Aux agens des douze arrondissemens.

En vous rassurant, citoyens, par notre circulaire du 29 ger-

---

(1) Écriture de Pillé.

minal, sur les suites des dernières mesures de la tyrannie, nous avons laissé à votre prudence les moyens à prendre pour entretenir le feu de l'indignation & de l'énergie dans les cœurs. Nous croyons devoir aujourd'hui vous préciser un peu davantage nos vues à cet égard.

Nous avons dit que la haine concentrée & le ressentiment de l'oppression donneroient au foyer volcanique un aliment plus actif, & ne pourroient que déterminer, quand l'heure sera venue, une irruption plus prononcée, un embrasement plus général. Cela doit être vrai; mais encore est-il nécessaire, pour garantir d'autant mieux l'événement, que l'on ne cesse de diriger l'âtre secret, qu'on le nourrisse constamment de choses combustibles, & que des attiseurs permanens soient là pour ne le point laisser refroidir. Suivons cette autre vérité que nous avons reconnue. *Le patriotisme*, avons-nous dit, *n'existe point uniquement dans le* forum; *il ne paroissoit là que parce qu'il existoit auparavant dans le cœur des citoyens. Or, les tyrans qui ont détruit le* forum *n'ont point détruit le patriotisme, parce que ceux qui venoient l'apporter, le manifester dans la place publique, l'ont reporté chez eux; c'est là qu'il brûle à présent; c'est là que nous pouvons le retrouver; c'est là que nous devons le suivre.*

En effet, le patriotisme est une plante qui étouffe la tyrannie. Il est donc de l'intérêt des tyrans de l'absorber, & de l'intérêt des insurrecteurs de la faire fructifier. Elle est l'arme qui assure le succès de ceux-ci; elle est le fléau mortel de ceux-là. Cette culture d'une part, cette volonté de destruction de l'autre, forme l'objet d'une guerre entre les libérateurs du peuple & ses oppresseurs. Voilà notre état. Nous sommes en guerre contre les partisans de l'oppression, qui veulent nuire de toutes leurs forces à la culture de la plante du civisme, que nous voulons aussi de toutes nos forces faire profiter. La tyrannie, dans les momens qui viennent de se passer, s'est vue dans l'impuissance de s'extirper entièrement; elle s'est trouvée assez forte pour la reléguer loin des terreins les plus propres à son accroissement. Nous nous sommes vus dans l'impuissance, nous, de la maintenir dans ce sol fertile; il faut que, dans nos mains, l'art agricole supplée aux avantages naturels des sites heureux. Il faut que nous sachions, par notre industrie & par notre activité, nous assurer tout de même de recueillir le *maximum* de moisson auquel nous avons eu, dans tous les temps, l'ambition d'atteindre.

Nous ne nous dissimulons pas que les places publiques étoient bien les heureux sites les plus capables d'avancer promptement l'essor de notre affranchissement. L'avantage de la saison rendoit encore plus précieux ces clubs en plein air où tout invitoit à se rendre, & sans doute ils eussent facilement & équivalemment suppléé le Panthéon. Ils avoient pourtant un inconvénient que vous ne devrez pas rencontrer dans les établissemens de remplacemens dont il va vous être parlé, & qui font le sujet spécial de cette lettre; ils avoient l'inconvénient de donner entrée à tous ces sycophantes qui, sous des dehors imposteurs, venoient en pervertir l'esprit, & le détourner, par des faits faux, des notions & des insinuations fausses, du véritable point vers lequel il étoit à desirer qu'il se dirigeât uniquement.

Mais puisqu'il faut ne plus songer à cette manière d'entretenir le feu électrique, nous devons nous occuper sérieusement à le faire par d'autres moyens.

Le patriotisme, répétons-le, n'est pas éteint, il n'est que détourné de son cours: suivons-le, allons le chercher où il se trouve; & là, soutenons-le, vivifions-le. Le patriotisme est notre domaine, notre propriété chérie; il est l'arme que nous ne devons jamais perdre de vue, parce que nous ne pouvons rien sans elle. Enfin nous savons où il est le patriotisme. Chassé de ses derniers retranchemens, les places publiques, il est allé se relancer dans les réduits de ses fidèles zélateurs. Eh bien! c'est là que nous devons le suivre, le soutenir & l'animer!

Nous en revenons donc à nos clubs à domicile, à ces petites réunions que nous vous avions proposées dès notre première instruction. La formation spontanée des groupes a bien pu vous autoriser à déroger à ce point de nos recommandations, ou du moins à le négliger ; mais il est indispensable aujourd'hui d'y revenir. Nous vous dirons donc de nouveau de vous attacher à fonder, à multiplier le plus que vous pourrez, les petites réunions. Nous vous redirons de les rétablir dans les maisons particulières plutôt que dans les cafés, parce que dans les maisons, l'esprit corrupteur & l'inquisition n'y pénètrent pas. Préférez sur-tout la grande multiplication de ces réunions au rapprochement d'un trop grand nombre de membres dans quelques-unes d'elles. Que chaque coin de grabat, chaque grenier, en compose une. Que ce soient une foule de points inapperçus, de *petites coteries*, pour nous servir de la digne expression de Maihe, mais non pas des rassemblemens qui puissent frapper d'une manière trop sensible l'œil de la tyrannie. Au reste, ce plan est aussi d'une exécution plus facile, & vous n'avez presque rien à faire pour l'organiser. Vous trouverez ces *petites coteries* formées d'elles-mêmes, en vous attachant à découvrir la demeure de chaque famille décidément patriote. Dans chacune de ces familles, voilà un club. Ne faites rien davantage que d'y envoyer successivement nos papiers révolutionnaires ; ne vous inquiétez pas du surplus. On rassemblera immanquablement pour les lire ses voisins, ses connoissances : voilà le club, vous disons-nous ; voilà l'opinion publique qui se nourrit, qui se soutient, qui se forme entièrement ; voilà des groupes qu'il est pourtant impossible que la loi *ultrà-martiale* vienne dissiper. Vous aviez, d'après nos instructions précédentes, organisé des compagnies de groupistes pour aller dans les places publiques. Employez-les maintenant à distribuer nos journaux dans les petits clubs dont nous parlons, & il nous semble qu'il n'en faut presque pas davantage pour remplir nos vues sur la présente mission.

Nous nous y sommes un peu étendus, parce que son objet est néanmoins de la première importance. Rien en révolution n'est plus majeur que de trouver une manière sûre pour diriger & entretenir le bon esprit public; car c'est avec l'opinion qu'on remue tout. Malgré les lâches entraves du despotisme, nous croyons avoir découvert cette manière certaine. Redoublons d'énergie & de zèle : nous devons être tous bien encouragés, en voyant la tyrannie qui ne nous devine pas, qui prend le change, qui donne dans des mesures extrêmes, d'où se décèlent ses étranges erreurs, & conséquemment sa foiblesse, qui enfin ne fait, dans tout cela, rien qui ait droit de nous alarmer, puisque nous ne sommes pas prêts, & qu'il y a lieu de croire que lorsque nous le serons, elle aura (la tyrannie) eu lieu de penser que ses craintes n'ont été que chimériques, & que peut-être, honteuse de ses ridicules précautions, elle les aura ajournées.

Quatre-vingt-cinquième pièce.

La quatre-vingt-cinquième pièce est une seconde expédition, de la main de Pillé, de la quatre-vingt-quatrième ci-dessus transcrite.

Quatre-vingt-sixième & quatre-vingt-septième pièces.

Les quatre-vingt-sixième & quatre vingt-septième pièces sont des expéditions, de la main de Pillé, de la soixante-septième pièce transcrite des autres parts.

Quatre-vingt-huitième pièce. (1)

ÉGALITÉ. LIBERTÉ.

BONHEUR COMMUN.

Paris, 29 germinal, l'an 4 de la République.

LE DIRECTOIRE DE SALUT PUBLIC,

Aux agens principaux des douze arrondissemens.

CITOYENS,

Par le premier article de notre circulaire du 19 de ce

---

(1) Écriture de Pillé,

mois, nous vous avons demandé l'indication des dépôts d'armes, de munitions & de subsistances qui existent dans vos arrondissemens respectifs. Il résulte des rapports de plusieurs de vous, que l'on a cru que nous n'entendions par-là que les dépôts & magasins publics qui appertiennent à la nation. Nous croyons utile de vous expliquer que nous desirons encore avoir l'état indicatif des magasins ou dépôts d'accaparemens de toute espèce qui existent chez une foule de messieurs prétendus négocians. Vous voudrez bien nous donner leurs noms & leurs demeures, ainsi que l'espèce & l'importance des marchandises dont vous les saurez possesseurs. Vous joindrez à cet état celui des armuriers avec les mêmes détails.

Nota. (Au bas de cette pièce est l'empreinte en cire noire d'un cachet de forme carrée portant ces mots, *salut public*, surmontés d'un niveau.)

Quatre-vingt-neuvième pièce.

La quatre-vingt-neuvième pièce est une seconde expédition, de la main de Pillé, de la quatre-vingt-huitième ci-dessus transcrite.

(*Cette pièce & la précédente sont scellées en noir du cachet du comité insurrecteur.*)

Quatre-vingt-dixième pièce. (1)

ÉGALITÉ LIBERTÉ

BONHEUR COMMUN.

Paris, 27 germinal, l'an 4 de la République.

LE DIRECTOIRE DE SALUT PUBLIC,

Aux agens principaux des douze arrondissemens.

Un objet urgent, citoyens, pour lequel nous réclamons

(1) Écriture de Pillé.

votre sollicitude, c'est de faire & de nous envoyer la liste des ennemis les plus prononcés de la révolution qui se trouvent dans votre arrondissement. Vous ajouterez à leurs noms leurs qualités & leurs domiciles, avec des notes sur le caractère & les moyens moraux de chacun d'eux, & sur ce qu'ils ont fait pour se distinguer contre-révolutionnairement. Vous vous attacherez à signaler en particulier ceux qui ont marqué le plus fortement dans la réaction, qui se sont le plus achamés contre les patriotes dans les assemblées sectionnaires après thermidor. Nous n'entendons pas comprendre ceux qui, un moment égarés à l'issue de cette funeste époque, ont fait par patriotisme quelques actes ou démonstrations par lesquels ils ont semblé y applaudir, mais qui, une fois désabusés & convaincus que cette fatale journée a été le tombeau de la liberté & de ses plus fermes soutiens, ont couru au-devant d'une persécution assurée & évidente, se sont empressés, au péril de leur repos & de leur existence, de se séparer des rangs de la classe perverse qui profita de cet événement pour faire une guerre atroce aux républicains & à l'humanité entière, ont été enfin atteints par cette persécution, & l'ont supportée avec une héroïque & courageuse constance.

Nous vous presserons de même pour la liste des patriotes dévoués, & sur les services desquels on pourroit compter au moment & à la suite de la crise régénératrice. Vous nous donnerez également l'apperçu de leurs moyens intellectuels, & même l'indication des fonctions auxquelles ils seroient propres. Vous n'oublierez pas leurs adresses positives, afin qu'on puisse savoir, quand il en sera temps, où les prendre.

Tâchez aussi de nous fournir la liste complète des anciens canonniers de votre arrondissement, avec des notes sur le civisme de chacun d'eux.

Dites-nous où sont allées les piques des sections de votre arrondissement.

Salut en la démocratie.

Quatre-vingt-onzième pièce.

La quatre-vingt-onzième pièce est une seconde expédition, de la main de Pillé, de la quatre-vingt-dixième ci-dessus transcrite.

Quatre-vingt-douzième pièce.

ÉGALITÉ. LIBERTÉ.

BONHEUR COMMUN.

Paris, 26 germinal, l'an IV de la République.

LE DIRECTOIRE SECRET DE SALUT PUBLIC,

Aux principaux agens révolutionnaires des arrondissemens municipaux.

CITOYENS,

Prémunissez-vous & prémunissez les patriotes contre deux piéges qui nous sont tendus, & lesquels sont également à craindre.

On circonvient le peuple en deux sens également contraires à l'établissement de la franche démocratie qui est le but de nos vœux, & nous allons vous mettre à portée de déjouer cette double machination en vous la dévoilant.

D'un côté, ce sont les émissaires des Tallien, des Legendre & Barras, qui obsèdent les patriotes pour les induire à croire que ces trois réagisseurs, que ces hommes qui ont toujours trahi le peuple, sont maintenant prêts à le servir & à se mettre à sa tête pour l'aider à reconquérir les droits dont ils ont été les plus actifs destructeurs. Les vues de ces misérables sont faciles à pénétrer. Ils apperçoivent la force croissante de l'opinion éclairée, qui menace de sa force terrible tous les oppresseurs. Ils veulent, pour sauver leurs têtes, s'emparer du mouvement qu'ils distinguent bien devoir être prochain & inévitable. Ils veulent uniquement le faire tourner à l'affermissement de leur domination. Placés, comme ils le sont, entre deux feux, entre la coalition des royalistes & des démocrates, ils sentent leur extrême foiblesse, même leur impuissance de résister long-temps. Ils calculent qu'ils se fortifieroient beaucoup en renversant la faction des royalistes, parce qu'ils n'auroient plus que notre parti à combattre. Voilà pourquoi ils voudroient d'abord se servir de nous pour les anéantir : ils s'efforcent de détourner l'attention du peuple sur les seuls royalistes. Ils voudroient nous faire oublier, pour cet unique objet, la conquête de nos droits & l'anéantissement de nos autres oppresseurs. Ils nous congédieroient de même qu'en vendémiaire après la défaite de ce parti : ils feroient consister en cela le salut de la patrie, & ce ne seroit que leur salut à eux ; ce ne seroit que la mesure partielle qui ne leur laisseroit plus que nous à exterminer, & ils ne balanceroient pas long-temps pour le faire. C'est eux-mêmes qui ont l'astuce de faire semer hautement qu'après nous être servis d'eux dans le mouvement, nous pourrions les anéantir. Cette ruse grossière aveugle les esprits bornés & par conséquent la multitude ; mais les perfides qui l'exposent savent bien à quoi s'en tenir à cet égard. Ils savent qu'à raison des postes qu'ils occupent déja, qu'à raison de l'influence & des moyens de toute espèce que cette situation leur donne, qu'à raison encore de leurs talens & de leur habitude dans l'art des insurrections, ils ne seroient point mis à la seconde place dans celle-ci ; ils en prendroient l'initiative, comme ils ont eu celle de toutes les autres ; ils en auroient la direction exclusive, tout autre directoire s'effaceroit, seroit neutralisé devant le leur ; & ils savent encore que l'on n'assassine pas aisément les premiers conducteurs d'opérations de ce genre. Ils savent de plus que le peuple s'engoue fort vite pour ceux qui ont seulement l'apparence de faire quelque chose pour lui, & qu'alors il oublie tout ce qu'il avoit à leur reprocher de plus loin. C'est-là, citoyens, tout ce qu'il faut tâcher de faire entendre au peuple, pour le détromper de la prétendue assistance que les insidieux courtiers de nos traîtres en chef lui disent qu'il auroit à artendre de ces scélérats dont nous déjouerons par là le nouveau complot : c'est dans les groupes qu'il faut vous attacher à faire répandre ces explications. Faites comprendre au peuple qu'il ne fera jamais rien de grand, qu'il ne fera jamais de révolutions pour lui, pour son véritable bonheur, que quand il ne mêlera point dans son mouvement de gouvernant quelconque : il faut qu'il ne se méfie pas tant de ses propres moyens, & qu'il se persuade que lui, peuple, & les hommes du peuple, suffisent pour pouvoir exécuter une grande entreprise. Ainsi, dans celle que nous préparons, ayons soin d'écarter tout ce qui n'est pas du peuple : tout ce que nous venons de vous dire peut & doit être transmis au peuple. Cette première des deux machinations annoncées par cette lettre est la plus redoutable, & ne peut pas être déconcertée par vous seuls. Il faut adjoindre tout le peuple avec vous pour le faire : c'est pourquoi le n°. 42 du *Tribun du peuple*, qui paroît en même temps que cette circulaire, & qui roule uniquement sur cet objet important, seulement avec des développemens plus étendus & qui peut-être vous convaincront encore mieux ; ce n°. 42 du *Tribun*, avons-nous dit, peut être considéré comme une instruction faite à cet égard à tout le peuple. Le soin que nous vous recommandons est de l'appuyer & d'en répandre généralement l'esprit : c'est *dépopulariser* ces hommes dangereux, qu'il faut absolument faire.

Le second écueil contre lequel vous devez vous garantir n'est pas précisément si dangereux. Il est question d'atténuer les efforts d'un comité d'insurrection qui veut naître à côté du nôtre, mais qui n'est pas en mesure, qui est sans moyens sous tous les rapports, & que nous ne croyons pas qui pourroit faire le bien, quoique nous soyons éloignés de supposer à ses auteurs des intentions précisément mauvaises. Ce comité veut se composer des Amar, Vadier, Laignelot, Javogues, Choudieu, Ricord & autres, tous personnages qui ont déja tâté du pouvoir, & qui, les uns par l'usage qu'ils en ont fait, les autres par le peu de caractère qu'ils ont mis à le conserver intact dans leurs mains, nous donnent lieu à de justes méfiances, nous forcent à les séparer de nous tout au moins avec d'autant plus de raison, que nous doutons fort qu'ils aient pour objet précisément un but aussi accompli que le nôtre, c'est-à-dire, le plus grand triomphe des principes démocratiques & le bonheur de tous. — Cependant ces insurrecteurs particuliers ont déja, dit-on, quelques émissaires qui vont prônant en leur faveur, & qui cherchent à leur former un parti. Dans tous les cas, vous sentez le mal qui ne pourroit manquer de résulter de deux directions rivales, qui, ne marchant pas de concert, s'entraveroient & nuiroient à la chose entière. Il faut encore contre-barrer cela, &, si vous en appercevez quelque chose, détourner l'opinion de cet objet, à l'aide des motifs de défiance que nous vous exposons. Vous pourrez y ajouter toutes les circonstances analogues qui se présentent naturellement. Ces hommes ont bu dans la coupe du pouvoir ; ils ne se sont pas montrés tous & toujours rigoureusement démocrates. Il faut des hommes neufs ; il faut des hommes purement sans-culottes, de véritables hommes du peuple. Ces hommes encore ont donné tant de fois la preuve de leur foiblesse à se livrer aux plus perfides insinuations, sous le spécieux prétexte du bien public, qu'il est à craindre qu'ils ne soient encore aujourd'hui les jouets ou les instrumens de quelque combinaison atroce du gouvernement.

Mais, comme nous vous l'avons dit, ils ne sont que foiblement à craindre, parce qu'ils n'ont presque pas de moyens d'aucune espèce ; ils n'ont ni journaux, ni popularité, ni confiance, & ils ne sont pas en mesure : c'est pourquoi il suffira que la mission de surveillance à leur égard soit particulière & secrète de nous à vous. Vous pourrez suffire à les neutraliser, & nous ne parlerons point d'eux dans nos écrits.

Quatre-vingt-treizième pièce. (1

ÉGALITÉ LIBERTÉ

BONHEUR COMMUN.

Paris, 19 germinal, l'an 4 de la République.

LE DIRECTOIRE SECRET DE SALUT PUBLIC,

Aux principaux agens révolutionnaires des arrondissemens municipaux.

Nous ajoutons, citoyens, aux premières instructions que vous avez reçues de nous les objets de recommandation qui suivent :

1°. Vous nous rendrez compte des dépôts & magasins de subsistances, d'armes & de munitions, qui peuvent exister dans votre arrondissement à chacun.

2°. Vous nous donnerez le même compte des ateliers qui peuvent s'y trouver, du nombre des ouvriers qui y sont employés, du genre de leurs travaux, de leur opinion connue, &c.

3°. Vous ferez un recensement des patriotes aisés qui pourroient recevoir & héberger chez eux des frères des départemens que le Directoire secret va s'occuper de faire arriver pour aider les Parisiens à renverser le trône des tyrans.

4°. Vous engagerez les mêmes patriotes aisés à se cotiser pour subvenir aux frais énormes des impressions que sont obligés de faire les révolutionnaires. Vous inviterez, d'un autre côté, les patriotes instruits à s'occuper de différens écrits énergiques dont vous nous ferez passer les manuscrits, & que nous nous chargeons de faire imprimer.

5°. Vous nous fournirez la liste des mouchards de la police que vous découvrirez être domiciliés dans votre arrondissement. Il est des espions très-patriotes ; vous les distinguerez & vous nous les ferez connoître.

---

(1) Écriture de Pillé.

6°. Vous organiserez des compagnies de groupeurs qui devront se rendre journellement aux Tuileries principalement, & quelquefois dans les autres points de rassemblemens ordinaires; &, comme nous vous l'avons dit dans la première instruction, vous leur insinuerez de parler toujours dans le sens des numéros plus récens des journaux populaires, c'est-à-dire, ni plus haut ni plus bas que ces mêmes journaux.

8°. Vous irez vous-mêmes aux groupes, lorsque vous le pourrez, & vous nous en transmettrez l'esprit journalier & progressif, tant d'après vos propres observations que d'après les rapports de vos groupeurs.

7°. Vous organiserez de même des compagnies d'afficheurs des écrits libres, auxquels il faudra en même temps recommander d'arracher les écrits du royalisme & du patriciat.

Votre zèle actif garantit au Directoire de salut public tout l'empressement que vous mettrez à l'exécution de ces dispositions.

Quatre-vingt-quatorzième pièce.

La quatre-vingt-quatorzième pièce est une seconde expédition, de la main de Pillé, de la quatre-vingt-treizième ci-dessus transcrite.

Quatre-vingt-quinzième pièce. (1)

Paris, le 17 germinal.

G. Babœuf a Drouet.

J'avois promis de t'écrire durant ton congé. La multitude de mes occupations, & la réflexion du peu d'utilité de cette correspondance, m'a fait la négliger : aujourd'hui que tu as repris ton poste, je crois des communications entre nous

---

(1) Reconnue par Babœuf.

deux plus nécessaires. Dis au citoyen qui te remettra cette missive quand tu voudras que nous nous voyions : quelqu'un ira te chercher à l'heure dite & t'amenera où je serai. Le moment presse : tu as plus besoin que tu ne crois de te rapprocher des plus braves. Réfléchis si tu veux te soustraire à l'anathème général. Ne te laisse point circonvenir, ou tu es perdu ; il n'est qu'un petit cercle d'hommes qu'il t'est permis d'approcher ; ne va encore montrer cette lettre à des femmes ; sois celui dont toute la conduite doit répondre à un ennemi des rois. On me rapporte que tu as préparé un discours à prononcer dans la grande discussion sur les sociétés populaires. On ajoute que tu te proposes de quitter le champ de bataille si tu ne triomphes pas dans cette lutte : je ne te conseille pas ce parti ; il ne seroit ni généreux ni utile. Brutus trahi par ses propres enfans n'en abandonna point pour cela les intérêts de la République. Drouet, nous sommes entourés de nouveaux Tarquins, l'instant est venu de les faire disparoître. Les tyrannicides te somment de les aider, ou ils te comptent parmi les adhérens des traîtres. Si tu t'en tenois au coup de main de Varennes & à tes trois ans de cachots en Allemagne, ta gloire seroit bien bornée, ta place seroit bien petite dans l'histoire de la révolution de la liberté. Ton discours n'est rien, il est indigne de toi s'il n'est pas calqué sur l'apperçu des sensations que j'ai préjugé que tu devois éprouver, & que j'ai tâché de rendre dans les pages 241 & 242, N°. 40 du *Tribun du peuple*. Tu devrois revoir ces deux pages & les traduire dans ta motion sur les sociétés patriotiques : elles produiroient sans doute une grande impression, & tout ce que tu mettras à la place n'en produira aucune. Oui, ton rôle est de dire : *Qu'ai-je vu & que vois-je? qu'étoit la patrie quand je l'ai quittée? & qu'est-elle lorsque je la retrouve?* &c. Si tu manques de courage pour adresser ce langage à nos oppresseurs devant la France attentive, tu ne fais point ton devoir. Lamarque n'a parlé qu'en homme foible ; nous verrons si tu vaudras plus que lui. Ne crois pas que ce soit là tout ce qu'on te demande : on te réserve d'autres lauriers communs avec ceux que nous nous proposons incessamment de cueillir.

Salut en la démocratie.

Quatre-vingt-seizième & quatre-vingt-dix-septième pièces

30 germinal, an 4 (1).

Ex. D. F.

Ch. G. à Gracchus-Babœuf.

Tu as dû savoir par Darthé, ou autres, que j'étois appelé chez Barras. Ce matin, 30 germinal, j'ai eu audience de ce Directeur. Je l'ai laissé venir. Il m'a long-temps parlé vaguement du danger où se trouvoit la patrie, sur-tout depuis les derniers mouvemens qui avoient éclaté, & que lui aussi a l'impudente effronterie d'attribuer au royalisme, dont il m'a cité quelques agens titrés, comme groupeurs en chefs & directeurs d'opinions; enfin, las de l'entendre débiter un salmigondis infect d'absurdités & d'incohérences, j'ai paru vouloir connoître la raison qui l'avoit fait me mander. Voici à-peu-près ce qu'il m'a dit ; je m'asservis, autant que possible, à ses propres termes :

« Des personnes à qui j'ai lieu de me confier, m'ont dit, » *camarade*, *que tu étois un brave méridional*, *ayant bien* » *fait la guerre*, détestant fortement *les royalistes* & la *ty-* » *rannie*, à qui tu dois *ta destitution* ; que tu étois *lié* avec » des *patriotes prononcés*, des *démocrates*. Que penses-tu » que peuvent ceux-ci ? nous savons qu'ils préparent *un* » *mouvement*. Les bonnes gens ! le zèle les *abasourdit*. Ils » vont se faire *prairialiser* ; tandis que, pour sauver la patrie, » il ne faut que *vendémiariser*. Comme vous autres, je sais, » moi, que l'*ordre actuel des choses* n'est pas le *but* que » s'étoient proposé les hommes qui renversèrent la Bastille, » le trône & Robespierre ; comme vous, je sais, moi, qu'il

---

(1) Date qui paroît être de la main de Babœuf.

» faut opérer *un changement*; que ce changement n'est pas » aussi éloigné qu'on pourroit le croire; & lorsqu'on va le » plus *avoir besoin des patriotes* pour l'opérer, *ce changement*, » *ils méditent notre ruine, notre mort;* ils se font, sans » y songer peut-être, les instrumens des émigrés, des roya- » listes, des fanatiques, *qui jamais ne se sont vus plus* » *près de la monarchie:* & tout alloit si bien! Les *Isnard*, » les *Rovere*, les *Jourdan*, alloient tomber dans leurs pro- » pres filets: les égorgemens qui s'étoient renouvelés à leur » voix sacrilége, à leurs provocations meurtrières, retom- » boient sur leurs têtes coupables; ils alloient être frappés. » Point du tout, voilà que des êtres imprudens, instigués » par des *contre-révolutionnaires*, *désorganisent tous nos* » *plans*, *démolissent toutes nos batteries*. (Et puis il s'ex- » clamoit: Que cette inconséquence a été funeste!) C'est » *Pitt*, c'est *Cobourg* qui ont suggéré tout cela. Mais voyons, » *que penses-tu de cela, mon camarade?* »

Je t'avoue franchement que je ne m'attendois pas que, *ex abrupto*, un homme qui ne peut ignorer que je suis son ennemi, me fit une pareille question. Cependant me composant autant que possible, j'ai dit: « Je n'ai aucune con- » noissance des instigations de *Pitt*, de *Cobourg*, d'*Isnard*, ni » *Rovere*, &c. Je sens, comme *toi*, que l'ordre actuel des » choses est cruel, pénible, & j'attribue au même sen- » timent de la part du peuple l'espèce de mouvement dont » tu viens de me parler: il peut s'être glissé dans les grou- » pes quelque ennemi du peuple; mais sa doctrine y a été » conspuée: car le cri de tous les groupes étoit unanime- » ment celui de la plus forte indignation contre ses op- » presseurs, ses ennemis, & je ne sache pas qu'on sert les » tyrans en les faisant exécrer. Et! puis vous parlez de mou- » vement! il n'y en pas en même l'ombre, à moins que » vous ne qualifiez ainsi quelques groupes qui ne parois- » soient pas animés d'une manière inquiétante. Tu crains » un prairial ». (Il m'a interrompu pour me faire observer qu'en prairial dernier il étoit à Saint-Omer, & que chaque jour il verse des larmes amères sur les désastres de cette époque.) J'ai continué. « Tu crains un prairial, & » tu desires un vendémiaire ! & moi, dans ma privée » opinion, je redoute l'un & l'autre ; & si j'étois auprès » des patriotes, des démocrates, aussi transcendant que tu » l'as préjugé en me mandant, je te confesse que je les » dissuaderois & empêcherois de se livrer à l'un plus » qu'à l'autre. *Prairial* & *vendémiaire* sont également fu- » nestes à la chose publique. L'un a brisé les lois du peu- » ple ; l'autre a établi & assis celles des aristocrates. (Je » le sais, m'a-t-il dit ; & si au 13 vendémiaire je n'eus » crains non-seulement un déchirement affreux, mais de » donner un *exemple* bien funeste, à la tête des républi- » cains victorieux, j'eus, pendant trois jours seulement, » *travaillé la marchandise* de manière à satisfaire les patrio- » tes. Je ne l'ai pas fait. Que l'occasion s'offre de nouveau, » & l'on verra si je suis indigne de l'animadversion des roya- » listes ».) Là il m'a semblé lancé ; j'ai cru devoir me taire & le laisser vaguer : « Oui, que le mouvement soit général » & dirigé contre les royalistes, continue-t-il, j'ai du cou- » rage, j'ai des moyens, & l'on me jugera. Dernièrement » encore, dès qu'on m'apprit que les murmures éclatoient » dans les groupes, que des fractions du peuple s'agitoient, » je me transportai au fauxbourg : j'y vis tout calme, pai- » sible ; si je l'eus vu remuer, c'en étoit fait, je marchois » avec lui : car c'est de lui, c'est par lui que je pense que » se manifeste la volonté nationale (je n'ai pas perdu le mot.) » Point du tout, ce n'étoit que quelques agitateurs ou quel- » ques mal-adroits. Ce n'est point ainsi qu'il faut aller ; ce » n'est pas ainsi qu'on doit espérer d'obtenir un plein succès. » Et puis, vous criez contre nous, *crucifige* ! Et à qui » donc se rallieroit-on ? A la cour de Vérone : oui, mes » amis, c'est-là qu'on veut nous conduire, tandis que c'est » celle qu'il faut tuer & anéantir. *Vous* devez maintenant, » *mon camarade*, connoître mon esprit, mon sentiment, » mes principes. Plus d'un *patriote* le savent aussi. Mon

» existence est liée à celle du peuple, à celle de la Répu-
» blique. Croyez, ainsi que tous les vrais *patriotes*, que je
» ne négligerai rien pour leur succès ; & ce n'est que pour
» les servir, que je résiste au désir qui me presse de dé-
» missionner & de me retirer paisiblement dans une obscu-
» rité qui m'est bien chère. Venez-moi voir de temps en
» temps. Il m'a donné une carte ; & sans mot dire, sinon,
» *bon jour*, *citoyen*, je me suis retiré. Il y a dans son discours
» quelques épisodes assez précieuses, une entr'autres sur la
» faction d'Orléans, dont il seroit trop long de t'entretenir par
» écrit, & que je te communiquerai de vive voix, si c'est
» possible, ou par écrit, dans un autre moment.

Salut. Ch. G.

(*Au dos est écrit*) : à Grach Bab.

Quatre-vingt-dix-huit & quatre-vingt-dix-neuvième pièces.

DIALOGUE SUR 96.

Un Colporteur.

Voilà le journal du matin, le grand rapport de Mailhe sur les réunions patriotiques. Ce grand projet de résolution, portant : *Peine de deux années de fers contre ceux qui deman-deroient la constitution de 93.*

Mr 95.

Ah ! enfin donc, nous voilà les maîtres ! Ma pa-olle sup-ême ! Il étoit temps que les Messieurs prissent cette mesure ; car ces scélérats de te-o-istes nous auroient fait la loi avec leur infame constitution de 93.

Le Cit^en 93.

Parlez donc, Mons Frise-Pavets, savez-vous bien ce que vous venez de dire ? apprenez que vous venez de blasphémer la charte constitutionnelle des Français, & d'outrager le Peuple, qui l'a librement & solemnellement acceptée.

Mr 95.

Finissez donc avec votre Peuple, dites donc la canaille.

Le Citen 93.

Morbleu! je ne sais à quoi il tient que je vous fasse rentrer dans la poussière d'où vous & vos pareils n'êtes sortis que pour la honte & le malheur de l'humanité.

Mr 95.

Savez-vous bien, vous qui menacez si fort, que, si j'avois là une trentaine de mes amis, je vous ferois repentir de votre audace; & que, pour vous faire prendre un tour plus moëlleux, nous pourrions si nous étions en nombre suffisant, vous faire mourir sous le bâton?

Le Citen 93.

Je vous reconnois bien là, Messieurs à pa-olle d'honneur: vous êtes braves quand vous êtes trente ou quarante contre un homme; mais quand vous êtes seuls ou seulement deux ou trois en présence d'un sans-culotte, vous êtes aussi lâches que la lune, qui n'ose se montrer que la nuit.

Le Colporteur.

Citoyens, citoyens, ne vous querellez pas; si vous êtes d'opinion différente, discutez paisiblement; c'est le moyen de vous entendre & de vous rapprocher.

Le Citen 93.

Eh bien! soit.

Mr 95.

Peut-on discuter paisiblement & s'accorder avec des gueux sans éducation?

Le Cit^en^ 93.

Si vous aviez des intentions aussi pures que vous le dites, vous auriez accepté la proposition de ce brave homme-là. Nous aurions déja approfondi la question qui nous divise, & peut-être serions-nous d'accord.

Mr 95.

D'accord ! Il est bon ! Les honnêtes gens peuvent-ils jamais l'être avec vous autres ? car enfin il faut s'expliquer & revenir au point où nous en étions tout-à-l'heure . . . . . Mais promettez de ne vous pas fâcher.

Le Cit^en^ 93.

Vous pouvez dire tout ce qu'il vous plaira ; nous autres sans-culottes ne nous fâchons que quand nous voyons des hommes capables de nous tenir tête ; & vous êtes seul, continuez.

Mr 95.

Est-il possible que nous soyons jamais d'accord, nous qui avons fait faire par nos amis une constitution tout exprès pour nous, qui l'avons acceptée en attendant le rétablissement de la . . . . avec vous qui ne voulez que votre monstrueuse constitution de 93 ?

Le Cit^en^ 93.

C'est précisément où je vous attendois ; & si vous voulez être de bonne foi, nous allons bientôt être d'accord. Nous avons déja eu trois constitutions : celle de 91, qui ne fut acceptée que par Capet, & encore avec l'intention de l'anéantir ; celle de 93, qui fut acceptée par le peuple, c'est-à-dire par l'universalité des Français, & bien librement ; car les droits des citoyens furent tellement respectés, que non-seulement personne ne fut exclu des assemblées sectionnaires, mais même qu'on prit tous les moyens & on eut recours aux invitations les plus pressantes pour les rendre plus nombreuses, afin d'avoir véritablement le vœu du peuple sur le contrat national : enfin celle de 95, qui ne fut acceptée que par une poignée de coupes-jarrets de chaque section, protégés par des canons qui furent bientôt braqués contre eux. La classe nombreuse des citoyens paisibles, des ouvriers, &c. en fut éliminée avec violence par vos amis, qui, armés de gros bâtons & de pistolets, gardoient le bureau & l'entrée de l'assemblée.

Mr 95.

Je conviens que nous avons chassé quelques scélérats, quelques te-o-istes.

Le Citen 93.

Eh bien ! M. Pa-olle-Sup-ême, vous avez prononcé votre condamnation : n'eussiez-vous exclu qu'un seul citoyen des assemblées, par ce seul fait elles sont radicalement nulles.

Mr 95.

Je sais bien que rigoureusement, & en suivant les principes, vous pourriez avoir raison. Nous-mêmes nous avons voulu contester quelque temps sur la validité de l'acceptation ; mais il faut passer quelques irrégularités de forme en faveur du fond. Vous ne disconviendrez pas au moins que cette dernière constitution est bien supérieure à votre constitution anarchique.

Le Citen 93.

Oui, en astuces & en moyens de museler le peuple, car il n'a plus le droit de se donner des maîtres comme avant la révolution : alors il nommoit des syndics, des marguilliers de paroisse, &c. ; aujourd'hui on lui permet encore de se donner des administrateurs, des représentans, &c., mais il lui est bien défendu de regarder si ces commis ont bien ou mal rempli leur mission. Autrefois il étoit permis de fronder les rois, leurs ministres, leurs catins ; aujourd'hui on est embastillé si on a le bon sens de s'appercevoir des sottises des élus, de l'insolente prodigalité de leurs Laïs, & de les mettre en parallèle avec la misère du peuple. Nous avons combattu pendant sept ans pour nous retrouver au point d'où nous étions partis; ainsi, comme vous voyez, nous sommes aussi esclaves & plus encore qu'avant le 14 juillet.

M^r^ 95.

A quoi bon aussi cette surveillance continuelle que vous exerciez sur vos mandataires? cet état d'activité étoit fatigant pour le peuple, à qui on faisoit perdre en dissentions inutiles un temps précieux pour ses ateliers & pour leurs familles. Qu'il choisisse bien: une fois les choix faits, il faut qu'il ait une confiance entière à ceux auxquels il aura remis les pouvoirs.

Le C^en^ 93.

J'entends: il faut avoir une confiance entière, ne pas examiner si nos fondés de pouvoirs sont fidèles ou non. Voilà la morale des fripons; car ils craignent la lumière. Mais je vais plus loin; fussions-nous toujours sûrs de la bonté de nos choix, nous devrions encore surveiller la conduite de nos élus, ne fût-ce que pour conserver nos droits.

M^r^ 95.

Ah bien! oui, vos droits, ils sont beaux! nous avons réformé tout cela, nous vous avons laissé des devoirs à remplir, & nous espérons bien . . . .

Le C^en^ 93.

Votre espérance sera déçue comme le fut celle de feu Capet en 1789. Le 14 juillet, le peuple, fatigué de son esclavage, se leva majestueusement, & la liberté parut. Mêmes causes, mêmes résultats. Le peuple est malheureux; il est esclave, privé de tous ses droits; il en est plus près de la liberté, entendez-vous, M^r^. 95?

M[r] 95.

Ah! je vous entends bien; mais nos mandats territoriaux vont raccommoder tout cela, la confiance va renaître, le gouvernement s'affermir, & les honnêtes gens seront les maîtres.

Le C^en^ 93.

La confiance à des banqueroutiers frauduleux! mais vous prenez donc, vous & vos amis, le peuple français pour un peuple d'imbécilles. Vous croyez qu'il va comme cela débonnairement oublier qu'un débiteur d'une insigne mauvaise foi lui vient de faire perdre sur ses effets 96 pour cent & plus, puis recevoir de lui d'autre papier en valeur nominale. Non, non, monsieur, non: chat échaudé craint l'eau froide. Sans doute il nous faut un gouvernement ferme, mais paternel, mais populaire, mais qui aime la liberté, & qui écrase les tyrans, les chouans, & leurs valets. Voilà le gouvernement qu'il nous faut, & non une régence foible, imbécille, qui ne trouve son bonheur & le moyen de perpétuer sa domination usurpatrice que dans la misère & l'esclavage du peuple. Adieu, monsieur 95: j'espère que quand nous nous reverrons, les choses seront sur un autre pied.

Centième pièce.

Aux départemens de la République française.

Jusqu'à quand, peuple français, languiras-tu dans l'avilissement & la misère? jusqu'à quand tes ennemis, qui triomphent depuis l'exécrable journée du 9 thermidor, abuseront-ils & de ta patience & de ta force? Tu meurs de faim, tu vis dans l'opprobre: qu'attends-tu donc pour punir les brigands qui t'affament? ces scélérats ne peuvent plus t'en imposer, aujourd'hui que tu reconnois qu'ils ont épuisé tes finances, discrédité ton papier-monnoie, tari toutes les sources de la félicité publique, & impitoyablement égorgé tes meilleurs amis; ils t'ont fait croire que tu serois heureux si tu leur sacrifiois ces hommes énergiques qui défendoient tes droits avec tant de chaleur & de sincérité. Elles sont tombées en effet sous le couteau national, ces têtes innocentes, ces têtes précieuses. Eh bien! en es-tu plus heureux? non. L'abîme qui se creusoit alors sous tes pas est devenu plus profond de jour en jour, & tu n'en peux sortir que par un effort digne de ton courage & de ta vertu. On t'a peint tous les patriotes sous les couleurs les plus hideuses, afin que ta vénération & ton amour se changeassent en mépris souverain, en une haine implacable. Cette tactique infame n'a eu malheureusement que trop d'effet; car ton bras, qui eût dû alors foudroyer les tyrans & soustraire les républicains à la mort, est resté dans l'inaction, ou est quelquefois devenu l'instrument de la rage des contre-révolutionnaires. Ces derniers prévoyoient bien que l'aveuglement dans lequel ils te plongeoient chaque jour serviroit leurs complots liberticides. Mais ce n'est pas à toi, peuple bon, peuple confiant, qu'il faut attribuer tant de crimes; c'est à ceux qui t'ont conduit dans le précipice. Tu veux toujours le bien; & si quelquefois tu sembles vouloir le mal, c'est que tu y es entraîné par une force majeure, qui captive tes sens & te fait mouvoir à son gré. Aujourd'hui que le voile est déchiré, considère ton état actuel : rappelle-toi les évènemens qui se sont succédé les uns aux autres depuis le 9 thermidor, & rends-toi compte du bien ou du mal que t'ont fait tes gouvernans : tu remarqueras qu'au moment même où les oreilles étoient frappées des beaux mots de justice, de vertu, d'humanité, le sang des républicains couloit à grands flots dans toutes les parties de la France. Des représentans féroces, envoyés en mission dans les départemens pour contre-révolutionner les esprits, y excitoient des mouvemens, & trouvoient par ce moyen l'occasion d'anéantir tout ce qui se trouvoit dans les villes de patriotes énergiques. Ces barbares missionnaires organisoient la famine & semoient la discorde, désarmoient, destitunoient & incarcéroient les amis de la liberté, remettoient à leurs places les plus vils aristocrates, les royalistes les plus forcenés, armoient de poignards les bras des jeunes gens; bientôt le carnage & la mort se répandoient dans les villes désolées. Pour t'en convaincre, peuple trop long-temps abusé, parcours les départemens méridionaux, qui fument encore du sang des plus purs démocrates: ton ame, pénétrée d'horreur, frémira d'indignation.

Mais détournons un moment les regards de ces contrées malheureuses pour les fixer sur la ville de Paris: à quelles horreurs n'ont point été livrés depuis le 9 thermidor ses infortunés habitans, réduits à deux onces de pain! quelle vie triste & languissante ont-ils menée! que de victimes entassées les unes sur les autres descendoient alors dans les ombres du tombeau! l'épuisement, la fatigue de la misère, faisoient périr un monde immense; hommes, femmes, enfans, vieillards, tout tomboit indistinctement sous les coups de l'impitoyable mort. Le même jour éclairoit la destruction de familles entières, livrées au plus affreux désespoir, & néanmoins le mot d'humanité retentissoit tous les jours dans le sénat, témoin & complice de ces horreurs. O postérité, le croiras-tu?

Pendant cette crise affreuse, ce qui restoit encore de patriotes vertueux, recueille ses forces, expose à la représentation nationale les maux qui affligent le peuple, & réclame la jouissance de ses droits. Mais ces généreux apôtres de la liberté sont cruellement repoussés par la représentation nationale elle même; cette assemblée de tigres porte la scélératesse jusqu'au point de faire fusiller un peuple qui demande du pain & la constitution qu'il a solemnellement acceptée. Tant de sang n'assouvit pas sa rage, elle exhale sa fureur sur quelques mandataires, qui, fidèles aux principes, avoient eu le courage de plaider la cause des républicains. Oui, peuple français, ce sont tes amis que l'on a égorgés dans la personne de six courageux représentans qui, après la journée de prairial, portèrent leurs têtes sur l'échafaud, pour avoir défendu tes droits; ils vouloient ton bonheur, mais la troupe conjurée des aristocrates & des royalistes a répandu leur sang pour opérer la contre-révolution. C'est ainsi que, dans les départemens, l'on a égorgé, sous le nom de *jacobins*, de *terroristes* & de *buveurs de sang*, tous les amis de la liberté & de l'égalité. Néanmoins, ces *jacobins*, ces *terroristes*, ces *buveurs de sang*, étoient des hommes qui professoient toutes les vertus républicaines, qui inspiroient par leurs discours l'amour de la patrie, qui mettoient un frein à la cupidité des riches, qui domptoient l'orgueil des despotes, soutenoient le crédit des assignats & faisoient circuler dans toute la République une heureuse abondance. Tu le sais, peuple malheureux; tu regrettes le beau siècle d'or que tu as laissé échapper; ta misère est à son comble; tu languis dans un tel état de stupeur & d'inertie, que tu courbes sans résistance ta tête sous le joug de la tyrannie, comme si tu avois perdu le sentiment de tes forces. Tu bénis même, dans la détresse où tu es, les modiques bienfaits que tu reçois de la main qui t'opprime.

Peuple français, qu'est donc devenue ton énergie? Que le souvenir de ta dignité primitive, joint à celui des crimes de tes oppresseurs, excite ton noble courage. Prends ta massue, & purge la France des monstres qui la désolent.

Que vois-je? déja les tyrans pâlissent & te cèdent la victoire. Que tardes-tu donc à briser tes chaînes?

Sortez de vos tombeaux, ombres immortelles des généreux martyrs de la liberté (*quatre lignes rayées*), jouissez du triomphe que les républicains vous préparent. Le sang qui coule de vos honorables blessures anime leur courroux; vos mânes seront vengés d'une manière terrible, & vos vertus orneront les fastes de notre histoire. . . . . .

HUITIÈME LIASSE.

Contenant trente-cinq pièces.

Première pièce.

7 germinal. (1)

ÉGALITÉ, OU LA MORT.

Bon jour mon petit Procric. Lon vien de nous en voier un billet de garde. Pour ale au poste de Versaille. Ces encore pour venir faire une visite chez nous au reste nous nous. en fourons.

Maman a fini toute ses courses. Elle a été au fauxbourg, ils ons paru fort conten. Láfiche a ton de même affiché par les fame. Ils se copie des chanson sét étonen.

Adieu-nous ten voions tes pilules. Ton ami.

EMILE BABEUF.

Deuxième pièce.

11 germinal. (2)

MON AMI,

Lon de mende de toute par ton n°. 41. Bodsont est venus hier il nous a porté 700 liv. Ils nous a dis qu'il avé une petite prése en taille douce, ét que lui çai gravés, qu'il poures bien tirés — en ridicu le Directoire, les deux Conseil,

(1) Cette date paroît être de la main de Babœuf.
(2) *Idem*.

pour vendre au peuple, qu'il mé te ré en résumé en bas. Dis sisé ton avis.

Adieu.

Courage, nou nou porton bien.

EMILE BABEUF.

Troisième pièce.

16 germinal. (1)

Bon jour général, comment savas? Il est venu hier un citoyen pou s'abonner lui même pour les département, qui a ler det re un bon plébien. Ils faut lui envoié le 35, 36, 37, 38, 39, le 40 & 41, nous lui avont donés. Voila son adres.

Notre petit Camille va mieu.

Je menvé lalé promener aujourd'hui sur le boulevar, tu as raison, lespri publique & ècelan. Les patriotes du fauborg Hentoine sont animé tu ne sorés croire.

Ton n^os. a fait un grand effé parmi le peuple. On ri beau coup de se qui as en bas du n°., les gugeurs, &c.

Adieu général à chapau siré.

EMILE BABEUF.

Quatrième pièce.

18 germinal. (2)

Bon jour mon ami, comment te porte tu? Toulote, est venu renouvelé son a bonnement, il nous à doné 500 liv. pour son abonnêment, pour le second volume il le prendrât

---

(1) Cette date paroît être de la main de Babœuf.

(2) *Idem.*

chez la citoyenne Boudray, il ne faut pas envoié tes n^os. chez lui, parceque c'est des chouen.

J'ai été chez le citoyen Tranche-la-Chausse, qui ma donné une bouteil de régénérateur, son elesire étai randcherie, on le vend 300 liv. Ils mon demandé mon nom. Je leur édit que j'étai le fils de Gracchus-Babeuf, il na rien répondus, il a été parles à sa fame, ma doné une bouteil, je lui est donné 300 liv., elle mas remis 100 liv. en me disan come son mari te connaisai, quel me le pases à 200 l. Je ne savai se que sa voules dire, je me suis enalé san savoir si il étai aristocrate ou patriote, j'ai étai che Lerouge, il mas done son livres. Je ne croiais pas serai si peti, ils ni a qun volume, gros comme ton *cadaste perpetuel*, est sa traite 7 parti.

Juge comme il doit être moyé: je suis bien conten que tu travaille comme demont au yeux des gouvernent. Cache toi bien. Voi come les gan d'Amien, con lache. Se jan foutre d'imprimeur, qui ais otes son bonet de la liberté, de sa fénette, ils a bien mieu fair se maréchal a qui on à coupes la tête. Si nous aoion le desus. Il devrai être au Panthéon de martir de l'égalité; je suis bien conten de touché canler imposen *salut public*. Je tenvoie deux per de bas, une cravate, une chemise & un mouchoir.

EMILE BABEUF.

Cinquième pièce.

19 germinal. (1)

Je ete mon amie che le citoient Ssriscospich: je fesse que tu m'as dit; il nes se doute pas qui jetet; il mas demande des nouvelle de las citoiens Babœuf; il las pasrue sienteresses a lel alonque. Je vus qui lasves ler asses brave: je lui ete dit qui getet, il remie quatre mille farns; il les abonne a tout journal, il las menmme resus son numeros; mes il vondre

(1) Cette date paroît être de la main de Babœuf.

donne lui anvoi pas, que je lui porte chaque foi qui parreteras quelque chos, parce que il a bien de chiens dans sas mesons : je tantvois les quatre mille frans gis goiens encor mille frans cand nous an reseveres dant jé tant mauvesre ; je vas voir las citoiens Boudre ete las citoiens Chenete, tu ses que ne conne persons qui pourre lanens ferre, il faus qué jemsploi ses moiens las ; je vousdre que tu m'en fasse une autre lettre ous il nis orepas de non descues pour que je puis la montre, je ne peu pas montre sellas si tu raspelle comme elles confus, je te las tantanvoi pour tu mansfasnent : nous : nous te bessons tous de bont cent.

Sixième pièce.

15 ventôse (1), l'an 4 de la Répubiiqee.
germinal

J'ai reçu mon bon ami tes deux lettres, en même une du 16, l'autre du 17. Je vais chez Droner, lui montres ta lettres. Quent nous auron de l'argent nous seron fier, au paravan de panser à ma billet, il faut avoir des fon. Maman va chez l'étrangé. Nous veren le peut de connaisanse que nous avont pour mètre à la masse, nous avont doné des n^{os}. à la citoyenne Manrade, une douzen au cordonier, une dousenne à la citoyen Rouville, 6 à la citoyen Clozelle, 6 au faubourg, une dousene à la citoyen Girard, 6. Ils nous on paié touse le leur est pour leur ami. Le reste il lont doné à la troupe. etai touse bien conten, de manier de tous sa nous nous en avon put retiré qua peuprès 500 liv. Jaime bien quen tu dis dans ton n°. 41. néte-vous pas peuple osis. Jai ases ma bonne mamane mon petit ami Camille qui es toujours lengissent, renvoi nous la lettre de la citoyenne Girard est se petit ordonnanse du citoyen Tranche la ause.

EMILE * BABEUF.

(1) Le mot *ventôse* est rayé : il est de la même écriture que le corps de la lettre, & le mot *germinal* au-dessous paroît être de la main de Babeuf.

Septième pièce.

25 germinal, l'an 4.

Je connois bien mon ami la maniere de corigée. Insi je menves travailles mon ami nous navons pas us le petit ecri intitulé *doit-on, &c.* nous avons reçu lautre mai on ne nous en a porté que 6 douzen. Je suis bien conten de *lanalise* & de la *lettre de franc e libre à son ami la Terreur*, si tu savés comme lon ris! (*un mot rayé.*) l'esprit public se monte, sa va bien adieu nou porton bien.

EMILE BABEUF.

Huitième pièce.

30 germinal. (1)

Bonjour mon camarade, comment te porte tu? Je sui arrivé à bon port ché nous, mamant étai déja bien inquiétes. elle croiet que je devai venir le matin. elle à etai tourmentes toute la journée. Pendent que nous avion bien du plaisir. Mon peti frère se porte bien, nous avont étai promener iher nous deux nous is alon encor aujourdhui. Le citoyen Endré nouvellement abonnés, na pas reçu le nº. 42. Cazin à reçu les 15 can franc. nous tenvoion *lamis des Lois* ou illes question de toi, on dis dans se journal que tu as éte soupé à la rapé avec Richeserisi. ille faut les nous renvoies.

Adieu.

EMILE BABEUF.

---

(1) Cette date paroît être de la main de Babœuf.

Neuvième pièce.

4 floréal. (1)

Mémoire des impressions faites pour le citoyen C......

1°. Analyse, quart de feuille in-8°. cicéro 2000 ex. & 300 placards	2000 liv.
2°. Soldat . . 2000 in 8°. quart de feuille, & 400 placards	2050
3°. Le Journal.....trois quarts de feuille in-8°. 2000 de la forme & 1000 pour le carton	2975
4°. Doit-on.........12 pages idem pour le nombre	2975
5°. N°. 6. autre Journal, 12 pages, 3000 au lieu de deux, ci	3475
6°. Lettre en réponse, 12 pag. 2000 ex .	2975
Plus pour le voyage du papier, & une main de papier bleu que j'ai fourni 150 liv. ci . .	150
TOTAL	16,600 liv.
* Pour corrections & pour la nuit 600 liv. ci	600
	17,200 liv.

Je t'observe que je paye aux ouvriers la feuille *in*-8°. 1200 liv. & aux imprimeurs le mille 300 liv. : ainsi tu verras, au prix où tout est actuellement, si je fais un grand gain : pour les nuits je leur donne 150 liv. de gratification, & les jours de décade la moitié.

Reçu à compte sur ledit mémoire 6000 livres, ci	6000 liv.

Il ne me reste plus que deux rames & demie de papier, ce

(1) Cette date paroît être de la main de Babœuf.

qui n'est pas suffisant pour les deux objets qui sont à tirer; dont je te prie de me renvoyer sur-le-champ les épreuves & le nombre.

(*Tout ce qui est au-dessous de ce trait, est de la main de Babœuf.*)

Restoit 2 rames $\frac{1}{2}$
plus 3 $\frac{1}{2}$

Payé 3500 liv. en avance pour du papier, pour le n°. 43 & le 7 de l'Eclaireur.

---

6 rames
Le 7 floréal 5 rames pour le

---

n°. 7 de l'Eclaireur & le Cri du peuple français contre ses oppresseurs. } 11 rames.

Dixième pièce.

4 floréal, an 4.

CITOYEN,

Tu trouves mon mémoire un peu enflé, d'après la comparaison de celui que t'a envoyé ton autre imprimeur; je te prouverai, par mon registre de dépense seulement pour mes ouvriers, que j'ai déja payé pour tous les objets que j'ai imprimés pour toi, 18,915 liv. Ton premier imprimeur te prenoit beaucoup moins, parce qu'il faisoit faire ton ouvrage par ses enfans, des apprentifs & sa femme; mais moi qui desire en même temps de bien faire l'ouvrage, & prendre le meilleur marché possible, je vais réduire mon mémoire au plus bas; car compte que ce n'est pas tant par spéculation, que par envie de servir la cause sacrée du patriotisme; mais il faut qu'en travaillant je vive.

Salut, fraternité & amitié. LAMBERTÉ.

(*Au dos est écrit*) au citoyen C. D.

A Paris.

Onzième pièce.

Premier floréal. (1)

Tu recevras les exemplaires ; mais au moment où j'ai reçu l'épreuve, le carton étoit tiré en entier, parce que tu penses qu'il faut que ces ouvrages soient faits avec promptitude ; & l'ayant demandé toi-même, & gardant l'épreuve trop long-temps : tout cela réuni me déterminera à faire tirer sur-le-champ, attendu sur tout que c'étoit copie imprimée ; ainsi, le carton n'a pu se corriger : c'est un malheur, mais qui n'empêchera de lire ; quant aux autres corrections, elles l'ont été avec assez d'exactitude : l'impression du moins en est meilleure.

Le prix est au plus juste ; pour le tout, 2400 livres, & je t'assure que ce n'est pas extrêmement cher.

SALUT.

Douzième pièce.

Lettre de Franc-Libre. (2)

Idem. 25 germinal.

Mémoire d'impressions que j'ai faites.

SAVOIR :

Extraordinaires & chandelles pour deux ouvriers, trois cents livres, ci	300 liv.
Demi-feuille tirée à deux mille, tirage huit cents livres, ci	800
Composition, quatre cents livres, ...	400
Total . . .	1,500 liv.
Donné pour payer le 25 germinal (3) . . .	2,000 liv.
Il me reste dû	500 liv.

(1) Cette date paroît être de la main de Babœuf.

(2) Ces mots, ainsi que la date, paroissent être de la main de Babœuf.

(3) Ces deux dernières lignes paroissent être de la main de Babœuf.

Treizième pièce.

25 germinal. (1)

Livré { Il faut pour les deux mille exemplaires du placard, pour être remis en *in-8°.*, une rame.

2°. Pour la lettre de M. V. elle sera autant que le n°. 42, c'est-à-dire, douze pages & du même format; ainsi on marquera le nombre.

La rame produit 750 exemplaires. (2)

Acheté douze rames de papier le 25 germinal; donné 12,000 livres.

	12 rames
	à 950 liv.
	1,900
	950
	11,400 liv.
Reste sur . . .	12,000
	600 liv.
Acheté une bouteille de reg.	300
	300 liv.

(*Au dos est écrit.*) Pour le n°. 42 le papier étoit acheté avant les 12 mille francs.

Pour l'adresse chez Révol, *idem.*

Quatorzième pièce.

Reçu à-compte en différentes fois la somme de	5,500 liv.
D'une autre part	520
Plus	100
Total six mille cent vingt liv. .	6,120 liv.
Reste dû pour tout	7,905

(1) Cette date paroît être de la main de Babœuf.

(2) Ici est la signature *Lamberté* biffée; le surplus de la pièce paroît être de la main de Babœuf.

24 germinal.

(*Au dos est écrit.*) Pour la composition d'une forme de petit romain . . . . 1,600 liv.

Pour le carton de quatre pages	800
Pour le tirage de 3000, à pages de 600, font total	4,200 liv.

Pour la composition d'une feuille en cicero .	2,000
Pour le tirage de 5,000	3,000
Pour le remaniement de la feuille	400
Total	5,400 liv.

Pour la composition d'une forme de petit romain	1,600 liv.
Pour le carton de quatre pages	800
Pour le tirage de 3000	1,800
	4,200
Le tout fait	13,800 liv.
Plus, pour cinq mains de papier .	225
	14,025 liv.

(Les quinze, seize, dix-sept, dix-huit, dix-neuf, vingt, vingt-un, vingt-deux, vingt-trois, vingt-quatre, vingt-cinq & vingt-sixième sont minute de la main de Babœuf & copie de la soixante-unième pièce de la septième liasse.)

Vingt-septième pièce.

Nous avons reçu ta lettre du 10 juihet, 12 germinal; je suis bien contan que tu feras retouché ma tragédie. Je suis bien conten des observation que tu ma fait : je vien de resevoir les deux sent exemplaire, est ta lettre, nous alons mieux Dit ont tailieur que je ne veux pas que mon abit ne soit pas come le tien, je veux qu'il soit comme mon habit rouge; j'ai promené ier mon petit ami, je suis bien conten si tu a l'imprimerie.

EMILE BABŒUF.

Sur le verso du second feuillet est écrit de la main de Babœuf:

Armes à nos ennemis: on disoit, voyez vous? ils disent que nous voulons rétablir la royauté.

Leurs raisons. l'unis hoes n'a jamais fait de gandes choses; mais un seul: iis citent l'histoire. (*Quatre lignes rayées.*)

Vingt-huitième pièce. (1)

N°. 44 (*).

LE TRIBUN DU PEUPLE, &c.

Seconde adresse du Tribun du peuple à l'armée de l'intérieur. Le Tribun lui peint Paris bloqué & menacé d'être assiégé par elle; il examine pourquoi (une ligne & deux mots rayés) ; *il examine la raison pour laquelle toutes*

---

(1) Minute qui paroît être de la main de Babœuf.

(*) Une foule de personnes me font transmettre leur impatience de ne me voir pas remplir la grande lacune qui se trouve entre mon n°. 40 & les suivans jusqu'à celui-ci; elles observent avec justesse & vérité, que depuis lors je n'ai travaillé qu'à bâtons rompus & par cascades. N'est-ce donc plus, disent-elles, ce même *Tribun* qui soigneusement à la piste de toutes les forfaitures, n'en laissoit échapper aucune, les saisissoit au passage, &, dans leur ordre de liaison & d'enchaînement avec le grand & perpétuel complot des ennemis du peuple, présentoit par cette marche la complette histoire de notre oppression; &, dans l'impossibilité de châtier de fait & à l'instant les oppresseurs, instruisoit au moins leur procès? (*Cette note fait partie de la pièce.*)

communications sont interdites entre les assiégés & les assiégeans ; il remplit l'emploi de premier parlementaire du peuple sans-culotte auprès des soldats sans-culottes, qu'on veut opposer à ce même peuple ; il expose les motifs (deux mots rayés) ;

Et il propose les moyens d'accommodement.

Malgré le triple mur & les barrières d'airain, malgré les gibets qui séparent le peuple armé & le peuple opprimé, malgré les ordres infames qui vous interdisent toute communication avec vos frères malheureux, vos frères malheureux vous parleront : soldats, vous écouterez au moins leurs interprètes ; la voix perçante de ceux-ci, cette voix qui s'insinue par mille entrées, & qui traverse, qui franchit tous les obstacles, qui méprise, qui foule aux pieds tous les décrets de mort que fulmine l'atroce tyrannie ; cette voix énergique & sincère pénétrera jusqu'à vos oreilles, malgré les lâches glapissemens de vos chefs, subalternes valets de la tyrannie (*huit mots rayés*), qu'ils ont raison de défendre, parce que le même sort qu'à elle leur est réservé aussitôt que vous aurez triomphé & nous aussi.

(*Au dos est écrit.*) Quelle similitude & quelle différence de spectacle entre nous & le peuple romain lorsqu'il se retiroit au Mont sacré ! Il étoit alors froissé ; comme nous, affamé, dépouillé, asservi ; comme nous, sous le joug d'une poignée d'égoïstes & d'usurpateurs. Mais au moins avoit-il encore la faculté de se retirer, de se séparer d'avec ses assassins ; les centuries & les légions n'étoient point campées dans les plaines aux environs du Tibre, pour être prêtes à canonner le peuple, si, poussé à bout par la misère & tous les opprobres, il s'avisoit de manifester quelques mouvemens autour du Capitole ou du Mont-Aventin. On ne lui avoit point encore interdit, sous peine de mort, d'aller exhaler ses justes murmures au milieu de la place publique ; on auroit bien moins osé, sous la même peine de mort, interdire aux soldats enrôlés de porter la parole aux autres citoyens ; & l'on ne se fût pas risqué d'emprisonner dans le camp toute une armée de soldats romains.

Vingt-neuvième pièce.

De leur vivant ? n'est-ce plus ce même Tribun devant lequel aucune iniquité ne pouvoit se commettre sans que ses auteurs n'eussent du moins la certitude toujours compressive & redoutable, qu'elles ne tarderoient point à être publiquement relevées ? Pardonnez-moi, mes lecteurs, je vous assure que je ne ferai grace de rien à aucun de nos épouvantables scélérats ; mais dispensez-moi, pour raison, de donner, quant à présent, la totale *encyclopédie* de leurs crimes : observez que si j'ai voulu être à-la-fois historien & révolutionnaire, la dernière partie de ma tâche est la plus importante, & l'autre doit, au besoin, lui céder le pas. Souffrez donc que je me borne, jusqu'à nouvel ordre, à de courtes Philippiques sur les objets les plus saillans du cours des choses, & sur ceux dont la publicité requiert démocratiquement le plus d'urgence.

Trentième pièce.

Copie d'une lettre écrite par un légionnaire cantonné à Choisy-sur-Seine, à son père, résidant à Paris.

Choisy-sur-Seine, le 3 floréal,
l'an 4 de la République.

Je vous interromps par la présente, afin d'apprendre de vos nouvelles & vous instruire que j'ai reçu votre dernière, signée ****, où il n'y avoit rien de positif sur notre situation : je desire par la suite recevoir des nouvelles plus satisfaisantes. Nous, nous sommes toujours dans la même position : on nous lit tous les jours des proclamations (à l'ordre) qui toutes tendent à nous déshonorer. Dans une dernière, on nous gratifie du titre de mouchards, en nous engageant d'opprimer nos frères, & d'agir avec plus d'indécence que n'auroient jamais osé faire jadis les satellites du dernier tyran. Il est vrai que notre tâche est beaucoup plus compliquée que la leur ne l'étoit : car il est plus aisé de servir un maître que cinq & . . . . . . Aussi n'avons-nous tous répondu que par un silence qui devoit assez prouver à nos chefs qu'il existoit en nous plus de mépris pour eux que de bonne volonté à nous couvrir de honte. Oui, ils ont eu l'audace de nous ordonner d'arrêter tous ceux qui s'exhaleroient en justes reproches contre leurs plus cruels ennemis. Je n'ai pas besoin de vous les nommer, vous les connoissez . . . . . .

Ainsi il faut que nous agissions avec la plus grande circonspection pour propager nos principes républicains ; car on veille sur toutes nos démarches : déja un de nous a été arrêté & mis en prison ; ce qui nous a forcés à agir de prudence, n'ayant que des opprimés comme nous pour soutiens. Cependant les feuilles patriotiques circulent toujours : aujourd'hui nous en avons une que vous connoissez sans doute, intitulée : *Soldats, arrêtez vous encore*. Il faut espérer que bientôt nous pourrons hautement défendre nos droits & cette égalité si indignement méconnue par nos gouvernans . . . . . La constitution de 93, ou la mort. Telle doit être la devise de tous les vrais amis de la liberté. Adieu, à des jours plus heureux.

Pour copie conforme à Paris, ce 6 floréal l'an 4 de la République démocratique à venir.

Trente-unième pièce & trente-deuxième. (1)

CITOYENS,

Plusieurs révolutions se sont succédées depuis 89. (*quatre mots rayés*) Vraisemblablement aucune n'a eu un *but* précisément déterminé d'avance ; aucune n'a eu des directeurs exclusifs, des directeurs exactement d'accord en principes & en volonté finale, des directeurs également purs, qui se soient proposé *le maximum de la vertu, de la justice* (*une ligne & trois mots rayés*), *du bonheur de tous* (*dix lignes rayées*); aussi chacune des révolutions précédentes n'a eu que des résultats imparfaits & définitivement nuls (*un mot rayé*) (*quatre lignes rayées*), a eu des effets plus ou moins vagues, dérivant nécessairement de la marche au hasard & du défaut de point arrêté de la multitude des co-agens ; chacune a été caractérisée par une foule d'incohérences (*une ligne rayée*), produit naturel des passions, des vues & des moyens (*un mot rayé*) discordans de ces mêmes co-agens ; chacun enfin......

Vous avez été frappés d'un apperçu aussi triste, & l'amour de votre pays, le spectacle du dernier degré de calamité auquel vous l'avez vu en proie, ont inspiré à chacun de vous le dessein généreux de remédier aux maux dont vos yeux étoient affligés. Un concours heureux de circonstances (*six mots rayés*) sorties pourtant du sein des malheurs particuliers, des orages des révolutions, vous a fait vous connoître réciproquement, vous a découvert les uns aux autres, pour être également imbus des mêmes idées de bonne morale publique & du meilleur ordre possible : vous vous êtes rapprochés, & vous vous êtes communiqué mutuellement (*une ligne rayée*) le même plan (*un mot rayé*) d'association politique exclusivement juste & seule capable de procurer le bonheur général ; le même plan dont l'ame franche de chacun de vous étoit

(1) Minute qui paroît être de la main de Babeuf.

l'intéressante dépositaire. Alors vous vous êtes [illegible] C'est à nous qu'il appartient de faire aussi une révolution ; mais celle-ci devra être la dernière, puisque son résultat doit être de combler tous les desirs de chaque membre de la Nation (*quatre mots rayés*), de faire à tous un sort qui ne laisse rien à envier à personne (*une ligne & un mot rayés.*)

Vous avez aussi réuni les avantages 1°. de marquer d'avance un *point unique* ou (*deux mots rayés*) sans partage, sans restriction, sans nuances, sans modifications, vous tous (*un mot rayé*) ; 2°. & d'être circonscrits dans un cercle étroit d'hommes vertueux, isolés de tout ce qui pourroit opposer des vues divergentes & contradictoires, de tout ce qui seroit incapable de se confondre dans le sentiment uni & parfait de *l'apogée du bien.*

Ce sont là des bases favorables, précieuses, essentielles ; mais que de matériaux subséquens il faut pour asseoir sur elles le grand édifice que nous nous proposons d'élever !

Qu'il est sublime le projet que vous avez conçu ! quel beau spectacle que le tableau seul que l'imagination s'en forme ! Certes, jamais aussi belle entreprise n'occupa des hommes ; qu'il seroit glorieux de la faire réussir !

Vous êtes peut-être déja trop avancés dans la carrière pour ne pas voir que la seule alternative qui nous reste est d'y périr ou de vaincre. Eh ! cette alternative n'est pas seulement celle des amis de *l'égalité pure*, elle est tout aussi inévitablement celle des (*trois mots rayés*) simples patriotes. Autant donc vaut-il l'être en mesure pleine & comblée ; autant vaut-il vendre au plus haut prix son existence, & acquérir même, dans le cas d'insuccès, des droits (*trois mots rayés*) au souvenir (*deux mots rayés*) reconnoissant & honorable des races futures.

Enchantés de l'image de cette grande & belle (*un mot rayé*) révolution projetée par vous, nous l'avons tous crue possible & peut être facile à opérer, sans qu'il me semble qu'aucun de nous ait encore sérieusement combiné les vastes moyens d'exécution (*trois mots rayés*), prévu les obstacles (*un mot rayé*) successifs, les nombreuses difficultés qui (*six mots rayés*) peuvent se rencontrer sur la route. J'ai voulu mesurer ce grand ensemble : je vous donnerai mes vues à cet égard, en réponse à ce que vous avez demandé qu'on examinât isolément la question de savoir (*trois mots rayés*) (*deux lignes & quatre mots rayés.*) *Dans l'hypothèse où l'on parviendroit à renverser l'autorité qui existe, quelle seroit celle qu'on lui substitueroit pour parvenir à établir le systême social ?*

Cette question ne m'a point paru simple : elle me semble liée, enchaînée à tout ce qui doit précéder, accompagner & suivre le mouvement révolutionnaire. J'avoue que je n'ai pu la traiter séparément : je vous présenterai donc mes idées sur le tout, & je passe de suite au coup-d'œil sur la première époque, c'est-à-dire sur la manière dont je conçois TOUT CE QUI DOIT PRÉCÉDER LE MOUVEMENT.

Vous êtes déja en mesure sur cette partie : pour savoir si vous y êtes bien, si votre organisation est passablement combinée, si les circonstances dans lesquelles vous ouvrez une telle entreprise présentent quelques avantages, il me paroît encore que nous devons porter un peu nos souvenirs en arrière, comparer notre position insurrectionnelle avec celle des insurrecteurs de nos précédentes révolutions, voir ce qu'ils (*deux mots rayés*) avoient en leur faveur, & ce que nous n'avons plus ; voir aussi ce que nous avons & qu'ils n'avoient pas.

Les causes de la révolution de 89 ne sont peut-être pas telles que bien des écrivains l'on voulu peindre. La bonne foi clairvoyante reconnoîtra (*trois mots rayés*) & pourra avouer que l'orgueil national qui nous a fait vanter que (*un mot rayé*) les (*quatre mots rayés*) vertus des Français furent ce qui présida à cette première crise. Je ne l'attribue ni aux (*trois mots rayés*) dilapidations ni au libertinage de la cour, aux désordres dans les finances, aux impôts (*un mot rayé*) ruineux (*deux mots rayés*), aux lumières philosophiques & aux sentimens de justice (*trois ou quatre mots rayés*)

& du patriotisme inné qu'on a prétendu qui enflammoit un grand nombre d'hommes. Au fond le royaume de France étoit bien mal gouverné, mais il ne l'étoit pas plus mal que beaucoup d'autres. Le peuple y étoit bien malheureux, mais il ne l'étoit pas plus qu'ailleurs en Europe; &, comme par-tout, abruti sous le poids de ses chaines, il n'eût jamais dû lui-même les briser. Il y avoit des lumières, mais le plus grand nombre de ceux qui s'en trouvèrent investis n'étoient pas ceux qui avoient des vertus & l'amour de leurs semblables en proportion. On venoit de voir la révolution de l'Amérique septentrionale & les mouvemens de Hollande & du Brabant : l'esprit de nouveauté, d'imitation, si naturel chez les Français, les porta à vouloir faire ce qui attiroit les éloges de la renommée à des peuples que nous n'estimions pas valoir mieux que nous; les ambitieux de tous étages entrevoyoient des moyens de fortune & de gloriole dans un grand changement. Voilà, j'imagine, les vraies causes qui déterminèrent (*trois mots rayés*) la révolution du 14 juillet (*deux mots rayés*); tous les secondèrent. Elle trouva, sauf bien peu d'exceptions, la nation entière à son service (*deux mots rayés*) : mais je ne lui fais pas plus d'honneur que de dire que les uns y donnèrent les mains par spéculation; les autres, comme je l'ai dit, par (*trois mots rayés*) amour de la nouveauté & par esprit d'imitation, de manie & de mode; les autres encore par un entraînement machinal & pour eux inévitable: très-peu s'y lancèrent par vertu.

Cependant quelques hommes vraiment justes se rencontrèrent dans la foule, & voulurent profiter des circonstances au profit de la classe nombreuse & opprimée. C'est alors que s'engagèrent (*deux mots rayés*) toutes les luttes d'intérêt entre divers partis & celui du peuple.

Force de la vérité & des principes l'emporta; mais l'on se sépara en plusieurs bandes, il n'y eut plus un même esprit.

Cependant au 10 août on triompha encore. Esprit de cette révolution : quel en étoit le véhicule? Les hommes différens du 14 juillet, & n'étant plus comme au 14 juillet...... !

l

Trente-troisième pièce. (1)

N°. 44.

LE TRIBUN DU PEUPLE, &c.

Aux Soldats & au Peuple.

L'agitation qui nous possède,
J'ai cherché & j'en démêle aisément la cause.

Quelle est la situation d'ame de chacun de vous, ô mes frères! Je le devine assez. Vos regards inquiets, vos mouvemens d'impatience, tout (*un mot rayé*) m'explique (*sept mots rayés.*)

Vous êtes alarmés, vous devez l'être; notre silence depuis quelques jours, notre inertie apparente sous tous les rapports, ont dû vous jeter dans une perplexité profonde.

Trente-quatrième & trente-cinquième pièces. (2)

Tuer les Cinq (*ces mots sont rayés, mais très-lisibles*):
Les sept ministres,
Le général de l'intérieur & son état-major,
Le commandant temporaire & son état-major;
S'emparer des salles des Anciens & des Cinq-Cents,
Faire main-basse sur tout ce qui s'y rendroit;
S'emparer des barrières, & ne laisser sortir qui que ce soit sans des ordres formels & précis.

S'emparer du télégraphe du Louvre & de celui de Montmartre; se rendre maîtres de la rivière.

Il est essentiel que l'on ait Meudon & l'artillerie qui s'y trouve au nombre de 80 pièces de 8 & de 4,

---

(1) Minute qui paroît être de la main de Babœuf.
(2) Constatées être de l'écriture de Darthé.

La poudrerie de Grenelle,

Les dix-huit pièces qui sont dans le jardin des Feuillans,

Les fusils aux Feuillans & sous la salle des Cinq-Cents.

L'arsenal n'est point à négliger.

La trésorerie nationale : s'assurer de la personne des administrateurs & employés.

La communication entre tous les quartiers est capitale ; en conséquence les ponts seront assurés aux insurgés.

Les charrois deviennent absolument nécessaires pour faire circuler abondamment des vivres & des provisions de bouche dans tous les quartiers.

Les tyrans abattus, une chose de la plus haute importance c'est d'empêcher l'entrée dans Paris d'aucun corps de troupes : nos frères les braves défenseurs de la patrie seront invités, par une proclamation & par des commissaires choisis parmi la classe du peuple & parmi les braves qui auront contribué aux premiers succès, à se rendre individuellement, & sans aucune direction d'aucun chef, au milieu de leurs amis. Les cavaliers, hussards, dragons, chasseurs, qui viendront se ranger sous les drapeaux du peuple, pourront disposer en leur faveur de leurs chevaux, habillement, armes & équipement. Les soldats des autres armes auront pour eux leurs habillemens, équipemens & armes ; ils seront en outre indemnisés dans la même proportion que les cavaliers, &c.

Tous & chacun des braves qui auront contribué à renverser la tyrannie, seront logés, hébergés & nourris chez les citoyens, ainsi qu'en 1789.

Il sera incessamment pourvu à une paye digne d'un grand peuple qui punit les rois & les tyrans.

(*Trois mots rayés.*)

(*Deux mots rayés.*)

Il sera organisé incontinent de petites armées révolutionnaires qui seront chargées de protéger l'approvisionnement de Paris ; elles seront composées de deux tiers de (*deux mots rayés*) troupes de ligne & d'un tiers de troupes sédentaires.

Il est bon d'observer qu'aussitôt que les tyrans seront abattus par la conjuration, il faut opérer à l'instant l'insurrection du peuple, qui doit être générale, absolument générale; il sera répandu des écrits propres à colérer le peuple : les agens seront en outre chargés de le pousser à se venger lui-même de tous ses ennemis qui se sont parfaitement fait connoître.

L'autorité insurrectionnelle devra prononcer au nom du peuple, ou plutôt le peuple lui-même prononcera la dissolution de toute espèce quelconque d'autorités soit civiles, soit militaires : en conséquence, tout homme qui se diroit ou se prétendroit revêtu d'autre autorité que celle que le peuple donnera, & qui voudroit agir en conséquence, sera déclaré ennemi du peuple, & mis à l'instant à mort. (*Trois mots rayés.*)

Il est infiniment essentiel, & il est même capital que quelques actes semblables aient lieu; il faut aussi que, l'épée tirée, le fourreau soit jeté au loin; il faut prévenir toute réflexion de la part du peuple; il faut d'abord qu'ils fassent des actes qui l'empêchent de rétrograder.

Si quelques royalistes vouloient faire résistance, qu'une colonne armée de torches ardentes se porte à l'instant sur le point qu'ils auroient choisi, qu'ils soient sommés de rendre les armes, ou qu'à l'instant les flammes vengent & la liberté & la souveraineté du peuple.

Que tous les étrangers, de quelque nation qu'ils soient, se rendent à l'instant en arrestation, provisoirement, au chef-lieu de leurs sections respectives, sous peine d'être mis à mort à l'instant, par-tout où ils seront trouvés.

Seront également mis à mort à l'instant, tous individus qui seront armés contre le peuple. La dépouille des ennemis du peuple appartiendra aux vainqueurs.

Le peuple sera à l'instant, & pendant l'insurrection même, mis en possession de logemens sains & commodes. Assez long-temps on lui a fait de fallacieuses promesses.

Cette

Cette opération sera organisée par des commissaires pris dans son sein, & qui auront toute sa confiance.

Il faut, du premier moment de triomphe, expédier des hommes sûrs & intelligens pour les divers points de la France qui sont les plus essentiels, & qui renferment le plus de germes d'insurrection, tels qu'Arras, Bethune, Saint-Omer, Valenciennes, Cambrai, Toulon, Marseille, Avignon, Toulouse, Grenoble, Valence, Dijon, Autun, Châlons sur Marne, Montpellier, Metz, &c., &c., &c. Il faut y faire mettre le peuple en insurrection, & répéter à-peu-près la scène.

Il faut envoyer à Salicetti des pouvoirs pour faire arrêter les généraux traîtres à l'armée d'Italie, & purger cette armée.

Il faut envoyer auprès de Jourdan un homme intelligent & brave; communiquer à Jourdan le pouvoir de faire arrêter les mauvais officiers.

Deluat. Brutus-Maguet. L'adjudant-général Muler.	Armée de l'Ouest, faire arrêter Hoche.

Les armes aux Invalides.

Les armuriers, fourbisseurs, livreront les armes qu'ils pourront avoir chez eux, de quelque espèce que ce soit; ils seront, après l'insurrection, payés sur leurs propres déclarations : il en sera de même pour tous les marchands de poudre à tirer, balles, &c.

Les boulangers de toutes les sections seront sommés de rester chez eux, & d'y fabriquer du pain avec tout ce qu'ils auront de farines : ceux qui violeroient cet ordre, seront, à l'instant, accrochés à la lanterne la plus voisine de leur domicile.

Ils seront également payés sur leurs déclarations.

Tout citoyen, quel qu'il soit, ce qui est de la plus haute importance, sera aussi sommé d'apporter chez le boulanger le plus (*un mot rayé*) voisin de sa maison, tout ce qu'il pourroit avoir de provisions en farine, de quelque nature, que ce ſoit, & de faire auſſi, à l'inſtant, la déclaration des proviſions en bled (*deux mots rayés*), riz, ou de légumes ſecs, qu'ils pourroient avoir chez eux; il ſera payé ſur les bons des boulangers.

Ceux qui ne ſe conformeroient point à cet ordre à l'inſtant même, ſeront mis à mort, quand ils en ſeront convaincus par les viſites très-rigidement domiciliaires qui ſeront faites pendant l'inſurrection & auſſitôt que la choſe ſera poſſible.

Les marchands de vins & eaux-de-vie ſeront aſſujettis au même ordre que ci-deſſus.

Je penſe qu'il eſt politiquement eſſentiel de promettre & de déclarer même ſolemnellement que tous & chacun des défenſeurs de la patrie qui auront contribué à renverſer la tyrannie, ſeront libres de s'en retourner chez eux; ils ſeront obligés, pour obtenir ce congé, d'être munis d'atteſtations qui conſtateront qu'il n'ont pas trahi leur ſerment : *d'anéantir tous les tyrans*. Il ſera poſſible, par les grands avantages qu'on fera aux volontaires qui marcheront contre les ennemis extérieurs, & l'enthouſiaſme de l'égalité & de la liberté qu'on va faire renaître & qu'on portera au dernier degré; il ſera poſſible, dis-je, de ne pas perdre un ſeul défenſeur.

J'avois oublié de dire qu'il ſera fixé un prix pour chaque objet d'équipement, armement, &c. qui ſeront acquis à chaque défenſeur; ainſi un cheval pourroit être payé 800 liv. & 400 liv. pour ſon équipement, un fuſil ou carabine 50 liv., la paire de piſtolets 50 liv., &c. &c.; ils ſeront payés à l'inſtant qu'ils ſe préſenteront après l'inſurrection; il ſera à cet effet établi des bureaux.

(*un mot rayé*.) Les artilleurs qui viendront ſe ranger ſous les drapeaux du peuple avec leurs pièces auront auſſi le prix.

Menou au Boulevard (*deux mots rayés*) Montmartre, n°. 20 ou 39.

NEUVIÈME LIASSE,

INTITULÉE

HABITANS DES DÉPARTEMENS, SÉJOURNANT A PARIS;

Contenant une seule pièce. (1)

ÉGALITÉ. LIBERTÉ.

BONHEUR COMMUN.

Paris, germinal, l'an 4 de la République.

LE D. DE S. P.,

A B. (2), *de Lyon.*

La pièce ci-jointe t'instruira de l'existence & des dispositions d'un établissement qui doit mettre fin à la longue & atroce guerre du crime contre la vertu. Les mêmes instructions contenues dans cette pièce pour les agens des arrondissemens de Paris te serviront comme agent-directeur de l'esprit des patriotes lyonnais fugitifs résidant à Paris. S'il en est qui ne soient point logés & qui soient sans moyens d'existence, ou si tu en connois que les persécutions toujours subsistantes dans la ville qui t'a vu naître, puissent déterminer à venir à Paris, attire-les & donne-nous avis de leur nombre. Nous les ferons loger & héberger fraternellement jusqu'à l'arrivée *du grand jour du peuple.* Un agent intermédiaire va être établi entre toi & nous pour entretenir désormais notre correspondance.

Fermeté, audace, discrétion.

(1) Minute qui paroît être de la main de Babœuf.

(2) C'est la lettre initiale du nom *Bertrand*, lequel a été fusillé pour l'affaire du camp de Grenelle.

DIXIÈME LIASSE,

INTITULÉE

Douzième arrondissement.

PANTHÉON, FINISTÈRE, JARDIN DES PLANTES; OBSERVATOIRE; (1)

Contenant trente pièces.

Première pièce.

L'agent du douzième arrondissement.

Cé 20 floréal, an 4.

Guidons, couronnes & courage, tout est prêt.

Deuxième pièce.

LIBERTÉ. ÉGALITÉ

BONHEUR COMMUN.

L'agent du douzième arrondissement.

Ce 19 floréal, l'an quatrième de la République.

L'esprit public est dans un degré des plus satisfaisans, les soldats à collets rouges frayent beaucoup avec les citoyens & citoyennes, & leur esprit est très-bon.

La troupe qui est à la caserne de la porte Marceau a une pièce de canon & deux caissons, & nous espérons qu'à l'aide de bons sans-culottes il sera très-facile de s'en emparer: d'ailleurs l'esprit de cette troupe n'est pas méchant non plus.

---

(1) Ce titre paroît être de la main de Babœuf.

Il m'a été assuré aujourd'hui que les sept personnes qui ont été assassinées à Vitry, il y a dix jours, ne l'ont été que par l'ordre du gouvernement; que le motif est que le Dauphin n'étoit pas mort (*une ligne effacée*), & qu'il n'y avoit de témoin de son enlèvement furtif du Temple, ainsi que du lieu où il est déposé, que ces personnes-là, ainsi que Dussault, chirurgien de l'Hôtel-Dieu, qui a été empoisonné par le même ordre; que l'on y avoit laissé un sabre & un collet blanc, pour en accuser la légion.

Un de nos amis a déjeûné hier avec un nommé Lane, officier de l'état-major de Paris; que ce Lane s'est vanté d'avoir donné l'ordre à tous les adjudans de sections, s'il arrivoit un mouvement du peuple, de ne laisser qu'une quinzaine de fusils dans chaque corps-de-garde, & de distribuer les autres à tous ceux qui sont reconnus pour être amis du gouvernement, en faisant bien attention de n'en donner aucun à ceux qui avoient été incarcérés depuis le 9 thermidor (*trois mots effacés*) ainsi qu'à ceux qui avoient été se joindre au bataillon sacré, le 13 vendémiaire.

Courage, persévérance.

Troisième pièce.

19 floréal. (1)

LIBERTÉ. ÉGALITÉ.

BONHEUR COMMUN.

L'agent du douzième arrondissement, &c.

19 floréal, an 4.

Je sai par un proposé de la police que le bureau central a donné ordre hier, de surveiller les caffés, Boudray & Chrétien, ceux de la rue Thomas & de la porte Honoré, enfin tous les caffés patriotes, mais d'une manière des plus

(1) Cette date paroît être de la main de Babœuf.

ſtrique de tacher même s'il étoit poſſible de corrompre des teroriſtes, ou au moins d'apoſer dans chacun de ſes caffés des hommes, qui ſachent en jouer le role, ceſt le citoyen Michaut, ex aide de camp d'Henriot, qui y eſt attaché, qui me l'a dit.

Le même bureau central a reçu le pouvoir de lancer des mandats d'arret.

Ceſt le commiſſaire de police de l'Obſervatoire qui m'en eſt venu prevenir.

M. le vicomte de Baras vien de faire partir ſa batterie de cuiſine ſon argenterie enfin tous ſon neccefaire depuis quelque jour pour la campagne il ſetrouve à Paris pour les audiences & conſeil & repart ſur lechamp chaque fois coucher.

L'on le croit dans les environs de Paris.

Les patriotes ſont prêt de m'échaper je ne ſai plus de quelle manière les encourager à la patience, ils ſont l'on ne peut pas plus couroncés de ce que lon a pas ſaiſi l'inſtant de la fraternité qui a eu lieu avant hier: les legionnaires reſté, nous acuſe de thraiſon ou de lacheté; je vous jure que ſi cela paſſe un cou t delai je ſerai abandonné: Voila deux jours que pluſieurs ouvriers ne ſont rien ils ſont feu des quatre pied jen nai nombre qui maſaille pour ſubſiſter, enfin mon etat eſt des plus penible. Pluſieur citoyens ont fait venir de leur amis des environs de Paris, il m'en temoignent toutes l'amertumes de leurs mécontemens il me lapideront bientôt: l'opinion n'eſt plus la même quelle etoit lui à 4 a 5 jours, les Royaliſtes la corompe ainſi que les emiſſaire du gouvernement.

Cependant je ne dis pas qu'il faut rien diminuer de notre energie ni perdre courage mais ceſt que chaque delai nous ſont prejudicial.

Voici deux jours aſſez propre à échauffer les têtes particulierement aujourd'hui; car dans nos cartiers le dimanche prevaut de beaucoup la decade ou tous les ouvriers travail (*deux lignes effacées*) Salut en democratie, courage & perſeverence.

Quatrième pièce.

LIBERTÉ ÉGALITÉ

BONHEUR COMMUN.

L'agent du douzième arrondissement.

Ce 17 floréal, an 4 de la République.

Le nombre des fusils de mon arrondissement, est des plus petit, mais si petit, qu'il ni en a pas trente, & fort peu de carthouches, cest adire entre les mains, des patriotes.

Les adjudants des sections, ont tous des munitions, à leur disposition, & l'on croit même, des armes mais ils sont tous Chouant, & l'on ne peut nullement ce fier a eux.

A l'égard de nos couronnes c'est la plus simple de nos opérations, pour ce que chaque citoyenne en soit munie en une demi-heure (*un mot effacé*); & voilà comme j'ai organisé cette partie. J'ai plusieurs citoyennes qui auront chacune une douzaine de couronnes; & lorsque le tocsin se fera entendre, elles sortiront, & les distribueront aux autres citoyennes, avec la consigne qu'elles diront à chaque citoyen & à chaque militaire, soit seul ou en corps. (*un mot effacé.*)

Ces couronnes sont pour ceindre *les fronts vainqueurs de la tyrannie.* Lorsqu'elles en manqueront à coup sûr, n'en n'ayant pas pour tous, les autres en voudront aussi; pour lors elles entreront dans tous les jardins, se muniront de branchages pour en former, & une demi-heure après elles en seront toutes munies.

L'impatience des patriotes est toujours la même; l'ombrage, la méfiance, s'emparent d'eux; il y en a qui vont jusqu'à l'outrage à mon égard, même des patriotes purs (*un mot effacé.*)

Cependant l'esprit public est toujours très-bon, c'est l'excès du zèle; mais il faut du poumon d'acier pour y résister, & de trop longs délais seroient préjudicians.

Il s'élève des petits nuages royaux, c'est-à-dire des petite société de ses messieur de vendemiaire, qu'un lap de temp feroit craindre l'acroissement, jen ai deux dans mon arondissement, l'une rue Jacque, & l'autre rue Jean-de-Beauvais, mais ses athômes sont trop petit pour nous faire craindre.

Du courage, de la perseverance, & nous voyons déja la terre promise, nous mangerons de ses fruits avant peu.

Cinquième pièce.

17 floréal. (1)

Le commissaire de police de la section de l'Observatoire, qui est imprimeur de son état, peut, s'il en est besoin, fournir un imprimeur, dont il répond de la moralité, & dont le civisme n'est point suspect, ce qui est assez rare dans cet état; il a deux presses dont il disposera, & les caractères nécessaires pour le triomphe *de l'égalité* & du *bonheur commun*: mais il n'est point avancé & a éprouvé des malheurs.

Le même a sondé le citoyen Barthelemy, dont il est fait mention dans la première note, & il peut assurer qu'il est dans les meilleures dispositions; qu'il est également fécond en ressources & propre à l'exécution.

Il donne encore avis que le citoyen Ruelle, astronome de l'Observatoire, son collègue au comité révolutionnaire, aussi incarcéré pendant quatorze mois, avec beaucoup de talens & d'énergie, propre à l'exécution, sans place depuis sa sortie, est dans le cas de rendre les plus grands services; il demeure rue du Bacq, vis-à-vis la rue de Babylone, hôtel Mayenne, section du Bonnet rouge. Un autre de ses collegues, nommé Lallemant, aussi incarcéré & sorti avec lui, & également propre à l'exécution; il demeure rue de

---

(1) Cette date paroît être de la main de Babœuf.

la Tixeranderie, vis-à-vis le cul-de-sac Saint-Pharon, section de la Fidélité.

Il lui reste à présent à dénoncer tous les individus qui dans tous les temps furent les suppôts du royalisme; les plus déhontés coquins que l'on puisse imaginer trouver sous la voûte du ciel, & tous contre-révolutionnaires.

D'abord tout le comité civil, un seul excepté, le nommé Lucotte, homme sans caractère; probe, mais sans défense; voulant le bien, mais ne pouvant le faire ave de tels êtres.

Patris, intrigant fameux, instituteur sur l'Estrapade; il joua tous les rôles; son nom seul est un opprobre. Il a loué le ci-devant couvent des filles Sainte-Marie, rue Jacques, où il a son imprimerie.

Collette jeune, homme de loi, & marguillier, électeur de 95, parfaitement l'homme du jour. On n'en peut dire plus. Rue Jacques n° 240. Son frere aîné & sa famille sont tous fanatiques.

Surez, ex-commandant du bataillon de la section, un des grands réacteurs de la section au 9 thermidor. Fayettiste, fédéraliste & contre-révolutionnaire, qui fut prêter serment à la commune, embrassa Henriot, lui promit secours & assistance, & fut rétracter son serment, dénoncer la commune & Henriot dans la nuit, à la barre de la Convention. C'est, je crois, en dire assez. Rue Jacques n° 82.

Chemin, son adjudant, encore en place en ce moment, & dans le même grade; les mêmes qualités, &c. &c. demeurant rue Jacques n°. 215, au-dessus du corps-de-garde.

Audebert, jardinier-fleuriste, chef de la brigade; mêmes qualités, rue & fauxbourg Jacques, vis-à-vis de l'Observatoire.

Horaist, marchand boucher, riche, mêmes qualités que les autres, pour ne pas dire plus: rue Jacques, à la Herse.

Legoy fils, secrétaire-greffier de la section & de l'ex-commissaire de police Spycker, il est tout, & avec cela le persécuteur de tous les patriotes, en germinal & prairial, vendémiairiste outré, demeurant chez son pere, rue Jacques vis-à-vis l'Egoût.

Spycket, ex-commissaire de police, à présent l'un des quatre inspecteurs pour les vols & assassinats, royaliste, fayettiste, fédéraliste, réacteur du 9 thermidor, l'un des persécuteurs le plus acharné des patriotes en germinal & prairial, & le vil agent des comités de gouvernement à cette époque, ainsi que Legoy, ci-dessus nommé, son secrétaire, & Duchesne son commis, étoient ses satellites, le vendémiariste le plus outré, qui vouloit ainsi qu'eux qu'on exterminât la Convention. Que l'on ne s'imagine pas que ce soit vengeance particulière : je consens à passer pour le plus lâche calomniateur, si tout ce que j'avance n'est pas de la plus exacte vérité, & dont on peut administrer la preuve. (*Au dos est écrit.*) Le citoyen Goulart, commissaire de police de l'Observatoire, qui m'a remis cette note, brûle de se mesurer avec la tyrannie; il est d'un zèle incroyable.

Sixième pièce.

LIBERTÉ. ÉGALITÉ.

BONHEUR COMMUN.

11 floréal. (1)

L'agent du douzième arrondissement.

Ce 11 floréal, l'an 4 de la République.

Le sang des républicains bout dans leurs veines; tous sont pénétrés d'indignation contre nos indignes législateurs : chacun aspire le moment de sauver son pays; les femmes pétillent & commencent à vouloir s'en mêler. Voilà l'opinion du jour.

J'ai les bras liés pour la confection des guidons, faute de fonds.

Salut en démocratie.

---

(1) Cette date paroît être de la main de Babeuf.

Septième pièce.

Douzième arrondissement.

10 floréal. (1)

Goulart, électeur de 1792, ex-membre du comité révolutionnaire de la section de l'Observatoire; quatorze mois d'incarcération; commissaire de police de la section: quelques talens, *de la probité*, du patriotisme, & quelque courage.

(Goulart a écrit cette note lui-même, & c'est sa modestie qui l'a fait si peu s'étendre sur ses talens; mais il en est rempli: vous pouvez disposer de lui & de Lefebvre pour toutes fonctions, hors le militaire.) (2)

Lefebvre, électeur pur de 1791, municipal nommé par l'assemblée générale, le 9 août 1792, à son poste, à onze heures, à la commune; on doit savoir la conduite qu'il a tenue: électeur de 1792, ex-membre du comité révolutionnaire, quatorze mois d'incarcération, municipal du douzième arrondissement, d'une grande probité, de la fermeté, grand penseur, très-réfléchi, prudent, & d'un civisme à toute épreuve.

Dumourier, bon, très-bon, mais convalescent, suite d'une maladie des plus graves.

Ducasse, officier de santé, l'ami des pauvres & des indigens; du plus pur civisme, beaucoup de talens, de la fermeté & du courage.

Plusieurs autres, mais craintifs, ne connoissant pas les prisons, & n'attendant que le moment pour se déclarer.

Il existe sur la section de l'Observatoire dix à douze petits mortiers de deux livres de balles, portant à deux cents toises, pour ne pas dire plus; quelque peu de poudre & des

(1) Cette date paroît être de la main de Babœuf.

(2) Ce qui est en parenthèse est une note reconnue par Monroy.

moyens prompts pour en fabriquer plusieurs milliers, & les matières premières ne manquent pas. On pense que le possesseur, victime de la réaction, s'y prêtera volontiers.

Il existe au ci-devant comité civil des fusils sous la garde de l'adjudant, qui est un chouan.

Il y a des vivres disséminés chez beaucoup de particuliers.

Huitième pièce.

10 floréal. (1)

Douzième arrondissement.

LIBERTÉ. ÉGALITÉ.

BONHEUR COMMUN.

L'agent du douzième arrondissement.

10 floréal, l'an 4 de la République.

Les légionnaires de cet arrondissement ont tous été licenciés hier & remplacés par d'autres volontaires. La colère, le désespoir existent dans leurs ames, ainsi que le dévouement à la cause du peuple; l'on est sûr de tous ces militaires.

Je vous ai précédemment envoyé la liste des hommes énergiques & des scélérats des sections du Finistère & des Plantes, avec partie de celle du Panthéon. Attachez-vous à leurs moyens intellectuels; distinguez-y les citoyens *Dardet* & *Naudon*, hommes précieux & rares pour les talens & les vertus républicaines & démocratiques. Assignez telles fonctions que vous jugerez convenables, excepté la partie militaire. Voilà une petite note de l'Observatoire sur ce que vous me demandez. A l'égard des subsistances, comme je vous l'ai déja dit, tous les tanneurs & les marchands de bois de l'arrondissement en sont munis, les uns moins, les autres plus:

(1) Cette date paroît être de la main de Babœuf.

dans un moment insurrectionnel, une visite domiciliaire les découvrira. Nous avons un bon nombre de canonniers très-patriotes & énergiques, sur lesquels l'on peut compter, dont beaucoup attendent la réaction avec impatience, mais cependant qu'il est de la plus grande prudence de ne pas prévenir, crainte d'incirconspection. Et comme je vous ai déja noté, dans mes précédens rapports, que la persécution avoit obligé les hommes les plus capables de marcher à la tête du peuple, à déménager de cet arrondissement, c'est ce qui fait que nous manquons d'un *(un mot rayé)* chef pour la force armée: nous trouvons bien des secondaires; mais c'est cet homme premier qui nous manque.

Je m'occupe des guidons; mais je ne puis continuer, faute de moyens pécuniaires, & je suis entravé dans ma marche révolutionnaire, ne pouvant pas occuper les sans-culottes qui me sont absolument nécessaires, faute de pouvoir aider à leur subsistance.

Je vous invite, s'il est possible, de me faire passer des fonds, desquels je tiendrai registre & vous fournirai mémoire (cela est pressant.) Salut en démocratie. Courage, persévérance; nous sauverons la patrie.

Neuvième pièce.

LIBERTÉ. ÉGALITÉ.

BONHEUR COMMUN.

L'agent du douzième arrondissement.

Ce 8 floréal, l'an 4 de la République.

L'esprit public de mon arrondissement est toujours l'on ne peut plus satisfaisant. Une réunion particulière vient de s'y former d'avant-hier; car lorsque ces petites réunions passent une douzaine d'habitués, du surplus l'on en forme une nouvelle, & il y en a quantité de cette espèce. Le vin avoit été supprimé aux soldats du camp de Grenelle ; les murmures augmentoient beaucoup parmi eux ; mais hier ils ont été payés en mandats, & on leur a distribué du vin à plein bidon (*un mot rayé.*) Ces largesses sont hors de saison : l'esprit de haine contre nos gouvernans a pris racine dans ce camp ; & l'on a beau faire, ils savent qu'ils font partie intégrante du peuple. Les ouvriers employés aux magasins des subsistances pour la troupe gagnoient 100 liv. par jour en assignats, & viennent d'etre fixes à quarante sols en mandats. Ils ont fait une pétition au Directoire, dans laquelle ils ont représenté qu'à 30 capitaux pour un, cela devoit faire 3 liv. 6 s. quelques deniers. Le mulet panaché d'atelage, avant hier, leur a répondu : Mes chers enfans (*un mot effacé*), il faut faire des sacrifices pour cette bonne mère la République, qui a toujours eu soin de vous jusqu'à présent, qui est dans ce moment dans le plus grand détroit, & qui ne peut pas faire plus. Quelle plate réponse pour un souverain ! Les groupes étoient hier au bout des ponts, l'on ne peut pas plus nombreux : citoyens, légionnaires, militaires du Camp, dragons du Directoire, tous y étoient confondus. La conversation ne rouloit que sur les mandats & sur la scélératesse des gouvernans qui les déprécient eux-mêmes, & l'impossibilité d'accréditer ce papier. Le décret concernant les députés fait grand bruit ; chacun crie : Qu'ils sont foibles ! qu'ils sont petits ! Dans plusieurs casernes l'on a voulu faire partir des légionnaires ; & la réponse qu'ils ont faite à leurs officiers étoit : *Merde.* Il en a déserté encore plusieurs hier, qui retournent dans leurs foyers ; courage, persévérance.

Dixième pièce.

LIBERTÉ. ÉGALITÉ.

BONHEUR COMMUN.

L'agent du douzième arrondissement.

Le 7 floréal l'an 4 de la République.

Le licenciement de la légion fait beaucoup de bien à la cause du peuple : l'on voit des légionnaires eux-mêmes former l'esprit public : la majeure partie de cette troupe jure qu'elle ne partira pas, & l'autre déserte le sac sur le dos, mais sans armes : il y en a toujours d'hier une vingtaine à ma connoissance que j'ai vu partir ; d'autre veulent refuser le service ; enfin il paroît constant que nos tyrans ne peuvent nullement compter sur le secours de ce corps : l'on dit que cette désertion se généralise dans tous les quartiers de cette ville. Il y a eu des groupes hier au bas de la montagne Geneviève près la place Maubert, dont l'esprit étoit des meilleurs : il rouloit uniquement sur le discrédit des mandats fait par le gouvernement lui-même ; nous avons le plaisir de voir chaque jour des déserteurs de la cause publique, par égarement & faute d'être instruits, venir nous voir, nous reconnoître pour leurs amis, & nous inviter de les éclairer, & même des hommes (*trois mots effacés*) qui, quoique sans moyens, en ameneront beaucoup d'autres ; car les gens établis ne sont pas les mieux instruits dans nos quartiers, mais la multitude les suit. Il y a nombre de petits tanneurs qui crient ouvertement contre les gros qui les écrasent : ceci ne contribuera pas peu à la chose publique ; c'est-à-dire, à leur faire des prosélytes, c'est-à-dire des ouvriers mécontens. Le torrent est lâché, & je défie à nos gouvernans d'en arrêter le cours sans être submergés.

Salut en démocratie, oui en démocratie; car l'on entend des porteurs de sac & des blanchisseuses dire, Nous sommes souverains.

Courage, persévérance : le peuple n'aspire que le moment de briser ses chaînes.

Onzième pièce.

LIBERTÉ ÉGALITÉ.

BONHEUR COMMUN.

L'agent du douzième arrondissement.

Ce 6 floréal l'an 4 de la République.

Le décret concernant la légion de police a bien désillé des yeux, & fait bien connoître la faiblesse & la crainte de nos gouvernants; l'on crioit tout haut hier: Quand l'on règne par le crime, l'on a toujour peur; les soldats (*un mot effacé*) se melloient parmis les groupes & ne faissoient plus qu'un avec le peuple. Nous voyons bien, dissoient-ils, que l'on nous trompoient à votre égard, & que ce n'est que pour affermir leur tyrannie, qu'il environne Paris de troupe; mais ils ont beau faire, leurs projets leurs échouaira. Ha, citoyenx! où sont ses temps prospert, comme en 89? qu'il ceroit aisé de les provoquer à la désertion! mais malheureusement l'ouvrier est à bout & ne peut plus faire de sacrifices. Les mandats faissoient aussi l'entretient de plusieurs groupes: l'on y dissoient & ce devant nombre de dragon nouveilement arivé, & j'en suis témoin. Les coquins se paye en mandats au court, & il veullent nous les donner au pair, il faut qu'il sautent ou bien nous; & sur cet entrefaite-là est venu deux patrouilles de cavallerie, passer & repasser au millieu des groupes; le peuple dissoit au dragons: Vous le voyez, citoyens, c'est parce que l'on nous voit avec vous: l'on veut nous diviser. Hé bien!

bien ! les même dragons, au nombre de cinq, nous prirent par la main, & nous dérengent des chevaux, & dire tout haut devant la cavallerie, nous ne nous divisseront pas, resté avec nous & n'ayez pas peur, nous sommes peuple nous-même (*une ligne & demie effacée.*)

L'esprit de ses dernière troupe à l'air très-bon, & s'il étoit possible de pénetrer dans leurs camps, il y auroit espérance de les éclaircir promptement; mais la gêne qu'ils éprouvent fait déja la moitié, & le peu d'entre eux qui vient à Paris étant bien accueilli sera le reste.

Courage, persévérance : nous gagnons cent pour cent chaque jour.

Douzième pièce.

LIBERTÉ. ÉGALITÉ.

BONHEUR COMMUN.

Ce 5 floréal, l'an 4 de la République. (1)

L'agent du douzième arrondissement.

L'esprit public s'entretient toujours à la même hauteur; cependant l'établissement des nouveaux camps avoient fait quel que sensations sur plusieurs patriotes, mais qui se sont dissipées par la perpective qui apercoivent que ce gouvernement tombe de lui-même, il ni a personne, qui ne dissent hauttement que le Directoire a violé l'article 69 dela constitution qui lui défend de faire aprocher des troupes au plus près de douze lieux, les boullangers n'ont été payés qu'à moitié (*un mot effacé*) les cinq derniers jours passés il, attende ademain il sont resolus à ne plus fournir s'il ne sont pas soldé en entier, les royallistes dela section du Finistere veullent renouer ou au moin tachent d'en cher-

(1) Cette date paroît être de la main de Babœuf.

cher les moyen car le scelerat de Roland Huguet que je vous ai deja notté dissoient au comendent du bataillon courrois ceci a été entendu par un Cr. qui les suivoient ji ai déja été plussieur fois mais les homme energique ni si sont plus & les auttres n ossent pas semontrer cependant il y a esperance de les reveiller, mais ses malheureux tero-riste sont tous dehors. Ce Roland Huguet etoit en vende-miaire le corespondans dela clique royalle du Finistère avec la section de Pelrier, & la nuit que rassemblement dans St.-Rhoc eu lieu ce fut lui qui cria aux armes tout lelong dela rue Censier pour eveiller ses confrère les tanneur.

Le propriétaire du cidevant chateau de Vitry pres Paris a eté assasiné ché lui avec son epouse lui deux jours ceci fait craindre nombre d'aquereur debien narioneaux.

Salut en démocratie,

Courage, persévérence.

Le bruit court dans nos cartier que l'assasin ci desus à eté comis par des volontaire; il n'est pas fondé, mais ce qu'il y à de sur cest qu'il ce permetent beaucoup de licence sur-tout d; coté dela lubricité.

L'afiche & la distribution du *soldat arretté encore*, a fait un tres bon efet plusieurs exémplaire ont été passés a la cazerne dela rue de Loursine & jai su que la lecture en avoit eté acceuillie.

Treizième pièce.

3 floréal. (1)

Jai toujours remis les écrits és mains de ceux à qui je les ai voullu procurer, & si jen ai semmé plusieurs à Choisi ce nest que dapres l'invitation du militaire avec le-quel jetoit de plus si jai propossé au Directoire dans sem-mer pareillement dans les lieux circonvoisins de Paris (*un*

(1) Cette date paroît être de la main de Babœuf.

mot effacé) habité par la troupe je n'entendois que de semer les double des placard dont il existoit la possibilité d'afficher, au cas que les dits placards eut été déchirés par des officiers ou autre malveillants, & s'a toujours eté avec la hardiésse & la franchise d'un vrai republicain que jai preché la cause dela liberté & que je ne cesseré dela precher.

Quatorzième pièce.

3 floréal. (1)

LIBERTÉ ÉGALITÉ

BONHEUR COMMUN.

L'agent du douzième arrondissement. Ce 3 floréal, l'an 4 de la République.

SECTION DU JARDIN DES PLANTES.

Royalistes contre-révolutionnaires.

Agier, quai des Miramionnes, vivant de son bien, a été juré à la Haute-Cour nationale, & a été président du tribunal révolutionnaire au jugement de Fouquet-Tinvile.

Verne, beau-frère de Cormatin le vendéen, électeur de 95, rue de Seine.

Saugrin, marchand de vin en gros, rue des Fossés-Bernard.

Collin, avocat, rue de Bièvre.

Chaudieu, limonadier, rue Victor, vis-à-vis le collége du cardinal Lemoine.

---

(1) Cette date paroît être de la main de Babœuf.

Bertin, prêtre, rue des Bernardins.

Auvray, agent national du comité, rue des Bernardins.

Lebas, fils, marchand de vin, Port-Bernard.

Bureau, du Colombier, vivant de ſon bien, rue des Bernardins.

Et *Jullien*, ſerrurier, rue Victor, vis-à-vis la ci-devant Egliſe Nicolas.

Tous ſes hommes ſe ſont montrés conſtament royaliſtes par principes ſans tergiverſer d'un ſeul inſtant dans cette façon de penſer depuis le commencement de la révolution, ont étés à toutes époques les meneurs de la ſection les dénonciateurs & les perſécuteurs des patriotes & ſi perfides ennemis du bien public quel qui ni a nul eſpoir de les ramener au bien.

PATRIOTES.

Dardet, ſculpteur, rue des foſſés Bernard, maiſon Tricadan, homme inſtruit profondément, bon orateur, démocrate pur, propre à la légiſlature, à toute autre place, qui a toujour combattu les ennemis de la choſſe public avec fermeté, & ſouteau de même les intérêts du peuple.

Naudon, commiſſaire de police, rue *idem*, même talent, même qualité, même fond de patriotiſme que le précédent, & propre aux même emplois.

Turcaty, graveur, même rue, n'a point occupé de place propre dans une adminiſtration.

Mencard, fort inſtruit, quelque moyen oratoire, rue des

fossés Victor, maison du citoyen Chagot, marchand de vin, propre à la municipalité.

Delignon, graveur, rue Victor, n°. 62. très propre à l'ordre judiciaire.

Chagot, marchand de vin, rue des fossés Victor, a été capitaine, est bon militaire.

Felix, professeur, même rue, a été juge au tribunal révolutionnaire, & aussi de la commission d'Angé, & est propre dans cet ordre, cet homme est beaucoup instruit.

Felix, charon, enclos Victor, & *Deschamps*, charpentier, rue des fossés Victor, sont deux excellent révolutionnaire, & d'un jugement sain, seroient propre au juri de quelque commission.

Dussard, (*un mot effacé*) perruquier, porte Marceau, a été capitaine, propre dans la partie militaire.

Quinzième pièce.

Michaud, rue de la Bucherie, chez le coutellier, a été aide-de-camp du générale Henriot, est actuellement attaché à la Commission central, est très-propre au militaire, dans une place majeur, ainsi que dans des agences.

Leblond, marchand de vin, rue des fossés Bernard, (*un mot effacé*) a été membre du comité révolutionnaire de 92, & municipal de cet arrondissement, est propre à toute ses fonctions là.

Poulain, instituteur, rue des fossés Bernard, a été membre du comité révolutionnaire, est propre dans une agence ou administration.

Tomes, graveur, rue des Boulangers, assesseur du juge de paix, a une très-bonne judiciaire.

L'Effort, Juge de paix, excélent pour cette fonction.

Merlin, couverturier, rue Victor, propre à l'ordre judiciaire.

Bagnot, aussi couverturier, même rue, très-propre au militaire.

Marrion, serrurier, rue Victor, chez le boulanger, vis-à-vis l'église Nicolas, excélent patriote, qui ne sait pas lire, bon groupeur, & très-bon à faire lever le peuple un jour d'insurrection.

Tous les patriotes ci-dessus nottés, ainsi que ceux desqueis je vous ai envoyé les noms, sont dévouées à la chose publique, leurs dessein est de la sauver ou mourir sur la place.

Errata du finistère, *Juvenot*, imprimeur en papier peint, rûe Mouffetard, chez Maleszieu, bouché. Ce jeune homme est comme *Marrion*, ci-dessus notté.

A l'égard de votre circulaire du 29, il n'est pas encore parvenus aucuns acaparement à ma connoissance. Malgré toutes les recherches scrupuleuses que j'ai faittes, & que je ne cesse continuellement de faire, si non chez tous les entrepreneurs de tanerie qui ont des farines chez eux: car ses messieurs ont pris l'habitude, depuis les deux onces de pain, d'en donner tous les jours une demie livre à chacun de leurs ouvriers, Masnie qui leurs avoient très-bien reusi en vendémiaire, car il les avoient tous de leurs cetté ce jour-là; mais, comme je vous l'ai déja dit, ces même ouvriers séclaircisent beaucoup.

(*Un mot effacé*) à demain l'observatoire, & après demain le panthéon.

L'esprit public est toujour très-bon, & se maintien toujour au même degré des jours dernier, il si fait toujour des prosselitmes, & je les tien toujours en garde contre les pièges.

Courage & persévérence, le peuple apercoi clairement le bourbier où le gouvernement la plongé avec son humanité & sa justice.

Seizième pièce.

LIBERTÉ. ÉGALITÉ.

BONHEUR COMMUN.

Ce premier floréal l'an 4 de la République.

L'agent du douzième arrondissement.

CITOYENS,

Vous devez trouver, dans un de mes précédens rapports, la liste des royalistes de la section du Finistère, avec des analyses de leur caractère contre-révolutionnaire; cependant je vais vous les tracer de nouveau ici :

Rivaud, ex-commissaire de police de cette section, ancien directeur des messageries, demeurant rue Mouffetard, n° 137. Cet homme a été acharné royaliste depuis le mois d'août 92, qu'il a commencé à paroître dans les assemblées le plus grand persécuteur des patriotes, collaborateur de l'abbé Royou pour son *Ami du roi*; en un mot, l'homme le plus perfide & le plus nuisible à la société: il a été incarcéré en vertu de la loi du 17 septembre, & président le 13 vendémiaire, destitué en vertu de celle du 3 brumaire dernier.

Son fils aîné, aussi perfide & dangereux que son père, & espion de Merlin, même demeure.

Thorillon, ex-législateur de 91, avocat, rue des Fossés-Marcel. Cet homme est juge-de-paix à présent, rempli d'esprit, fin, souple, grand politique, royaliste sans tergiverser d'un instant, l'ame de tous ceux de sa section, mais toujours (*un mot effacé*) sans se mettre en avant le premier; a toujours été absent ou a voté pour la négative dans tous les appels nominaux de l'assemblée législative, & jamais pour l'affirmative.

A demandé, sur la discussion de la constitution de 95, qu'il n'y eût que trois membres dans le directoire, & est un principaux héros de section.

Langlois, royaliste outré, cultivateur, mais riche, faisant figure de ci-devant, rue du Banquier, n°. 11. Cet homme a été commandant du bataillon de Victor au 10 août 92: il a empêché de marcher à cette célèbre journée, s'est sauvé, il a été intriguer près le général Carteaux, est devenu son aide-de-camp. Le comité révolutionnaire l'a fait revenir de campagne pour le faire incarcérer. Il a échappé au 9 thermidor, & a poursuivi les patriotes à outrance depuis ce temps. Au 13 vendémiaire il commandoit le bataillon, & étoit membre d'une commission de trois pour juger les patriotes.

Rolland Huguet, marchand tanneur, rue Censier, a été assesseur du juge-de-paix, terroriste outré, a fait le 9 thermidor dans toute son étendue, est devenu membre du comité révolutionnaire de l'arrondissement; a relevé les noms des dénonciateurs de dessus le registre de l'ancien comité, & est venu les citer aux assemblées, dont cela a failli faire une guerre civile entre les familles des dénoncés & des dénonciateurs, n'a pas quitté prise d'un seul instant contre les patriotes en germinal, prairial & vendémiaire, dont il a été un du premier rouage.

Quelin, prêtre à la Salpêtrière, y demeurant encore & occupant une place de premier employé dans les bureaux, homme hypocrite, fanatique, dissimulé & traître, jouant toujours le rôle de bienfaisant, sur-tout envers les femmes, menaçant toute cette maison, a été condamné par le tribunal révolutionnaire à la détention jusqu'à la paix; & échappé au 9 thermidor, l'ennemi juré de la commune de Paris, qui a été détenu au 9 thermidor.

Gerin le jeune, rue d'Orléans-Marceau, aux ci devant filles de la Croix. Cet homme est ancien épicier, faisant encore l'agiotage, ennemi juré de ce qui porte le nom de patriote, royaliste outré & membre du comité contre-révolutionnaire de l'arrondissement actuellement de bienfaisance, enfin le persécuteur acharné non-seulement des républicains, mais de la République elle-même, & célèbre héros de vendémiaire.

Berbera, rue des Fossés-Marcel, n°. 32, Suisse de naissance, intrigant du premier ordre, royaliste de même, tant dans la section de l'Observatoire que dans celle du Finistère, incarceré en vertu de la loi du 17 septembre, échappé au 9 thermidor.

Brunel, marchand mercier, rue des Trois-Couronnes.

Boullard, jardinier fleuriste dans le grand genre, rue des Fossés-Marcel, n°. 49.

Philippe Vavoque, l'un des directeurs de la manufacture des Gobelins, homme d'esprit, hypocrite, politique, traître & dangereux, toujours un air de bienfaisance & de bonté.

Falleron, un des plus riches & des plus forts tanneurs de la République, rue de l'Ourfine, n°. 63, même caractère que le précédent, y joignant le fanatifme, & *Normand*, apothicaire, rue Mouffetard, n°. 12, font, avec ceux ci-deffus notés, ce qui formoit le confeil royal de cette fection; les ennemis jurés du patriotifme & des patriotes, & gens fi gangrenés qu'il n'y a aucune efpérance de retour, & font tous meneurs de la fection depuis meffidor.

Voilà les mauvais fujets de cette fection : je fuis bien en mefure pour ceux des autres; mais comme, par votre inftruction, vous me recommandez de bien prendre garde de confondre l'erreur avec le crime, j'ai cru prudent de vous les envoyer par fection & de ne vous les point noter qu'auparavant je ne me fois bien informé de leurs faits contre-révolutionnaires, ce qui fait que je vous enverrai tous les jours une.

Dix-feptième pièce.

PATRIOTES,

Henriot, rue Cenfier, ferrurier, n'a jamais occupé de place, s'eft trouvé par-tout où la patrie a exigé des défenfeurs, n'a pas de moyen oratoire, mais eft propre dans la force.

Duchaine, compagnon, garçon gazier, rue d'Orléans, n°. 20, a été membre du comité civil, & commiffaire aux accaparemens, eft infirme, mais cependant propre à la commune, dans un tribunal ou commiffion militaire.

Larget, marchand mercier, rue Mouffetard, n°. 13, a quelque talent oratoire, a été membre du comité civil, & propre aux mêmes fonctions que le précédent.

Mailly, maçon, rue Mouffetard, n°. 117, n'a jamais occupé de place, bon pour le militaire.

André, menuisier, rue d'Orléans, de même que le précédent.

Coquet, ancien boulanger, rue Mouffetard, n°. 114, a été membre du comité civil, & l'est de bienfaisance; il est propre aux mêmes fonctions que Duchaine & Larget.

Bourdin, gazier, rue Mouffetard, n°. 10, a été de l'armée révolutionnaire, est propre pour le militaire & comité civil.

Langlois, gazier, rue de l'Oursine, n°. 14, a été membre du comité révolutionnaire, n'est propre qu'à cette ou autre semblable; bon patriote, mais pas grandement énergique.

Baron, fruitier, rue Mouffetard, n°. 9. tout comme le précédent.

Les frères FLEURIE, marchands de chevaux, demeurant au marché, excellens pour un coup de main, & c'est tout.

Parlou, maçon, rue de l'Oursine, *idem*.

La persécution a fait déserter de cette section ce qu'il y avoit d'hommes énergiques & à moyens, nous en trouverons beaucoup plus sur les autres.

Dix-huitième pièce.

LIBERTÉ ÉGALITÉ

BONHEUR COMMUN.

L'agent du douzième arrondissement.

Du 29 germinal, an IV de la République.

Il n'y a eu aucuns groupes aux Tuileries.

Il y en a eu sur les ponts ; l'esprit est toujours le même. L'indignation s'y manifestoit contre la loi atroce rendue hier. Les forts de la halle & des ports s'éclairent beaucoup ; l'esprit de cette corporation est très-bon.

J'ai remis plusieurs numéros entre les mains de deux volontaires de Vincennes, qui nous ont assurés à moi & à un des qui l'étoient venus voir, que leur bataillon s'éclairoit bien, & que l'esprit en étoit bien monté ; il commence à répondre à leurs chefs avec fermeté.

Patience, c'est aux mandats que je les attends ; chaque paysan qui apporte des denrées à Paris, & que l'on contraint d'en prendre, s'en retourne en jurant sur son ame damné qu'il ne rapportera plus rien à Paris ; j'ai vu cela moi-même.

Courage, persévérance, la seconde ligne le met sur les rangs.

Je suis en mesure pour satisfaire demain à votre instruction d'hier dans tout son contenu.

Dix-neuvième pièce. (1)

ÉGALITÉ. LIBERTÉ.

BONHEUR COMMUN.

Paris, 29 germinal, l'an IV de la République.

LE DIRECTOIRE DE SALUT PUBLIC,

A l'agent du huitième arrondissement.

CITOYEN,

Lorsque nous t'avons livré un (*un mot rayé*) poste de grande confiance, nous ne savons pas si, en t'y plaçant, tu as bien su (*un mot rayé*) apprécier (*deux mots rayés*) les vastes devoirs qu'il t'impose (*onze mots rayés*); nous savons qu'il s'est commis dans ton arrondissement des indiscrétions. Il se peut que ce fût par (*un mot rayé*) résultat d'un excès de zèle; mais le zèle (*deux mots rayés*) inconsidéré (*un mot rayé*) peut faire autant de mal que la trahison. Il nous est garanti que les canonniers du faubourg ont été avertis de se tenir prêts pour servir les patriotes, & qu'ils en avoient donné la promesse. S'il se trouve dans ce fait (*deux mots rayés*) quelque chose de satisfaisant, l'on y découvre en même temps l'effet d'une imprudence dangereuse & d'une dérogation formelle à nos instructions secrètes. Notre caractère & l'importance de l'entreprise que nous avons embrassée ne nous permettra pas de te rien celer. Il est peut-être malheureux que tu ne te maintiennes pas toujours dans la situation où l'on (*un mot effacé*) est maître de soi; on ne sait encore que penser de tes accointances, de tes intimités avec Bentabole, dont tu vas par-tout chanter les louanges. Songe, citoyen, que tu ne t'appartiens plus (*trois mots rayés*): tous ceux que les révolutionnaires ont mis en

(1) Cette minute paroît être de la main de Babœuf.

réquisition, répondront de leurs actes & de tous les momens de leur conduite à la patrie. Ceux qui te parlent ne sont point des conjurés à demi ; ils sont sûrs de leur fait ; toutes les inventions atroces des jugulateurs ne peuvent ni les intimider, ni déconcerter leurs succès. Mais malheur à quiconque retarderoit ce succès en usant mal de la confiance qu'ils lui auroient donnée. (*cinq mots rayés*). Si (*une ligne & demie rayée*) nous t'avons jugé assez bon citoyen pour croire que les vérités contenues dans cette lettre, telles austères qu'elles soient, (*un mot rayé*) seroient regardées par toi comme une leçon fraternelle (*trois mots rayés*) qui, dans tous les cas possibles, est justifiée par l'extrême importance de la (*un mot rayé*) mission sublime (*trois lignes rayées*) que nous ne devons pas avoir entreprise sans (*un mot rayé*) vouloir, à tel prix que ce soit, en garantir la réussite (*trois mots rayés*) & aux hommes libres nos contemporains, & à la postérité.

Hâte davantage l'envoi de tous les renseignemens que nous t'avons demandés.

Vingtième pièce.

LIBERTÉ. ÉGALITÉ.

BONHEUR COMMUN.

Ce 28 germinal, l'an quatrième de la République française, une & indivisible.

L'agent du douzième arrondissement.

Votre première instruction portoit en princippes de relever l'esprit public assoupie depuis dix-huit mois dans l'engourdissement, dy fermer des point central deréunion a labrie des sbire de l'inquisition directoriale ; vous devé avoir trouvé dans mes precedens raports, la manière que je lai ai formé, les principes sur les qu'els je les ai fondés sur 3 point 1°. sur la haine dela tiranie, 2°. l'amour dela democratie, & 3°. sur la necessité de secouer le joug du code affreux de 95 pour obtenir celui de 93 seul acheminement pour parvenir a la pur democratie; je me suis pareillement attaché & je matache journellement à faire sentir à mes frere peu instruit ce que cest que démocratie, que cest absolument le bonheur commun legalité reelle & non chimérique & illusoire, de leur faire connaitre que le mot de proprieté ne consiste pas a poseder une maison ou des tere, mais bien un industrie quelconque que de vivre en société nest pas ceque le monstre de gouvernement nome loi agraire qui est ridicule en elle memme; & les seuls papier que je recois de vous sons la boussole sur laquelle je mapuit.

A légard de votre seconde il y est dit 1°. que les agens veus rendront compte des magazin de subsistances, de ceux d'armes & de munition Je dois vous avoir marqué qu'il n'en n'existoit aucun de cette nature dans mon arrondissement, pas memme de fourbisseurs ni d'armuriers.

2°. Du nombre des atelliers des ouvriers qui y sont ocupé, ainsi que de leur opinions comme je vous ai cité les manufactures qui existent dans la section du Finistère l'espric des entrepreneurs & l'opinion des ouvriers dans celle de l'Observatoire il n'en n'existe aucun ainsi que sur celle du Pantheon & du Jardin des Plantes sinon des artisans ocupent deux, trois & 4 ouvriers les plus fort & dont l'esprit est bon. Excepté sur cette dernière ou il y a nombre de chantiers de bois, la hale au vin, en general cequi s'apel leport Bernard les marchands de toutes espèces de ces lieux sont absolument pourie de royaliste & d'aristocratie, mais la classe qui est ocupé par eux est seine & bonne.

3°. De faire un recensement des patriotes aisés qui pouroient héberger de nos frères des départemens. Malheureusement sest notre plus grand embaras. Car passé la clase des marchands & entrepreneurs ci desus cités ce n'est plus que des pauvres journalliers qui ont apeine leurs necesaire cependant j'ai trouvé le citoyen (*quatre mots effacés*) qui se charge dans loger deux & ou il seront tres bien & le citoyen (*six mots rayés*) qui se charge pareillement d'en loger un.

4°. L'article ci dessus doit vous convaincre de l'impossibilité des deux branches que votre demende comprant car tous ce qui est patriotes n'a pas le nécesaire & par consequant hors d'etat de pouvoir cottiser. Et si peut instruit qu'il y en ai qui soyent capable dela moindre coponsition.

5°. Sur les mouchards & espions je ne puis vous donner des renseignemens difinitifs que le jour dela decade prochaine ainsi que des hommes energiques & dangereux.

6°. Les grouppeurs jen ai organiles & ji va moi même.

7°. Pour afficher, cette besogne ne se fait que par moi & un de mes amis cest ce qui a fait que je vous ai notté dans mon rapport d'hier que je voyois la chose praticable memme en plain jour dans les lieux habités par la troupes aux environs de Paris.

Raport journallier.

L'esprit public toujour (*un mot effacé*) tres bon & fait des progrés toujours croissant. Le bruit court que la légion va être toute cazerné à lécole militaire, que de nouvelle troupe feront le service de cette cité & quil va y avoir un camp de 6000 hommes dans la pleine de Grenelle que les preparatifs si font dejea je massurez du fait aujourd'hui.

Courage perseverence les suterfuges de nos ennemis sont vieux & usse & ne peuvent plus leur servir.

P. S. Il y a long tems que nos freres les patriottes sont premunis contre les insinuations perfides de l'art. 1er. de votre instruction d'hier, & je suis satisfait dêtre prevenu dela 2eme.

Vingt-unième

Vingt-unieme piece.

Du 27 germinal, l'an 4ᵉ de la République française, une et indivisible.

LIBERTÉ ÉGALITÉ

BONHEUR COMMUN.

L'agent du douzième arrondissement.

J'ai été hier à Choisy voir mon jeune homme avec qui j'ai passé un couple d'heures pour pouvoir estre a memme de connoitre l'esprit dela troupe, d'après ses raport il est tres bon, & la troupe a plus peur du citoyen que le citoyen na peur d'elle par (*un mot effacé*) les craintes qu'il ma manifesté des piéres jetés aux gardes françaises au faubourg Antoine, je lui ai fait la desus comme vous devez penser la diference des gardes françaises du F. g. Ant. & ceux du 22 juin à Versailles, mais l'esprit volage de ce jeune homme qui na pas 19 ans & peu instruit en révolution un peu de pusillanimité qui ma fait voir en ne voulant se charger que de trois exemplaires & m'invitant dans semer par les lieux pasagers de la troupe, ma fait croire qu'il étoit de mon devoir de me tenir dans les bornes d'une circonspection & ne pas compromete les intérets de la sainte conjuration des Democrate j'ai fait six paquets composse chacuns (*un mot effacé*) d'un Tribun & de deux lettres, que jai perdu dans des endroits où il est impossible qu'ils soient ramassé par d'autre que par des militaires.

Au reste il sont tres mecontens du gouvernemant & de nombre de leur chef & ce bataillon n'est en majeur partie composse que de parisiens & des peres de familles qui tous les jours viennent à Paris les voir.

De plus, si c'étoit l'avis du Directoire, je croirois assez utile de semer par tous les lieux habités par la troupe, les papiers propres à l'éclairer ; il y auroit même possibilité d'afficher avec un peu de front, même en plein jour : car en révolution, il faut oser.

J'ai passé la soirée d'hier dans les groupes. L'esprit en étoit l'on ne peut plus satisfaisant. L'infame proclamation des cinq mulets panachés est honoré d'un souverain mépris. Le peuple commence à sentir toute sa dignité & à prendre l'attitude majestueuse qu'il lui convient. La troupe se mêle avec lui, & s'éclaire ; elle se lasse de patrouiller, & avant peu, les soldats & les citoyens ne feront plus qu'un peuple de frères & d'amis.

L'opinion de mon arrondissement va toujours croissant.

Courage, persévérance ; le jour du peuple s'approche.

Vingt-deuxième pièces. (1)

ÉGALITÉ. LIBERTÉ.

BONHEUR COMMUN.

Paris, ce 26 germinal, l'an 4 de la République.

(*Un mot d'effacé*)

LE D. DE S. P.

A l'agent du douzième arrondissement.

Ta marche active, suivie, pleine d'intelligence, n'a pas besoin d'être encouragée par nous. On recconnoît à ton allure l'homme qui sait qu'il travaille pour lui-même. Continue ; voilà tout ce que nous pouvons te dire. Nous n'y ajouterons pas qu'il faut que tu t'occupes de toutes les branches à-la-fois : sans doute tu es en mesure pour cela, & tu ne nous feras pas languir après tout ce que nous avons lieu d'attendre.

(1) Minute qui paroît être de la main de Babœuf.

Vingt-troisième pièce. (1)

ÉGALITÉ. LIBERTÉ.

Paris, 26 germinal, l'an 4 de la République.

LE D. DE S. P.

A l'agent du douzième arrondissement.

Ton rapport du 24 nous donne lieu à t'inviter de nous donner des renseignemens plus particuliers sur le jeune militaire de Choisy, dont tu y parles. Dis-nous quels sont (*trois mots rayés*) ses moyens moraux, afin de nous mettre à portée de connoître quelle étendue de confiance on pourroit lui abandonner.

Vingt-quatrième pièce.

Douzième arrondissement. (2)

ÉGALITÉ. LIBERTÉ.

BONHEUR COMMUN.

Ce 25 germinal, l'an 4 de la République démocratique à venir.

Rapport journalier de l'agent du douzième arrondissement.

L'esprit public est toujours dans l'état le plus satisfaisant.

L'amour de la constitution de 93 se fait sentir avec plaisir; l'on voit les patriotes de seconde ligne qui reprennent leur rang, & qui commencent à vouloir figurer sur la scène.

---

(1) Minute qui paroît être de la main de Babœuf.

(2) Cette indication paroît être de la main de Babœuf.

1. *Normand*, apoticaire, rue Mouffetard, royaliste, héros de Vendémiaire, Normand de naissance, c'est tout dire.

1. *Thorillon*, juge-de-paix, ex-législateur, rue des Fossés-Marcel, d'un génie profond, mais grand royaliste.

1. *Varoque*, noté ci-dessus.

1. *Alingre*, rue Mouffetard, n°. 16, tenant pension, il étoit secretaire de la fameuse séance royale du 13 vendémiaire, & membre du comité civil, jadis garçon marchand.

Il en manque trois, vous les aurez demain.

Scélérat oublié : *Langlois*, opposant au 10 août 92 pour se soustraire à la loi révolutionnaire, a été intriguer auprès du général Carteaux ; il est devenu un de ses aide-de-camp, a été incarceré, a échapé au 9, & est devenu un des principaux meneurs depuis ce temps ; il demeure rue du Banquier, n°. 12, prè le Marché-aux-Chevaux.

Manufacture des Gobelins, autour de cent ouvriers, gens qui tiennent à tout gouvernement, pourvu qu'il conserve leur manufacture : ceci est assez naturel ; car il n'y en a que trois en France, les Gobelins, Beauvais & Aubusson : les chefs n'en valent presque rien, excepté ce qui porte le nom de *belle*.

Celle de Julienne, pour la teinture, approchant quatre-vingt ouvriers, tous sans-culottes qui suivent la masse beaucoup s'éclaire déjà : les chefs n'en valent pas grand chose.

Verité, teinturier, occupant une trentaine d'ouvriers, même opinion que ci-dessus : lui honnête homme, incapable de nuire à la chose publique & de servir les autres parti.

Une vingtaine de tanneries, occupant au *maximum* cinquante ouvriers, & au *minimum* une quinzaine, même opinion que ci-dessus pour les ouvriers ; aucuns entrepreneurs ne vaut rien, tous royalistes.

Autant de mégisseries de tout en tout, même opinion que ci-dessus ; il n'y a aucun magasin d'armes ni de subsistances dans l'arrondissement.

La suite aux jours suivans.

Vingt-sixième pièce.

LIBERTÉ. ÉGALITÉ.

BONHEUR COMMUN.

Rapport journalier.

Ce 24 germinal l'an 4 de la République.

L'agent du douzième arrondissement.

L'esprit public (*un mot effacé*) est toujours dans l'état le plus satisfaisant : une affiche avoit été colée sans attention, & s'étoit trouvée couverte d'un volet, ne pouvoit être lue ; la boutique n'ayant pas été ouverte hier, l'affiche fut vue & manqua d'amener plusieurs rique, entre autres un serrurier soutenoit l'affiche, un marchand de vin la blâmoit & reprochoit au deuxième d'aimer la constitution de 93, parce qu'elle lui procuroit des entreprises ; & le serrurier lui reprochoit d'aimer celle de 95, parce que c'étoit des voleurs : la rique seroit venue conséquente si le marchand de vin ne se fût pas en allé au plus vîte chez lui, accompagné de peuple qui crioit au voleur ; mais quelques heures après M. le suisse de la paroisse saint Médard a arraché l'affiche ; ce Monsieur se nomme Paré, il demeure rue de l'Oursine, au coin de celle Mouffetard.

J'ai fait passer plusieurs exemplaires de l'*Eclaireur* à la troupe de Choisy, ainsi que de l'affiche, & je m'y suis formé la correspondance d'un volontaire que j'ai vu élever, & qui m'attend après demain audit Choisy pour lui faire passer de l'adresse aux militaires par Babœuf; c'est pourquoi je vous invite de m'en faire passer demain plusieurs exemplaires, ainsi que de ceux de la collection entière de l'*Eclaireur*: l'esprit de ce bataillon est très-bon.

Il y a eu beaucoup de grouppes hier, l'esprit en étoit très-bon: la constitution de 93 s'y demandoit hautement; mais cependant un des frères Rivaud, le déchireur d'affiches, fils de l'ex-commissaire de police de Finistère, qui est attaché à Merlin de Douai, étoit dans les grouppes au bas du Pont-au-Change, & demandoit aussi la constitution de 93. Cet homme est royaliste: il faut bien se tenir en garde contre les pièges du gouvernement; il y en avoit d'autres cependant où c'étoit la bonne foi qui demandoit cette constitution. Ce mot de constitution de 93 commence à devenir à la mode dans la bouche des sans-culottes, & je crois inutile les efforts du patriciat pour en étouffer le germe. Nombre de sans-culottes disent hautement qu'il la faut; les autres, plus timides, la frédonnent dans leurs chambres: ils font comme les enfans, ils marchent autour des meubles, même encore un couple de rayons de soleil, c'est-à-dire des éclaireurs, & ils iront sans lisière.

Courage, persévérance: ça va & ça ira.

Vingt-septième pièce.

20 germinal. (1)

Royalistes de la section du Finistère dans le cas de nuire au bien du peuple.

Rivaud père, ex-commissaire de police, rue Mouffetard, n°. 137, homme sans talent oratoire, mais d'un génie pro-

---

(1) Cette date paroît être de la main de Babœuf.

fond, d'un esprit double & faux; excellent pour la rédaction; il a été collaborateur de l'abbé Royou, il est aussi l'auteur des arrestations de prairial.

Gerin le jeune, rue d'Orléans-Marceau, aux ci-devant Filles de la Croix: c'est un ancien marchand epicier, retiré, mais qui, depuis 18 mois, a fait l'agiotage en gros. C'est un intrigant du premier ordre & ennemi implacable de ce qui porte le nom de patriote.

Rolland Huguet, marchand tanneur, rue Cencier, homme brut, sans aucuns moyens moraux, servant tous les partis tour-à-tour, ayant abandonné la cause des amis de la liberté: il fut membre du comite contre-révolutionnaire, & il eut la scélératesse de relever les noms de tous les citoyens qui avoient signé des dénonciations sur le registre de l'ancien comité révolutionnaire, & les a tous cités en assemblée générale; ce qui a manqué de former une guerre civile entre les familles des dénoncés & des dénonciateurs: il a aussi été un des principaux champions du 13 vendémiaire.

Buenel, marchand mercier, rue Mouffetard, au coin de celle des Trois-Couronnes.

Quelin, prêtre, actuellement commis à la Salpêtrière, condamné par le tribunal révolutionnaire à la détention jusqu'à la paix; il est grand ami de M. de Courtois le député.

Tous ces messieurs sont des héros de vendémiaire.

La suite à demain, ainsi que celle des vrais républicains, des mouchards connus & des manufactures; les autres branches de nos instructions; après-demain.

Vingt-huitième pièce.

LIBERTÉ. ÉGALITÉ.

BONHEUR COMMUN.

Ce 23 germinal, l'an 4 de la République.

Rapport journalier de l'agent du douzième arrondissement.

Les méchans se trompent toujours; car deux seuls affichent de l'analyse des principes de Babœuf avoient échappé aux déchireurs à trois heures après-midi, & ont fait autant d'effet à eux deux que les 18 à-la-fois, vu que beaucoup de personnes qui n'avoient pu les lire qu'à moitié à d'autres endroits, se sont plainement satisfaits à ceux-ci.

Un déchireur a reçu d'un franc républicain un soufflet & un coup de pied par le cul, à la porte Marceau.

En général, ils ont fait le meilleur effet possible, & la distribution des petits exemplaires (*trois mots effacés*) j'ai fait & suppléé à la curiosité de ceux qui n'avoient pu lire les affiches.

M. Barras, le Directeur, vient de faire, à ce qu'il m'a été assuré par un habitant de Crecy près Chatou, l'acquisition d'une très-belle maison bourgeoise, pour se délasser de ses pénibles travaux.

Richelieu nous a toujours été vanté comme le général le plus magnifique, le plus généreux; mais, hélas! il n'étoit qu'un enfant au prix des nôtres d'aujourd'hui : car le même habitant de Crècy, qui m'a parlé de l'acquisition de Barras, m'a dit qu'un général de l'armée d'Italie, dont il ne sait pas encore le nom, a de même fait l'acquisition d'une maison audit Crecy. Ce monsieur se permet, à chaque bouteille de vin qu'il boit, d'en jeter le bouchon par terre; & lorsqu'elle est vuide, il la rebouche avec un billet de 2,000 liv., qui font les profits de ses gens. 2,000 liv., à 30 capitaux pour un, forment une somme de 67 liv. environ; & Richelieu, avec toute sa grandeur, ne s'est jamais permis de donner seulement un louis à chaque bouteille qu'il buvoit, pas même à table des souverains où il a mangé.

Les groupes ne peuvent pas prendre, du temps qu'il fait : l'esprit public du douzième arrondissement est dans un état satisfaisant; tous les jours les républicains font des prosélytes.

Courage, persévérance, & la démocratie triomphera, & commence à se faire sentir avec intérêt.

Vingt-neuvième pièce.

LIBERTÉ ÉGALITÉ.

BONHEUR COMMUN.

22 germinal, l'an 4 de la République.

Rapport journalier de l'agent du douzième arrondissement.

Les murmures du peuple ont été hier des plus véhémens. Le gouvernement y a été maudit avec les plus grandes imprécations, & chacun manifestoit le plus grand desir de secouer le joug de la tyrannie directoriale.

L'analyse des principes de Babœuf a été affichée cette nuit; ils ont été sentis avec intérêt : mais malheureusement ils n'ont pas resté long-temps; car les deux fils de l'ex-commissaire de police de la section du Finistère les ont arrachées. Ces deux individus, depuis la destitution de leur père, sont attachés à Sartine de Douai, qui est le protecteur de leur scélérat de père : vous aurez des notes plus circonstanciées de cette coquine de famille, demain.

L'esprit public va toujours croissant, & les yeux du peuple se dessillent de plus en plus.

Les bruits de cette prétendue paix n'ont pas été reçus

avec l'avantage qu'en attendoient les émissaires du gouvernement : car les articles de rentrer dans nos limites ont révolté les sans-culottes les plus stupides.

Les groupes n'ont pas pu avoir le succès que nous aurions dû en attendre vu l'intempérie de l'air. L'esprit qui a dirigé ceux qu'il y a eu, & qui n'ont été que de peu de durée, rouloit sur le pain & la haine contre le gouvernement, & le Directoire n'étoit pas oublié.

Courage, persévérance, & nous triompherons.

Trentième pièce.

LIBERTÉ ÉGALITÉ

Bonheur commun.

L'agent principal du douzième arrondissement.

Cet arrondissement n'est composé que de la classe ouvrière, la plus précieuse de la société, ce qui donne un champ libre aux ennemis de la patrie d'en égarer la majeure partie, mais non sans ressource : car si les n^os^ de l'Eclaireur antérieur au 5 eussent été répandus avec profusion comme ce dernier vient de l'être, il en feroit résulté les plus avantageux succès; mais il y a bien lieu d'espérer d'y réussir avant peu : j'ai déja, à l'aide de vertueux républicains, formé de petites sociétés de cinq à six personnes, à qui je fais passer les papiers, & qui de suite se séparant vont en propager les principes à leurs connoissances; l'amour de la liberté s'y fait sentir avec enthousiasme, & la terreur de germinal & de prairial se dissipe; l'ouvrier commence à sortir avec plaisir de cet engourdissement, où il avoit été retenu par les tanneurs, mégissiers, couverturiers, & autres fabricans dont cette classe dépend pour le travail; le mécontentement est général contre le gouvernement, le nom de constitution de 93 se fait entendre avec plaisir, & nous aurons celui (*un mot effacé*) de vous annoncer tous les jours que le nombre des prosélytes s'augmente (*quatre mots effacés.*)

J'ai fait passer des nos de Babœuf & de l'Éclaireur à deux casernes : j'attends des nouvelles des effets qu'ils auront produits.

Je m'occupe maintenant des dispositions particulières de vos deux instructions dans toutes leurs branches, & j'espère vous en faire passer des détails quartidi prochain.

J'ai déja recruté des grouppeurs; l'analyse de Babœuf va être affichée par moi deuxième cette nuit; vous aurez des nouvelles de l'effet qu'il aura produit à la première ordinaire.

Courage, persévérance, les amis de la liberté triompheront.

ONZIÈME LIASSE,

INTITULÉE

THÉATRE FRANÇAIS, LUXEMBOURG, PONT-NEUF, THERMES; (1)

Contenant neuf pièces.

Premiere pièce.

ONZIÈME ARRONDISSEMENT.

Du 16 floréal.

Il me paroît que vous n'avez pas reçu les derniers avis que je vous ai fait passer, ou que vos occupations ne vous ont point permis d'y répondre. Outre les notes que je vous ai fait passer, je vous mande que la planche de l'homme

---

(1) Ce titre paroît être de la main de Babœuf.

libre est terminée : qu'il ne reste à finir que le nom de la rue & le n°. de la maison. Je vous demande en outre du papier pour l'impression ; faites-moi savoir vos dernières volontés à cet égard tout de suite : j'ai retenu depuis plusieurs jours quelqu'un qui doit m'aider dans l'impression.

Je vais m'occuper des mesures indiquées dans votre dernière circulaire ; mais donnez le temps nécessaire de l'exécution ; ne demandez aussi que ce qui est possible : il n'existe point de cloches dans les sections du Pont-Neuf ni du Théâtre français ; les moyens d'exécution sont les plus difficiles ; accélerez les avis, afin qu'on puisse se combiner pour exécuter.

Salut d'égal, J. B.

Deuxiéme piéce.

Suleau, *adjudant des Thermes.*

Troisiéme piéce.

13 floréal. (1)

LISTE DES ROYALISTES ET CONTRE-RÉVOLUTIONNAIRES.

Pont-Neuf. Onziéme arrondissement.

Chabroux, cour de la Sainte-Chapelle, au bâtiment neuf, vis-à-vis la rue Calandre, persécuteur des plus acharné des patriotes, contre-révolutionnaire décidé depuis 89, détenu comme suspect avant le 9 thermidor, vendémiairiste enragé, le plus ferme soutien des royalistes avant & depuis cette époque.

---

(1) Cette date paroît être de la main de Babœuf.

Fillette, chirurgien. — *Le Magnan*, jouaillier, cour de la Chapelle, même maiſon, à côté de l'arcade Anne, mêmes droits à la reconnoiſſance publique.

Champion, agioteur, rue Louis, à côté de l'apothicaire, plus ſcélérat que les enfers, s'il eſt poſſible.

Dauvergne, jouaillier, cour Neuve dans le coin à droite entrant par la rue du Harlais, commandant de bataillon, digne de ſervir la tyrannie, même droit par conſéquent à la reconnoiſſance publique.

Rude, bijoutier, maiſon après le café du coin de la rue du Harlais, quai de l'horloge, mêmes qualités, arrêtant les patriotes en pleine rue après le premier prairial.

Daubaton, juge-de-paix. — *Sterky*, greffier à la caſerne rue Louis, dignes émules des précédens, les ſurpaſſant quelquefois.

Joly, employé, qualités *idem*, rue Louis, maiſon du traiteur, au ſecond.

Duru, orfèvre, mêmes qualités, cour neuve.

Rouſſeau, qualités *idem*, cour neuve au fond à gauche en entrant par la rue du Harlais.

Philibert, horloger pont Michel, n°. 30, mêmes qualités.

Jorge, jouaillier, place de Thionville, mêmes principes.

Lefevre de St.-Maure, notaire, place de Thionville, même droit à la reconnoiſſance du peuple.

Les freres Varin, orfèvres, quai des orfèvres, *idem*.

Lemoine, orfèvre, même quai, *idem*, plus ex-conſtituant du côté du droit.

Petit-Jean, père & fils, orfèvres, même quai, mêmes principes.

Comeré, mercier, pont Michel, dans tous les mêmes principes.

Sezard, canonnier contre-révolutionnaire, voulant tirer sur le peuple au 10 août, rue Louis, vis-à-vis la caserne, mêmes qualités que les précédens.

Praintamp, canonnier, plus déterminé encore dans les mêmes dispositions, partageant tous les mêmes principes, rue Anne, près le palais de justice.

Quatrième pièce.

13 floréal.

Onzième arrondissement.

La planche de l'homme libre est terminée, excepté le nom de la rue & le numéro de la maison que je n'ai point; faites-moi savoir où je puis vous communiquer l'épreuve que je vais tirer dans ce moment; envoyez-moi le plutôt possible le papier que vous voulez employer, il est temps de le faire tremper.

L'esprit des patriotes est dans l'incertitude sur l'évènement qui se prépare; il seroit utile, je crois, sans dévoiler la totalité de vos projets, d'en laisser percer assez pour ranimer leur confiance: les divers avis qu'ils reçoivent tant sur le moment où doit commencer l'action que sur les moyens à employer les laissent dans une position pénible; on a répandu le bruit que c'étoit pour hier: craignez les divisions, craignez les mouvemens mal combinés. Toutes les nuits, depuis quelques jours, on enlève tous les effets de campement qui sont à Saint-Denis: on croit qu'on les conduit au camp de Vincennes.

On a arrêté à Saint-Denis trois ou quatre individus chargés de correspondances avec les chouans: on croit qu'ils étoient chargés des recrutemens.

L'esprit de la troupe, à ce qu'on assure, est dans de bonnes dispositions, ayez à cet égard des renseignemens certains: j'en ai vu plusieurs qui, sans être mauvais, sont absolument

absolument machine, & étoient dans la plus parfaite ignorance, tant sur la constitution 95 que sur les avantages que leur assure la constitution 93, &c.: il n'existe, d'après les renseignemens qui m'ont été donnés jusqu'à ce moment, aucune cloche dans l'arrondissement du Théâtre français ni du Pont-Neuf. Une idée qui m'a été donnée, & que je crois indispensable de tirer parti au moment de l'évènement: c'est que tout le peuple, femmes, enfans, passent par derrière les rangs de la troupe qui viendroit les repousser, les embrassent avec fraternité, en leur disant: Sommes-nous divisés? n'avons-nous pas fait la révolution ensemble? sommes-nous pas tous frères & tous amis? Le soldat, ainsi décontenancé par cet accueil fraternel, fût-il même soul du vin du gouvernement, y répondra plus franchement, plus cordialement: désorganisez ainsi en un instant que pourront le commandement des chefs, alors que chaque homme du peuple s'en empare, comme on fit en 89 des Gardes-françaises, qu'on ne les quitte plus jusqu'au parfait achèvement de la lutte contre la tyrannie; donnez à cette idée les développemens nécessaires, je persiste à croire qu'elle peut produire un grand effet; parlez aux hommes, ayez pour eux de la considération, vous en faites bientôt des amis qui vous seront de tout cœur comme tels.

Vous savez sans doute que les canons sont retirés des Tuileries, un patriote de la musique de la garde nationale assure qu'ils sont remisés dans les hôtels des places Vendôme & Victoire: il faut s'en assurer, il sera plus facile de s'en emparer.

L'artillerie qui étoit à Meudon est, dit-on, partie pour Vincennes: ci-joint la n^te. que vous m'avez demandée; plus, une lettre cachetée d'un patriote pour les écrivains populaires, une note d'une C^ne qui vous rend compte d'un événement qu'elle a vu.

Réponse le plutôt possible.

Salut d'égal, J. B.

Cinquième pièce

29 germinal.

Onzième arrondissement.

Je vais m'occuper des mesures indiqués, mais le surcrois de besogne dont je me charge ne me permettera pas de mettre au temps de temps qu'il seroit nécessaire a leur execution, & vous rendre compte autant que je le desirerois sur tous les detailles que vous me demandé, je crois utile afin que la chose marche avec toutte la celerité necessaire que vous mindiquiez quelqu'un pour la section des Thermes ou du Luxembourg je luy remetterai successivement vos instructions ainsy il ni auroit point besoin de double copie, je me charge des sections du Theatre-Français du Pont neuf je suis en mesure a cette egard, mais je ne connois personne qui puisse fixer ma confiance sur les deux autres sections. Indiqué moi s'il vous est possible quelqu'un, je ferai tout pour seconder vos vues mais je ne puis entreprendre cependent au dela de ce que je puis exactement remplir.

Les mesures de rigueur employés ne me paroissent point intimider les esprits, hier soir les groupes sur le Pont aux Change étoient nombreux plusieurs en dissimulant leur arrier penser étoient dans de bonnes dispositions, il étoient a craindre que le decouragement sempara des esprits par des mesures aussy tyranniques, les ouvriers que jai consultés, les patriotes que jay vu, les motions que jay entendus me font croir quelle ne produisent que le mepris & l'indignation & quelle ne feront qu'accélerer & rendre pus generalemen inevitable la d'estruction des traitres & des tyrans.

Ne vous laissez point toutes fois entrainer par de pompeux rapports, regardez en arriere voyez pour le peuple tous pieges qu'il doit éviter, écleré sa marche, premunissez le, contre tous les detours d'un gouvernement astrucieux, que guidé uniquement par vous, il saisisse lheur & le moment ou tous ces ennemis doivent s'aneantir, par le recouvrement de ses droits.

Plusieurs patriotes ont eté arreté dans les groupes en autres le Cn. Treame exagerons-en le nombre porté l'indignation a son comble, rappellez toutes les mesures atroces employées pour paraliser lesprit public & fonder ce gouvernement du crime les expressions doivent menquer pour peindre sa sceleratesse.

Sixième pièce. (1)

PREMIÈRE COPIE.

Paris, 26 germinal, l'an 4 de la République.

ÉGALITÉ. LIBERTÉ.

BONHEUR COMMUN.

LE D. DE S. P.

A l'ag. du 11e. *arr.*

Ton sujet de méditation a reçu les applaudissemens unanimes. Il faut l'exécuter bien vîte. L'homme libre de 95 te sera envoyé aujourd'hui ou demain, avec prière d'en accélérer l'impression. Ton dernier rapport a fait le plus grand plaisir. On profitera de plusieurs vues excellentes que tu y donnes. On est déja en mesure d'en exécuter d'autres dont nous nous étions nous-mêmes avisés.

Redoublement de courage, d'activité.

---

(1) Minute qui paroît être de la main de Babœuf.

Septième pièce.

Du 23 germinal.

Onzième arrondissement.

D'après les rapports les groupes paroissent toujours bon lesprit public ce prononce. Mais il est toujours a craindre qu'une influance etrangere ne cherches a entrener a trop de precipitation. Les ecrits de Leclaireur & maximes de Babœuf ont eté lue par des patriotes sur la terrasse des Thuilleries, ils l'ont été aussy par des hommes inconnus. *Feru* & autre de cette trampe ne quittes point ces groupes, il faut sans rallentir l'indignation du peuple ce premunir contre toutes surprises & qu'il ne fasse de mouvement que d'apres l'impultion donné par vous.

Plusieurs patriotes que jai vû doivent ce rendre aujourdhuy aux 500. On attend une discution qui peut eclairer sur leurs intentions.

Mon arrondissement commence a bien s'organiser il me faut encore quelque jours pour qu'il le soit complairement; ma compagnie d'affichcurs quoique peu nombreuse marche avec zele & activité j'ai distribué mes affiches afin qu'on en mette plusieurs jours de suite, je vous rendrez compte du succes; mais groupeurs ont de la tenûe & sont observateurs, la partie des fonds est un peu negligée jai fait plusieurs demandes infructueuse ce moment de stagnation dans les affaires gene beaucoup de monde notament les patriotes, il en faut profiter, afin dindigner encore davantage contre le gouvernement, je vais toutesfois prendre des mesures, afin que les patriotes fassent le plus de sacrifices possible pour concourir aux depenses qu'and je feray totalement organisé, cette partie néprouvera pas jespere plus de retard que les autres.

Je vous ferez passer sous quelques jours des renseignements positifs sur les ennemis les plus prononcé de la revolution qui peuvent exister dans mon arrondissement *sur ceux qui ont agi le plus fortement dans la reaction il faut s'aucuper des moyens de s'en assurer.* Quand au mouvement qui doit avoir lieu pour la conquette des droits du peuple il faut aussy aviser aux moyens d'employer utilement *les femmes & même les enfans* afin que lexplosion soit grande & generale. Les royalistes nous ont donné lexemple des services importans que l'on en peut tirrer, employons tous ces moyens pour que lunion regne faisons tous nos efforts pour que nos mouvements combinés reunissent tous les esprits ne seroit-il point utille aussy que vous vous assuriez des patriotes devoué qui existe dans les communes environnantes Paris afin qu'au premier signale ils puissent suivre & seconder le mouvement.

Je crois d'autant plus utille de s'occuper de cette objet qu'on en peut tirrer de grands avantages, tant pour sasseurer des depots de subsistances que pour faciliter les approvisionnements, & former une garde exterieur autour de Paris, il seroit utille aussy pour eclairer & donner des renseignements sur les corps de troupes lon fait sejourner alternativement dans les communes environantes.

Je crois cette mesure tellement utile, que je vous invite à donner une instruction spéciale à *Masset*, capable, par son énergie & son dévouement, de rendre d'importans services, de donner des renseignemens infiniment utiles sur les troupes qui séjournent alternativement à Saint-Denis, dans les environs, & sur qui on peut compter dans l'exécution demandée des renseignemens sur lui à Germain Fiquet : je me charge de lui faire tenir ce que vous aurez intention de lui faire passer.

Je crois, je le répète, infiniment utile de s'occuper de cet objet, & que vous vous fassiez indiquer des hommes sur qui votre confiance puisse s'arrêter.

Il seroit utile aussi d'avoir des proclamations & instructions prêtes qui puissent tenir le peuple en haleine dans ce moment de l'explosion, & diriger la marche de ceux qui doivent le guider dans les momens orageux, qui doivent lui amener le recouvrement de ses droits.

J'apprends dans ce moment que les affiches que j'avois fait placarder dans le quartier André-des-Arts & adjacens étoient arrachées toutes avant six heures & demie du matin : il est à présumer qu'elles n'ont pu être lues, vu que ceux qui sortent avant cette heure, soit par le froid ou le besoin qui les force à sortir de bonne heure ne leur permet pas assez de s'arrêter. Il faut que ce soit des agens payés qui les arrachent avant que le soleil permette à la foule qui se presse de s'arrêter pour les lire. Informez-vous exactement si elles éprouvent le même sort dans les autres quartiers : dans ce cas je crois qu'il seroit plus avantageux d'avoir des petites feuilles dont la distribution plus abondante pourroit produire un bon effet.

Il est utile aussi de vous observer que tous les hommes aïant intérêt à s'exagérer à eux-mêmes & aux autres les services qu'ils peuvent rendre : il faut continuer des moyens de manière que, calculant vos forces à moitié de ce qu'on vous les présente, elles puissent toutefois être suffisantes pour la parfaite réussite des plans que vous vous proposez.

Huitiéme piéce.

Du 21 germinal.

Onziéme arrondissement. (1)

D'après les observations que j'ai faites & les avis qui m'ont été transmis, je crois qu'il seroit utile que vous prémunissiez les patriotes timides sur la défiance qu'on cherche à leur inspirer, sur la différence d'opinion qui a pu exister entre eux, tant sur les hommes que sur différens événemens de la révolution. Beaucoup semblent craindre que si un mou-

(1) Cette note paroît être de la main de Babœuf.

vement populaire avoit lieu en faveur des droits du peuple, ceux qui le dirigeroient n'employassent leur influence pour le faire porter contre ceux qui ont pu, avec les meilleures intentions, concourir à la révolution du 9 thermidor, qui ont cru voir en elle l'établissement de la souveraineté du peuple par le renversement du gouvernement révolutionnaire : je les ai rassurés sur ces craintes puériles ; mais je crois qu'il est utile, afin de rallier tous les esprits pour concourir au même but, de déclarer d'une manière formelle, que toutes les horreurs réciproques ne seront plus rappelées par les amis de l'égalité, pour tous les républicains qui prendront sa défense pour assurer son affermissement.

L'esprit des patriotes & du peuple, en général, me paroît, d'après mes observations & les rapports qui m'ont été faits, à une bonne hauteur : les groupes, sous plusieurs rapports, peuvent être considérés comme bons; cependant je dois vous avertir d'une influence étrangere qu'on veut leur donner : les nommés *Richard* & *Souies*, mouchards, suspectés & même connus par plus d'un fait aristocratique par différens patriotes qui me les ont dénoncés, vont dans les groupes, cherchent à y exciter l'effervescence du peuple pour un mouvement subit, au point qu'ils disoient, il y a trois jours, sur la terrasse des Tuileries, les choses les plus fortes contre les deux conseils; qu'ils étoient tous des scélérats ; qu'il y avoit même un complot infernal tramé pour assassiner Baras & Carnot, & avec eux les républicains. Ces hommes disoient qu'il falloit s'armer sur-le-champ & faire sonner le tocsin; il est à craindre que ces hommes ne soient jetés en avant pour faire faire une insurrection partielle qui tourneroit toute au profit du gouvernement. Ce qui me confirmeroit dans cette opinion, c'est que le nommé *Richard* fut accompagné par un patriote qui lui fit différentes objections sur le trop de précipitation qu'il vouloit mettre dans une affaire de cette importance. Il rencontre, dans cette entrefaite, Legendre, à qui ce même Richard adressa la parole, en lui demandant des nouvelles sur les affaires du temps : Legendre répondit, entre autres choses, qu'il ne concevoit pas ce que les patriotes pouvoient vouloir en suivant les maximes de Babœuf, qui sembloit s'acharner de préférence à dénoncer les républicains, tels que Baras & Carnot, que de tomber à bras raccourci sur ceux qu'il reconnoissoit bien avoir fait beaucoup de mal, tels que Isnard & clique; qu'il falloit que les patriotes se réunissent pour anéantir ces hommes, mais qu'il falloit oublier de part & d'autre les horreurs que l'on avoit pu réciproquement commettre; que d'ailleurs le systême de la loi agraire qu'on vouloit établir étoit absurde & impraticable.

Les observations & les rapports qui m'ont été faits semblent prouver que ces hommes & Tallien veulent un mouvement pour en profiter & consolider sous un autre aspect la tyrannie. On a demandé à un patriote s'il avoit vu Rossignol, qu'on avoit quelque chose de bon à lui communiquer de la part de Tallien. Ce particulier, dont je n'ai pas su le nom, lui dit: Tu n'es pas de trop; tu es patriote: il faut que, sous quelques jours, la bombe éclate; il faut que le tocsin sonne; je ch rche Rossignol, afin de le mettre au courant.

Il me semble qu'il est important de surveiller cette intrigue & de prévenir un mouvement partiel qui pourroit avoir une fausse direction.

L'esprit du peuple me paroît être dans toutes les dispositions que nous pouvons desirer, il suffit de le diriger & de le prémunir sur les piéges qu'on veut lui tendre.

Les papiers de l'*Eclaireur* & du *Tribun* ont été lus avec enthousiasme dans la compagnie de l'Ecole militaire, où je les ai fait passer: les soldats se sont enfermés, plus de cent, dans une chambre pour les lire plus sûrement; la chanson est sue & chantée dans plusieurs bataillons.

Les soldats sont très-mécontens du gouvernement, de ce qu'on les enrégimente; qu'on les fait passer alternativement dans différens corps; qu'on renvoie les officiers qu'ils s'étoient donnés dans leurs familles; de ce qu'on cherche aussi à les dépayser, & à leur ôter toute correspondance & communication avec ceux qui peuvent partager leurs principes & leur manière de voir.

Neuvième pièce.

Du 12 germinal.

Mon ami, je ferai, & tu peux y compter, tout ce qui sera de mon pouvoir pour seconder tes vues, y employer le peu de talent que j'ai avec plaisir & zèle ; mais il faut que nous nous entendions avant que je puisse me mettre à l'ouvrage. Je crois qu'un moment d'entretien fera plus, & que nous nous entendrons mieux. Je m'en rapporte à ta prudence pour m'en ménager les moyens : compte que tu n'auras jamais à te repentir de ta confiance, & qu'elle m'est absolument indispensable, afin que nous puissions marcher de front au même but. Compte aussi que je ne me confie à personne sur ce qui peut intéresser directement des intérêts aussi précieux que les tiens & ce que nous avons en vue.

Salut d'égal, ton ami. J. B.

DOUZIÈME LIASSE,

INTITULÉE

FONTAINE DE GRENELLE, OUEST, INVALIDES, UNITÉ; (1)

Contenant deux pièces.

Premiere piéce. (2)

Dixiéme arrondissement.

Paris, 8 floréal l'an 4 de la République.

EGALITÉ LIBERTÉ.

BONHEUR COMMUN.

LE DIRECTOIRE DE SALUT PUBLIC,

Au citoyen Pierron.

Le compte avantageux qui nous a été rendu de tes vertus civiques & de la profonde haine que tu as vouée aux tyrans, nous a déterminés à te confier une mission de la première importance. L'arrondissement dans lequel tu es placé est le seul où le Directoire insurrecteur n'ait point encore eu d'agens, depuis plus d'un mois qu'il est institué. Les soins extrêmes & scrupuleux qu'il a dû apporter dans le choix de ceux en qui il place sa première confiance, lui a fait préférer de n'en point avoir là plutôt que d'en établir d'équivoques. Marche avec courage dans la commune carrière des tyrannicides. Aide-nous à sauver le peuple & le tirer

---

(1) Ce titre paroît être de la main de Babœuf.

(2) Cette pièce paroît être aussi de la main de Babœuf.

de son malheureux esclavage ! à consolider cette fois, d'une manière stable, son bonheur !

Nous t'envoyons la collection entière de nos instructions successivement adressées à tous nos autres agens. Suis-en la lecture par ordre de dates : tu reconnoîtras par-là où nous en sommes, & tout ce que tu as à faire. Tu as plus à travailler que les autres, pour te mettre à la même mesure qu'eux : mais tout ce que nous te demandons n'est pas hors de la portée des forces d'un homme intelligent ; & il ne te sera pas même difficile d'être bientôt aussi avancé en besogne, que ceux qui se trouvent institués depuis l'origine de cette grande entreprise.

Force, énergie, activité, prudence, audace, discrétion ou la mort.

Deuxième pièce. (1)

Paris, 3 floréal l'an 4 de la République.

ÉGALITÉ LIBERTÉ.

BONHEUR COMMUN.

LE DIRECTOIRE DE SALUT PUBLIC,

A l'agent du quatrième arrondissement.

Nous t'invitons à nous donner des renseignemens sur la moralité, le civisme de *Labarre*, officier municipal du dixième arrondissement, des sections Fontaine de-Grenelle, Ouest, Invalides & Unité. On assure que tu le connois, & que tu peux garantir s'il est dans le cas que nous puissions lui remettre une mission de confiance.

(1) Cette pièce & la précédente paroissent être deux minutes de la main de Babœuf.

TREIZIÈME LIASSE,

INTITULÉE

FIDÉLITÉ, FRATERNITÉ, ARSENAL, CITÉ, (1)

Contenant six pièces.

Première pièce.

Neuvième arrondissement.

Le citoyen Marie, à la Haute-Courtille, fauxbourg du Temple, n°. 60.

Le citoyen Duplecis, rue Antoine, en face de la Force, n°. 287.

Seconde pièce.

Neuvième arrondissement.

Ce 6 floréal. (2)

Brousse des Faucherets, ci-devant avocat, demeurant rue Antoine, membre du comité de surveillance de l'arrondissement, a été président de l'assemblée primaire. Il a souvent quitté le fauteuil pour prononcer des discours tendant à l'avilissement de la représentation nationale; il est le rédacteur de l'adresse de la section aux autres assemblées, au camp sous Paris & aux armées: il a dit, en plein comité civil, qu'il feroit pendre tous les patriotes à une romaine. —Electeur.

Levacher Duplessis, employé dans les subsistances, demeurant rue Beautreillis, *secrétaire* : la Convention n'a pas eu de plus grand ennemi; il est le rédacteur de plusieurs arrêtés, &, entre autres, de celui qui annulle les

(1) Ce titre paroît être de la main de Babœuf.
(2) Cette date paroît être de la main de Babœuf.

décrets des 5, 13 & 21 fructidor, qu'il regardoit comme attentatoires à la souveraineté du peuple & violateurs de ses droits. A la nouvelle de l'armement des patriotes, il a dit que les scélérats de la Convention armoient les mains de 4,000 monstres qui ne méritoient que de porter des fers..... électeur.

Brelu-Delagrange, employé-liquidateur à la trésorerie, demeurant rue Beautreillis : il étoit un de ceux choisis pour faire partie de la commission militaire sectionnaire..... électeur.

Durand, employé dans la partie de l'enregistrement, demeurant rue de la Cerisaie, provocateur à la dissolution de la Convention..... électeur.

Ory, employé-liquidateur à la trésorerie, demeurant même rue : sa conduite n'est point équivoque ; il est un des plus zélés partisans de la cabale ; il prêchoit le meurtre contre la Convention ; il a demandé que l'on envoyât toutes les listes à l'accusateur public..... électeur.

Ballois, employé à l'enregistrement, demeurant rue de la Cerisaie, contre-révolutionnaire déclaré : il a fait la proposition de faire signer l'acte de garantie arrêté entre les rebelles, par tous les assistans aux assemblées..... électeur.

Roland, chef de brigade, rue de la Cerisaie : il a conduit un détachement de la force armée près la ci-devant église Roch, & l'a quitté pour se rendre à la section Lepeletier, où étoit Brousse : le lendemain 14, il fit encore battre la générale ; il étoit en outre chargé de mission pour s'entendre avec la section Lepeletier : indépendamment de tout cela, il a promis toute aide & secours aux révoltés ; il a même exigé un serment de la force armée, à ce sujet..... électeur.

Demonsur, ci-devant noble, rue de la Cerisaie : sa qualité suffit pour faire connoître ses intentions ; il étoit vice-président de l'assemblée primaire permanente des rebelles délibérans en armes, engageant tout le monde à prendre pelles, fourches & autres instrumens meurtriers.

Veline, rue du Petit Musc, vis-à-vis celle neuve Paul, grand aboyeur & partisan déclaré de la rebellion, prêchant dans toutes les assemblées le meurtre contre la Convention, marchant à la tête de la générale, & proclamateur de tous les arrêtés liberticides, en se faisant accompagner de la force armée..... électeur.

Virvecux, secrétaire du comité civil, cour des ci-devant Célestins, à l'Arsenal, n'a jamais pu se ranger sous les drapeaux du patriotisme; il est un de ceux qui ont proposé une commission militaire pour faire fusiller les patriotes : il a déclaré qu'après l'affaire on tomberoit, à bras raccourci, sur ces mêmes patriotes : il fut présenté par le comité civil pour occuper la place de commissaire de police; il déclara, en remerciant, qu'il alloit en avoir une de 10,000 l. dans une administration; il a été un des scrutateurs..... électeur.

Charpentier, condamné par contumace en vendémiaire, absent, ci-devant noble, a un fils émigré; prendre des renseignemens au département : il est membre du comité de bienfaisance, a signé un ordre, comme président, pour faire marcher la force armée..... électeur.

Magin, père, municipal actuellement au neuvième arrondissement, ci-devant huissier, rue du Figuier : il étoit un des scrutateurs; il a été envoyé dans diverses sections pour y communiquer les arrêtés liberticides; contre-révolutionnaire bien connu, & l'avant-coureur des meneurs, ne quitte point le comité de sûreté générale, dans lequel il paroît constant qu'il a des affidés : il a fait la même motion que Daudet père, relativement aux listes de prairial, pour les envoyer au tribunal; il est membre du comité de bienfaisance..... électeur.

Phalary, homme de loi, rue du Figuier : il a été choisi pour un des membres de la prétendue commission militaire des révoltés; il est celui qui a fait mander le comité civil à la barre de l'Assemblée, pour faire blâmer sa conduite, d'après la proclamation du décret qui reconnoît l'acte constitutionnel & la loi des 5 & 13 fructidor pour lois fondamentales de la République, & criant toujours que les représentans étoient des scélérats....

Dechard, marchand bonnetier, rue Antoine, au coin de celle Paul, connu par son attachement aux anciens principes, a fait prendre, de concert avec Brousse, président, l'arrêté de repousser la force par la force, pour soutenir les électeurs, ainsi que celui qui prescrivoit le désarmement & l'arrestation des patriotes connus, & qui a exigé le serment de la garantie.

Daudet, ci-devant *Dejassan*, cour de l'Arsenal, président de l'assemblée permanente des rebelles. Pendant sa présidence, il déchiroit les lois & les fouloit aux pieds avant d'en donner connoissance aux citoyens : il avoit été secrétaire du ci-devant prince de Montbarrey; il étoit pour quelque chose dans l'affaire du collier; enfin, on a trouvé chez lui une correspondance considérable avec les émigrés; il a fait des discours abominables; il a dit, le jour où la section de Montreuil a fait demander l'adhésion sur le brûlement de toutes les listes, qu'il falloit au contraire les conserver toutes, ainsi que celles de prairial, pour les envoyer à l'accusateur public.

Daudet fils, chez son père, chef de bureau à la ci-devant abbaye de Pantemont, étoit toujours au bureau des assemblées : il a souvent été envoyé dans les autres sections pour y semer les brandons de la guerre civile.

Belhomme, marchand boucher, rue Paul, affameur du peuple, & accapareur outré, agioteur, le partisan déclaré de la cabale.

Hocquart, boulanger, rue Paul, *idem*.

Richebois, mercier, rue Paul, *idem*.

Louis Quetier le jeune, pâtissier, même rue, sergent-major de la seconde compagnie des Chasseurs, a marché contre la Convention, royaliste & enragé aristocrate.

Mortier, menuisier, même rue, aussi partisan de la cabale, & royaliste.

Robert jeune, même rue, partisan de la tyrannie, & porteur d'ordres, allant toujours à la section Lepeletier; & le onzième jour de la proclamation faite par le département, place du Théâtre-Français, il a crié: A bas la proclamation, conjointement avec le fils Daudet, ayant accompagné les électeurs, garde ci-devant de Capet, & un grand royaliste.

Henry, marchand fripier, même rue, royaliste gangrené, son épouse étant ex-noble.

Masset, capitaine de la seconde compagnie de Chasseurs, employé dans les bureaux du citoyen Rolland, commissaire-général de l'artillerie, imprimeur des arrêtés & adresses liberticides, marchant à la tête de la générale: il demeure à l'Arsenal, même maison que le citoyen Rolland neveu, commissaire des guerres.

Bercy, ci-devant chasseur à la Vendée & heiduque de la ci-devant reine, fils d'un portier de Trianon, aide-de-camp des rebelles; il demeure quai des Célestins.

Gautier fils, condamné, par contumace, en vendémiaire, absent, ci-devant d'Ecuroles, rue neuve Paul, n°. 24, vice-secrétaire, un des plus ardens provocateurs au meurtre & à l'assassin tant des membres de la Convention que de tous les patriotes amis des lois.

Vaillant, marchand épicier, rue Antoine;

Prevost père, rue Antoine, membre du comité civil;

Les rebelles se rassemblent souvent chez ces deux particuliers.

Trouvé, marchand de vin, quai Célestins, vis-à-vis le corps-de-garde, royaliste forcené.

Sanson, marchand de soie, rue Antoine, près le passage Pierre, vice-secrétaire de l'assemblée permanente des rebelles, a donné un ordre à Daubugeon, commandant en chef du second

second bataillon, pour faire marcher la force armée : il a humilié les membres du comité civil, pour avoir suivi les ordres du gouvernement.

Berault, caporal des grenadiers, employé au génie, a été blessé en portant les armes avec les révoltés ; il est fils du juge-de-paix, rue Paul.

Coste, capitaine dans le centre, rue de la Cerisaie, employé dans une administration, s'est présenté le 13 vendémiaire, à deux heures, à la maison dite Sainte-Marie, accompagné de six hommes en armes, & porteur d'ordres de l'assemblée permanente, pour arrêter trois citoyens désarmés par la section, & réarmés par le gouvernement ; le nommé Maillard fils étoit du nombre.

Legendre, capitaine des grenadiers, s'est présenté, la nuit du 12 au 13, à la maison Sainte-Marie pour forcer tout le monde à marcher pour soutenir la section, en menaçant les citoyens qui ne marcheroient pas.

Vignon, rue des Prêtres, homme de loi, membre du comité de surveillance, royaliste forcené.... électeur.

Comp-rot, marchand de vin, rue du Petit-Muse, porteur de pétitions au camp, l'un des commissaires réunis des sections, & notamment l'un des porteurs de la dernière pétition qui a été rejettée par la Convention, & qui, sous le titre de vieillard, s'est présenté au camp, sous prétexte de fraterniser, mais au contraire pour corrompre la troupe.

Maurice, vice-secrétaire-adjoint, employé, partisan des rebelles.... électeur.

Berthier, rue Percée, marchand de vin en gros, étoit ci-devant attaché à la maison de Condé : il a arrêté, rue des Prêtres Paul, un volontaire de la République, en disant, Voici un de ceux qui veulent tirer sur les Parisiens, & l'a conduit au comité civil, où il a demandé qu'il fût désarmé.

Nogaret, ci-devant barbier du roi, partisan des royalistes, membre du comité civil, l'un des scrutateurs, concierge de l'Arsenal, où il demeure.... électeur.

Saugrain, bibliothécaire de l'Arsenal, a dit que nous aurions un roi avant trois mois.

Vienne, architecte, rue de Fourcy, a dit en plein corps-de-garde qu'il falloit un roi.

Andelle, maître maçon, passage Lesdiguières, grand moteur, & partisan des rebelles pour les aider à faire la contre-révolution.

Arnoult, capitaine dans le Centre, commissaire de bienfaisance, dilapidateur de la maison de l'hospice de l'Arsenal: la preuve en est au département: employé au Mont-de-piété, marchant armé contre la Convention.

Hœmelle (1), secrétaire du juge-de-paix, partisan des rebelles, criant en assemblée qu'il falloit que les membres du comité civil fussent mandés à la barre pour savoir pourquoi ils avoient désobéi à l'arrêté en exécution des lois de la Convention: il demeure rue Antoine, chez

Lambert, homme de loi, rue Antoine, qui professe les mêmes principes, est royaliste forcené.

Grillot, avoué, grande-rue Antoine, en face de la rue Nationale, ci-devant Royale, dans la porte-cochère, à côté du parfumeur.

Toutes les personnes désignées là-dessus sont tous royalistes prononcés & les principaux meneurs de la section, depuis la réaction du 9 thermidor: tous de la section de l'Arsenal.

L'Arsenal ni le terrein de la ci-devant Bastille ne sont point vendus pour le sûr. Une personne qui s'est trouvée par hasard dans un endroit où il y avoit des agens du gouvernement, il la connoît pour patriote; un d'eux dit, Eh bien! voilà donc la légion de police prête à partir, les patriotes doivent en profiter; & de suite ils ont éclaté de rire. Je crois, d'après ceci, que cela pourroit être un piége

(1) Condamné par contumace en vendémiaire, absent. (*Note faisant partie de la pièce.*)

pour prendre les patriotes. Je vous invite à prendre des renseignemens là-dessus. J'espère, sous peu, vous donner des renseignemens de la plus haute importance ; j'attends des renseignemens plus positifs. D.

Troisième piece.

28 germinal. (1)

Neuvième arrondissement.

Les munitions & l'artillerie ne sont plus à l'Arsenal, ils sont à Meudon. Pour la vente de l'Arsenal & du terrein de la Bastille, il en a été question; mais cela n'existe pas actuellement. Je donnerai des renseignemens sur Vincennes, car je crois qu'il y a beaucoup de munitions à cet endroit. On vient de m'avertir ce matin qu'il y a des mandats d'arrêt lancés contre l'ex-général Rossignol, Cazin du fauxbourg, & que l'on cherche à avoir Babœuf : les plus grands moyens sont employés à ce sujet : on tient cela de personne sûre : ainsi j'inviterois que si quelqu'un va voir le citoyen Babœuf, il prenne garde à ne pas être suivi ; car l'on m'a dit que l'on suivoit quelqu'un que l'on présumoit qui le voyoit. Il y a un volontaire qui a été à Meaux, qui a amené, avec un détachement de son bataillon, seize volontaires de l'armée Sambre & Meuse ; ils sont condamnés aux fers pour des fautes très-légères : ce volontaire m'a assuré qu'il y en avoit cinq mille de condamnés de la même armée ; je vous ferai passer d'ici à quelques jours des renseignemens à ce sujet. Je voudrois que, pour la correspondance, aucun des agens ne fût dénommé par son nom ; il seroit possible de donner un autre nom, ce qui feroit que si le hasard vouloit que la correspondance tombe dans les mains de quelqu'un d'étranger, il ne pût en faire aucun usage. Je soumets cette réflexion, qui, je crois, sera approuvée par vous.

---

(1) Cette date paroit être de la main de Babœuf.

Je me suis trouvé, il y a quelques jours, avec le citoyen Mennessier, qui m'a dit que le gouvernement savoit tout ce que les patriotes faisoient, qu'il y avoit des traîtres parmi nous qui l'en instruisoient; il m'a ajouté : Foutez les soixante & treize à bas; le gouvernement ne s'y opposera pas. Je vous laisse à penser là-dessus.

D.

Ce 28 germinal.

Quatrième piéce.

ÉGALITÉ LIBERTÉ

BONHEUR COMMUN.

Paris, 6 floréal, l'an 4 de la République.

LE DIRECTOIRE DE SALUT PUBLIC,

A l'agent du septième arrondissement.

Il n'y a point de traîtres parmi nous. Le gouvernement ne sait rien: il n'a que des doutes généraux, fondés sur l'audace des écrivains populaires; il cherche à les atteindre, mais toutes ses peines seront nulles. Rassure-toi.

La seule lettre initiale, posée sur un paquet de correspondance, pour donner seulement aux agens intermédiaires la facilité de s'y reconnoître, ne doit pas t'inspirer d'inquiétude.

Constance, intrépidité. Ces vertus sont indispensables à des révolutionnaires.

Cinquième pièce. (1)

EGALITÉ. LIBERTÉ.

BONHEUR COMMUN.

Paris, 26 germinal, l'an 4 de la République.

LE DIRECTOIRE DE SALUT PUBLIC,

A l'agent du neuvième arrondissement.

Nous savons que tu ne dors pas; mais nous sommes impatiens de n'avoir point encore reçu aucun rapport de toi. Tâche de nous en donner un au moins tous les deux jours; c'est beaucoup de suite & d'activité qu'il faut dans les affaires de cette importance. Il faut aller très-vîte, ou ne s'en point mêler. Les jours sont des années.

Informez-nous s'il est vrai que le terrein de la Bastille & celui de l'Arsenal sont vendus, & s'il est vrai que toutes les munitions, les armes, les canons qui étoient à l'Arsenal aient été transportés à Meudon.

Sixième pièce.

Je crois qu'il seroit à desirer que le Tribun & l'Eclaireur du peuple attirassent l'attention des républicains sur la réponse que fit Isnard à une députation de la commune de Paris: *Le voyageur étonné cherchera sur les bords de la Seine l'endroit où aura existé Paris.*

Qu'avoit fait Paris dans ce temps, pour être menacé de sa destruction par un représentant? il avoit pris la Bastille le 14 juillet, & renversé le trône du tyran le 10 août, veillé sans cesse aux intérêts généraux, & fait tous les sacrifices pour conserver cette liberté, dont il n'a jamais fait

(1) Cette pièce & la précédente paroissent être deux minutes de la main de Babœuf.

qu'entrevoir les rayons, puisque les nuages épais que formoient les représentans infidèles l'ont toujours empêché de jouir de sa beauté.

Avant le 31 mai, des représentans perfides avoient donc juré la destruction de Paris; le 31 mai, jusqu'au 9 thermidor, a fait une lacune à l'exécution de leurs projets destructeurs de Paris, & par conséquent de la République: aussi, depuis le 9 thermidor, quel libre cours ont-ils donné à leurs projets liberticides! que de désastres se sont succédés! je laisse à ses deux écrivains à en faire le tableau; mais qu'ils y ajoutent la vente du terrein de l'Arsenal & le transport de l'artillerie à Meudon & dans d'autres lieux circonvoisins de Paris; qu'ils fassent connoître Paris sans armes, sans munitions, son arsenal hors de ses murs & sous les mains de ceux qui ont juré la ruine de Paris. Voilà la suite du 9 thermidor; Parisiens, tremblez; & vous, véritables républicains, dans quelque coin que vous soyez de la République, ne voyez-vous pas la ruine entière de la République dans l'anéantissement de Paris, vos provinces la proie du tyran votre plus proche voisin? Voilà où vous mettent les scélérats qui ont tous les pouvoirs en main; ils creusent leurs tombeaux en creusant le vôtre; les puissances étrangères les puniront de leurs forfaits, mais vous serez anéantis avant: n'attendez pas votre vengeance de vos ennemis; si vous voulez prévenir votre perte, il faut commencer par anéantir ceux qui n'ont cessé de nous conduire à notre perte.

QUATORZIÈME LIASSE,

INTITULÉE

QUINZE-VINGTS, INDIVISIBILITÉ, POPINCOURT, MONTREUIL, (1)

Contenant vingt-quatre pièces.

Première pièce.

Huitième arrondissement.

ÉGALITÉ. LIBERTÉ.

Ce 17 floréal, l'an 4 de la République, & démocratique à venir.

CITOYENS DIRECTEURS,

Les mouvements de la troupe ajusté par le gouvernement alarmes & inquiaites plus d'un democrate, les depence que font journelment les volontaire anonce toutes la celeratesse du gouvernement ; les poudres qui ettais à Vincenne, sent vont nuitamment par de nombreux convois & sem barques soi disent pour l'armé d'Italy ; les provocations qui ce font tous les jour parmi les soldat de la liberté presente trois partis bien distingue que l'opinions publique partage et galement, la fauce déposition du chaseur au tribunal militaire, la demonetisation des sasignats, l'inactivitéz des ouvrier tous presse l'instant ou le gouvernement pourej semparrer du premier mouvement ; il n'ecsiste pas d'armes si ce n'est seuse qui sont pour le servisse des postes & il sont dans un mauvais etat : seuse qui l'ont aussey gardey leurs armes ne le confit pas facilement, il excifte plusieurs bon citoyen qui sont armey de fusils & d'autre ont des sabres, mes cet

(1) Ce titre paraît être de la main de Babœuf.

enumeration ne me paret pas facile à fair & elle ne feret james positive : quend au couronne ce las ferat prevüe la veille d'après les avis que vous me fairez passer.

La hauteur de Mon martre un pont de bateaux devent le Jardin des plante, la cloture des barrier ces trois point me paresse importent dans le plan d'atacque.

Si vous ne faite pas passer des font pour disperce dans les mains des hommes : les plus sur & les plus connee du peuples : il ce trouverat de grand inconvenient si je ne dis pas des dangé, Vacret & moi on emprunté pour ces jour dernier : vous connoissez ma position cet à vous a y pourvoire je vous invite à me fer passer une perre ou deux de pistolet de poche, du papier, des plume & des fonts. J'atent votre reponce. Salut & fraternité

Deuxième pièce.

14 floréal. (1)

Note essentielle des lapidation qui se sont comi à l'attellier des petite rue de Reully n°. 8 sou le non de l'attellier des feaux & des eguille etabli après le 1 prairial an 3me.

1°. Il existe dans cette maison un commis nomé Bertel agent contabie qui habité l'attellier, e qui a u sous sa surveillance il a souffer que l'on pillat tous les fer l'acier le charbon e me que le chef de l'attellier de la forge nomé Ternier fit des ouvrages à son compte ainsy que tous les autres forgerons. Ou les ouvrier faisoin les beches anglaises & tous les outils de jardinage au jardinier du fauxbourg avec les fer & charbon de la République. A livré l'ouvrage publiquement puisque l'on a eté obligé de murer la porte qui donne sur la rue. Tous les braves republicain du quartier attesteron la verité, & il a eté vollé plus de six cent mille livres. La perte est incalculable.

(1) Cette date paroît être de la main de Babœuf.

Que l'on fasse rendre compte à ce Bertel quoique menacé il repond qu'il fait comme Pilate qu'il s'en lave les mains.

L'on a qu'à demande les compte depuis l'etablissement de cette atteillier & l'on verra evidemment les enorme dilapidation.

2°. L'on brule le bois de la Republique impunement, ce comis retient 7 & 10 sols sur la paye de tous les ouvriers & 225 liv. pour leur livrer une voie de bois au depen de la Republique & les ouvriers voleur vendoient sous les yeux du comis 12000 liv. la voie. Ce commi payoit les ouvrier à 30 liv. par jour & quand les assignat on eté demete à leur valeur il a payé tous les ouvrier à 75 liv. par jour, cette augmentation sur la fin que les assignats doivent rentrai prouve evidemment que ce comis Bertel volle les ouvriers que l'on examine les feuilles de ces compte qu'il fait signé a tous les ouvrier mais il se garde bien de mettre dans ces feuilles la retenue de 7 & 10 sols pour le pain & la viand & les 225 liv. qu'il s'ai fait donner pour chaque ouvrier pour livrer une voie de bois qui est accordé par la Republique au ouvrier que l'on examine de pres tous les papier, que l'on fasse faire des visittes dans l'attellier l'on y verra les pilles de fer pour 1500 liv. valeur metallique gatté par la rouille & jusqu'aux pommes de terre germé dans la terre & tans des objet gatté qui sont renfermé dans l'attelier.

3°. Il existe un nomé Girauté qui se dit directeur an chef de cette attellier. Cette homme a une manufacture de bouton à Chantylly & à fait presque faire tous les outy qu'il avait besoin par Ternier chef de la forge, & ce Girauté dans l'espace de trois mois paroit une fois dans cette attellier & voila comme le tresor public est vollé.

Il existe un nommé Maause qui prens le titre de directeur de la manufacture des eguilles dans le même attellier & a douze a quinze mille livres par année pour faire quelque voyage à cette attellier. Noté que ce Cnaot a une manufacture d'eguille à son compte & ne rougit pas de placer dans l'attellier deux de ces propre niece qui gatte le fils d'acier des eguille e sont couché, nourie & payé à 20 liv. par jour pour ne rien faire.

Il existe une douzaine de prétendu eleve des éguilles placé par les directeurs à qui ils font avoir une livre de pain par jour & une demi-livre de viande & les matelas, les dras, les couverture sont abimé impunement par les élèves pluto que dépargner les lits de la République. Il se commet des brigandages de toute espece; les fille éleve vont souvent à la comedie e se retire à un heure du soir, voila ce que le commis Bretel souffre dans cette attellier.

Note essentielle, ce qui prouve que cette attellier est le repert des brigandages pour absorber le tresor public; vu que le portier est un portier & froteur du ci-devant Monsieur frere de Capet. Ce portier ocupe là cette place: il s'apelle Bachelard. Il a eu, outre la qualité de chef de l'attelier des cornes & distribue à volonté les dras & lit des ci-devant garde-du corps. Il n'y a, dans cette attellier que la pauvre famille de Goujou le victime qui fait assez murmurer les voleur, mais heureusement elle n'est entré qu'apres les voles & dilapidations faite & un forgeron republicain qui a decouver, de concer avec l'infortune Tissot, les brigandages e dont un membr de la comission, successeur de Vendermont, a dit que si l'on lui parloit davantage de voles qu'il les ferai prendre par Cochon pour empêcher la vérité de paraitre, mais tout ce découvrira par la surveillance des bon républicain.

Certifié d'apres mes connoissance par moi
Albane serrurier, pour faire conaitre la vérité à ma patrie que je ne trairai jamais.

Troisième pièce.

EGALITÉ LIBERTÉ

Ce 13 floréal, l'an 4 & démocratique a venir. (1)

CITOYEN DIRECTEUR,

Je vous fais passer si joingt un rappor signé du donnataire. Il me fut attesté par le même que Gauthier deputé avoit dit qu'il fut vollé deux millions chez le ministre de la marine en numéraire, & quatre millions en mandat que le tout est passé pour l'armée d'Itally; que le ministre, au moment où le feu prit étoit couché avec une actrice de l'operat, d'apres le dirre du même le ministre de l'intérieur est non ceul ment vendue, mes ser ouvertement le mouvement anti populaire; Gauthier doi avoir écri une lettre au Luxembourg à ce sujet, la force du camp de Vincenne est de 4 mille hommes commendé par un general alment. Les superieurs change tous les jours, ils en malgame a raison de porte la trouble de mannier que le but du gouvernement ce fille à ces deux point mest cet à dire trouble contre trouble, fuir & faire exécuter à Paris toutes les horreur du Midi. L'on netz venue ce matin à notre poste enlevez 15 hommes, je soubsonne que ces pour quel qu'a restation, voila ce qui est à ma connoissance. Salut & courage.

Quatrième pièce.

13 floréal. (2)

Pierre Vignale, ci-devant canonnier, rue Nicolas, fabricant

---

(2) Cette date paroît être de la main de Babœuf.

(2) *Idem.*

de moulin à tabac vis à vis Rassy où il travaille : section des 15-20.

Il demeure rue de Lappe n°. 29 section Marguerite.

Examain fai

Il est connue & repetté bon citoyen.

Cinquiéme piéce.

13 floréal. (1)

Huitiéme arrondissement.

Note.

Deux citoyennes s'étant transportées au camp qui est au-dessus du fauxbourg Antoine pour demander un de leurs parens dont elles n'avoient point reçu de nouvelles depuis long-temps, ont eu beaucoup de peine à aborder; mais enfin, à force d'instances, elles ont parlé aux officiers : ceux-ci leur ont repondu qu'ils ne connoissoient pas le militaire qu'elles reclamoient : « Mais, ont-ils ajouté, il va venir ces jours-ci » beaucoup d'autres troupes, peut-être trouverez-vous votre » parent ; au reste, ont-ils dit de fort mauvaise humeur, » nous ne savons pas pourquoi on nous fait venir ici, nous » manquons de tout. »

Ces citoyennes ont encore rapporté qu'il y a, à une lieue de Vincennes, un second camp tout tracé.

Le 27 au matin il y a eu une petite émeute pour les mandats au coin de la rue du Monceau Gervais : une femme a dit le prix en numéraire d'un objet & l'a payé en mandat : cela a fait rumeur, parce que la chose arrivoit à un petit revendeur. Je ferois bien cela, disoient certaines femmes, dans une grande boutique, mais non à un pauvre diable. D'autres reprenoient : Cela est bon à dire; mais comme on me paye en

---

(1) Cette date paroît être de la main de Babœuf.

mandats, il faudra bien que je puisse vivre avec, ou nous verrons.

On assure que les soldats disent que puisque le gouvernement ne sait point faire valoir la monnoie & taxer les denrées, il en faut mettre un autre. Je n'ai pu démêler sur le rapport s'il y avoit du bien ou du mal à augurer de ces dispositions. On dit encore qu'ils ont parlé de mettre Pichegru & Jourdan à la tête des affaires: il faut bien veiller là.

On a vu hier 27 dans le fauxbourg plusieurs qui étoient pleins de vin & qui juroient d'exterminer quiconque ne prendroit pas les mandats.

Un ouvrier du fauxbourg, qui paroissoit dernièrement très-éloigné de se mêler des choses, disoit hier : Il y aura un coup terrible ; pour ma part, si je m'en mêle, j'en ferai de belles.

Un carcan avoit été dressé ces jours derniers sur la place de Grève; tous les assistans crioient que c'étoit là une marque d'esclavage, le retour de l'ancien régime, & ils vouloient l'arracher.

Au coin de la rue des Ciseaux, des soldats se sont battus avec des marchands pour les mandats.

Le 27, à Vaugirard, toutes les boutiques étoient fermées, les soldats étoient furieux; ils disoient que si cela continuoit, ils mettroient le feu aux quatre coins de Paris.

Sixième pièce.

ÉGALITÉ LIBERTÉ.

12 floréal. (1)

Ce 12, an 4me de la République & démocratique.

Si nous avons du courage.

CITOYEN DIRECTEUR,

Je reçeu vos deux dernier en dates du 10 du couren les barron & des blanches eminces seront prette pour les posser faite moi seullement à savoir la hanteur & la largeur, le plus tôt possible.

L'ardeur du patriote promet, mes tros de lenteur ralenti, & & puisse louvrier qui est par lui même des plus gené.

Tous es calme en aparence & tout est agité dans le Feit plusieurs vindemiaire qui était à leur campagne sont en mouvement leur fisique anonce des conbinaison secrete qui paresse praite à seccecuter, la trouple parer indesise; quois quel ôbéysse a leur chef tous presente une expossion general je vüe *Rossignol* qui me paret aitre tous pres à marcher, sillé fant ge lui laisse ygnorré notre correspondance mes il ma parue *qu'il desirreret aitre instruit*; lafer de Versailles ôcupe les deux parti d'une manier qui ne lesse pas à doutté que le crime fingt de vouloir soutenir le gouvernement pour asservir le peuple, la trouple ce trouve celon moi comme amuté ce qui demende de votre par des instruction positif pour que moi & Vacret puisse aller au devent des inconvenien qu'il peuve produire; ge reçüe les deux mil livres qui sont pour les ouvrier qui socupe des bannier & quoi que la chosse sois pour scesecuter, *ressouvenez-vous de mes deux dernier & surtout que les instructions parvienne au moins 24 heures avent si chosse est possible* les homme du peuples son pres mes il

(1) Cette date paroît être de la main de Babœuf.

veulle savoir *pour qui & comment ils doive se conduire*; j'atens de vous ce que vous pouvez conté sur moi. Salut, courage, l'union, la victoire est a nous.

Septième piéce.

11 flor. (1)

Honette gens de Montreuil.

Sous Ardis épicicier g. rue n°. 91.

Poiriée marc. de vin n°. 93, royaliste.

Mainger, marc. mercier, g. rue, n°. 84.

Meson Neuve marc. mercier g. rue, 81 royaliste.

Eliote epicier vis a vis la rue Lenoire acapareur.

Beiry tapiticier au quoin du cul de sac n°. 88, g. rue, royaliste.

Hericour, son frerre au chariot d'orre n°. 90.

Ruche mr. de vin au quoin du cul de sac & Parmentier tous royaliste, n°. 55.

Baffour, epicier, g. rue maison de Paquot n°. 110.

Ladrat rue de Montreuil è cultur n°.

Louis Boisné gr. rue n°. 95, chez Genatier marchan de bas.

Page g. rue, vis à vis cel Nicolas.

Vicé rue Bernard agioteur au quoin de la rue Charronne à capareur selerat.

Baillye g. rue au quoin de celle Marguerite epicier, cellier, correillieur & à capareur.

Cet liste me fut remis par Boulé si devent commissaire siville & agent pour la bonneteri de trenelle rien de plus

---

(1) Cette date paroît être de la main de Babœuf.

a vous marqué si ce n'est de quois payés les banier tous va bien salut & du courage il me faut des pistolet on a voulu me detruire remplisse votre devoir comme et tous serat & tous resterat.

Huitième pièce.

11 floréal. (1)

Thorie n°. 85.
Parmantier n°. 87.

Marc, épicier, g. rue, au coin de la rue Bernard.

Sellier, corroyeur, au coin de la rue Marguerite, n°. 76 & son beau-frères, *idem.*

Neuvième pièce.

11 floréal. (2)

Les nommé Pagés en face de la rue Nicolas.
Hericourt au chariot d'or & son frere.
Reuché, m.[d] devin, au coin de la forge nationale.

Les individus designés ci-dessus n'ont pu être mis sur la liste des honnêtes gens de la sect. de Montreuil que par erreur, étant absolument nulle pour les deux partis.

Dixième pièce.

SECTION DE MONTREUIL.

Fonctions civiles

Toutaint, tourneur en cuivre, ex-juge, Porte Antoine, maison Os danois, férailleur.

(1) Cette date paroît être de la main de Babœuf.
(2) *Idem.*

Fonction militaire.

Moreau, ébénisste, g.de rue, n°. 228, ayant été adjudant dans les volontaires.

Grégoire, tourneur en cuivre, rue de la Roquette, n°. 4, *idem.*

Toussain, rue Marguerite, n°. 11, *idem.*

Canonnier.

Potemont; serrurier, g.de rue, maison du St.-Esprit, bon ainsi que sa compagnie dans le moment de l'action.

11 floréal. (1)

Magasin de vin & au-de-vie.

Vernier, md de vin barriere du Trône.

Izambert, *idem*, Petit Charone.
lb

Poirier, *idem*, gd rue du au Petit Tambour.

Epicier.

Viette, au coin de la rue Bernard & Charone.

Nan, gd rue en face du marché.

Malper, gd rue en face des Enfans de la patrie.

(1) Cette date paroît être de la main de Babœuf.

Onzième pièce.

11 floréal. (1)

Parin.
Lami.
Boulant.
Duterque.
Er Lis.
Tecar Siville.
Leban.

Douzième pièce.

Humblet, cordonnier, rue de Lavalle, n°. 6.

Cocheri, bourelier, en face de la rue Charone.

Treizième pièce.

SECT. MONTREUIL.

Bénard, successeur de Réveillon, rue de Montreuil, n°. 52.

Basson, assesseur du juge-de-paix, épicier près le corps-de-garde.

Gille, commissaire de police.

Lavoy Pierre, Grande rue, n°. 76, au coin de la rue Marguerite.

---

(1) Cette date paroît être de la main de Babœuf.

Janet, parfumeur, Grande rue, n°. 65, en face des Enfans de la patrie.

Produite par Vacret.

Quatorzième pièce.

LISTE PRODUITE PAR DES PATRIOTES SUR LESQUELS ON PEUT COMPTER.

Janneret, brasseur, Grande rue, au coin de celle de Reully.

Virgille, fondeur, rue de Charenton.

Osselin, frère de l'ex-député, Grande rue.

Lottin.

Coutier fils.

Fleurisel,
Magnard, } à Picpus.

Desoente, rue Lenoir, grenetier.

Toussaint, épicier, Grande rue, au coin de celle Traversière.

Maignet, ex-corroyeur, rue Lenoir.

Leduc, amidonnier, rue de Charenton.

Quinzième pièce.

ÉGALITÉ. LIBERTÉ.

premier floréal. (1)

Le premier floréal, an quatrième de la République & démocratique à venir.

CITOYEN DIRECTEUR,

Je repont au deux dernier instruction qui me sont parvenue. Primot par hune leste des meneur quai yssi si joint; deux, les armes sont enlevée de notre arrondissement : sur Montreuil, comme sur les 15 vingt : comme il neescite pas un homme dans les section à qui l'on puise ce confier, voilas les seul renseignement qu'il est à mon pouvoir de vous donner d'après les informations qu'il a été à mon pouvoir d'obtenir par la voix de plusieur patriote qui on fai ce qui a de pendu de leur moyen sur cet objet : quand à Popiacourt il nest pas à notre connoisence un seul patriote qui puise segonder cet instruction.

Le nombre qu'il foura à leur pouvoir de produire.

Il exxiste quel que calonnier mais il ny auresst que l'action qui pouret les determiner.

Il fut adreffey une lettres aux capitaines de nos arrondissement qui les invites sur leur résponsabilité d'avoir à aproduir des hommes de leur compagnie respective qui feront nourie, abilley; payez & armez pour soutenir le gouvernement & la constitution de 1795.

Il fut donné hier trente hier, pour consine à nos barrier de ne lesser passer au qun volonteire qui naye une permission signé de leur état major ce qui a prodhuis de grand murrure contre Paris indistinctement : le crime seul peut entrerre à Paris & non les amis du peuples, pas même les officier : (je certifi cet articles.)

(1) Cette date paroît être de la main de Babœuf.

Les bleſſez qui ſont aux opiteaux militaire de Verſaille ſont tres mal traitez : il leur eſt reprochez jusqu'au pein qu'il mange & ſouvent menace dune mort prochenne : je tien cet articles d'un chaſſeur eſtropiez qui y eſt préſentemen.

Les mouchar les plus marquent eſt Gonchon. Déjons, Mercier, ſi devant commiſſaire ſiville de Montreuil préſentement rue Louis ſection de la place ſi devant royale mais qui les bien au poſitif préſentement.

Agent cecret du crime Delatour, chirrurgien des enfans de la patries; Lottin, maitre de penſion; Cloutier, *idem*; Cothon, delivreure & reſcuveur des oufriez de la manufacture des glaces : Senterre exgeneral amis & fezelle partiſent de thermidorre : tout ces hommes ſont dangereux, les un par leur fortunes, les autres par la miſer du peuples qui ce trouve avoir benſoin d'eux.

Ce que vous me marqué dans votre dernier eſt des plus veridie : je moccupais avent votre avie demi gerce les effets, e crois que celas ſerat plus hutil que nuiſible.

Salut & fraternité.

Seiziéme piéce.

ÉGALITÉ LIBETÉ.

Ce 11 floréal, l'an 4 de la République & démocratique.

Si nous avons du courage.

CITOYENS DIRECTEURS,

Long ſocupe des Banier, voici les noms des militaires fur cette colonne n°1. Les numéros ſont diſtribués, les patriotes ſont prêts. Si l'on pouvoit fairs paſſer quel que ſont pour diſtribuer au premier patriote qui enmalgame tous les ouvriers ſens quil ſage rien de ce qui dois ce paſſer qu'aux moment rien de plus avous marqué. Salut & l'union, la victoire est à nous vaissi deux listes si joint voila le tout pour le moment.

Généraux. N°. I.

Lami.
Boulart.
Duterque.
Et Lis.
Rossignol.

Capitaines.

Placet, rue Rully.
Boullé, Grande Rue.
Naudet, rue Charronne, n°.2.
Siville.
Leban.
Parin.
Bécar.

Dix-septiéme-piéce.

Ce 8 floréal, l'an 4 de la République & démocratique à venir. (1)

ÉGALITÉ. LIBERTÉ.

Huitiéme arrondissement. (2)

CITOYENS DIRECTEURS,

Je différé jusqu'à ce jour avous repondre avos dernier primot les renseignement que ge prent sur les fortune, sur

(1) Cette date paroît être de la main de Babœuf.
(2) Ces mots paroissent être de la main de Babœuf.

les magasin, sur les armes & sur les vrais ennemis du peuple ne vous parviendras que le douze, mes il sera aux nette : & vous pourés statué de sus.

Quent à votre correction faternelle je pense que seuse qui vous ont instruis ce trompe ou ils sont de sont de mauvaisse foix si tous ceux qui sont unissiez dans l'interet du peuple pensai & se dirigeai tel que moi je vous garantiret sur matette de toute rehussite mes cet reproche deplacé ne ralentira pas mon amour pour la liberté.

Je prevue votre dernier à l'aide de Vacret je vous promet qu'il exxiste dans la majorrité des maisons d'ouvrier des rehunions qui sont alabri des observateur du gouvernement je vous promet que l'opinion de l'arrondissement est acé favorables pour que vous puissiez statuez : les trouples inquiaites le peuple. La main d'œuvre est aretté, le peuple est mecontént & maudit le gouvernement. Salut.

Dix-huitième pièce.

ÉGALITÉ LIBERTÉ

BONHEUR COMMUN.

Paris, 10 floréal l'an 4 de la République. (1)

LE D. DE S. P.

A l'agent du huitième arrondissement.

Nous aimons à croire que ce qui nous avoit été rendu sur ton compte étoit faux. Nous nous en félicitons. L'importance sérieuse, majeure, suprême, de notre objet, de notre entreprise, nous faisoit un devoir pénible de t'adresser, sur le moindre indice, des remontrances sévères. Tu n'aurois pas été un véritable républicain, si, quoique faites injustement,

(1) Cette pièce paroît être une minute de la main de Babœuf.

elles eussent été capables de ralentir ton zèle pour la patrie. Mais n'en parlons plus. Continue ta tâche, & sois encouragé par l'assurance que nous te donnons qu'elle aura une issue glorieuse, dont le terme n'est pas éloigné. Cet incident n'est qu'une petite épreuve dont le résultat, en dernière analyse, ne peut qu'être profitable à toi, à nous & à la patrie.

Dix-neuvième pièce. (1)

ÉGALITÉ LIBERTÉ

BONHEUR COMMUN.

Paris, 22 germinal, l'an 4 de la République.

LE D. DE S. P.

A l'agent du douzième arrondissement.

Il faut, autant qu'il est possible, faire remettre les écrits d'une manière directe. Il faut montrer un peu d'audace pour en inspirer aux autres : les manières clandestines inspirent de la défiance à la multitude peu instruite. Vous ne répandez votre doctrine qu'en contrebande ; donc elle est répréhensible. Beaucoup de gens ne raisonnent pas plus fort que cela. Montrez une grande confiance dans la bonté de votre cause, votre air de conviction va faire aisément beaucoup de prosélytes. Nous ne disons pas qu'il faille tout-à-fait renoncer à la proposition de répandre des écrits dans certains endroits où passent les soldats : mais nous pensons qu'il ne faut user de ce moyen que sobrement, & quand on voit qu'il n'est pas absolument possible d'en employer d'autres.

---

(1) Cette pièce paroît être de la main de Babœuf.

Vingtième pièce. (1)

ÉGALITÉ. LIBERTÉ.

BONHEUR COMMUN.

Paris, 26 germinal, l'an 4 de la République.

LE D. DE S. P.

A l'agent du huitième arrondissement.

Ton dernier rapport nous a satisfaits : nous t'engageons de les multiplier & de nous rendre compte des dispositions que tu as dû commencer à prendre sur tout ce que nous t'avons demandé tant par notre instruction principale que par notre circulaire du 19 de ce mois.

L'avis que tu nous donnes sur le parti que l'on peut tirer des femmes est sensé & judicieux ; nous en profiterons. Nous connoissons toute l'influence que peut avoir ce sexe intéressant, qui ne supporte pas plus indifféremment que nous le joug de la tyrannie, & qui n'est pas doué d'un moindre courage lorsqu'il s'agit de concourir à le briser.

Vingt-unième pièce.

ÉGALITÉ. LIBERTÉ.

Huitième arrondissement. (2)

Ce 24 germinal, l'an quatrième de la République & démocratique à venir.

CITOYEN COMPOSSENT LE DIRECTOIRE.

La doctrine de pas beuf fue lue malgré la vigilence des officier de police les ôpinions ce sont trouvé partagé.

---

(1) Cette pièce paroît être de la main de Babœuf.
(2) Ces mots paroissent être de la main de Babœuf.

Plusieur citoyen connoissent la manœuvre du canon se rehunisse mes il ne veut pas aitre connue cau moment de l'espedition quant au font pour subvenir aux frais de la presse ge ne prévois pas pouvoir en obtenir dans ce moment ou la main d'œuvre ne vat pas.

Quant au autre articles je né pas sufisament re çüe de renseignement.

Salut & fraternité, C.. . . .

Vingt-deuxième pièce.

ÉGALITÉ. LIBERTÉ.

Huitième arrondissement. (1)

Ce 18 germinal, l'an quatrième de la République, et démocratique à venir.

CITOYEN DIRECTEURS,

Je ne pui vous dissimuler que votre reponce me fut des plus sensible.

Si gé parlez des journeaux, ces que je promet fèr du peuple du faubour une seul rehunions; jen est dejas 7. de fixce tous hommes marquan & connue du peuple sen qu'il sage rien, si ce net Vacret qui vous est connue ou ce déposse notre correspondance.

Jai prevue que par la voye de ces rehunions, des famme de patriote fairont en core plus que nous en promulguand dan les groupe du peuple ce que ne feront seux même.

Il exccite en se moment une opinion qui promet.

Les numerot qui me sont parvenne fure distribué, tel sont vos vue & ceux du peuple souffrant est presque sens men d'œuvre, il n'y a que l'ouvriege ajoteur, on en soutien qui ne socupe que de sont intret qui ne ce prononce pas.

---

(1) Ces mots paroissent être de la main de Babœuf.

Le parti mé content pareſt ſoubſonneux & inquiaite quoi qu'il affecte un ri maucœur.

La manufacture des glaces ne tien preſque plus d'ouvrier tous ce qui regis cet branche commerſial juſqua l'agent eſt vendu au crime.

Le peuple ne reſois pour pain que la blurrie des farine; & les boulangé vende le pein cet a dire la fleure à ſeuſe qui le peuve payer.

Le mot d'ordre du 16 au 17 eſt privation, fatigue: jugé de linſolence de l'etat major.

Il me fut dit qua Verſaille le general de l'interrieur à donné horde à un piquet de cavallerie de fers feux ſur des volontaire qui trainent & qui de vais ce rendre à Vincenne, inſtruize je vous de l'evidence de ce fait. Salut, C . . . .

Vingt-troiſiéme piéce. (1)

Huitiéme arrondiſſement.

à C... Democrate! 14 germinal.

Le Directoire de ſalut public a reçu ta lettre d'hier. Il t'annonce qu'il va aviſer à lever le principal obſtacle qui s'oppoſe à l'exécution de la miſſion dont il t'a chargé, celui du défaut de reſſources. Ami de l'infortune, uniquement inſtitué pour la faire diſparoître en général, il doit employer ſes premiers moyens à délivrer en particulier de ſon joug cruel ſes premiers agens.

Cet empêchement écarté, tu n'as plus de bonnes raiſons à faire valoir pour éluder la tâche que le ſalut public t'impoſe.

Tes talens, ce fut à nous à en juger. Marche, nous t'en trouvons aſſez; nous te connoiſſions avant de t'avoir mis

(1) Cette pièce paroît être de la main de Babœuf.

en œuvre Des conjurés n'emploient personne avant de l'avoir apprécié ; & apprends que quand ils ont une fois fixé leur confiance, ils ne permettent plus que celui sur qui elle tombe ne l'exerce pas.

Les raisons que tu exposes par rapport aux juges-de-paix & aux mouchards, ne sont pas dignes d'arrêter des révolutionnaires : nous aussi, nous sommes entourés d'inquisiteurs ; des conjurés doivent savoir tromper leur vigilance & les braver. Malheureux ! devons-nous dire à tous ceux qui nous parleroient d'un si petit obstacle, tu as peur d'un espion, & tu n'a pas peur d'être esclave & de mourir de faim ! . . . . Nous ne pensons pas que ce soit sérieusement que toi C . . . . ait pu exprimer une pareille peur, d'autant que tu écris, quelques lignes plus haut, que tu es dévoué & prêt à supporter tous les événemens imprévus.

Quant à tes réflexions sur la manière de former les réunions civiques d'arrondissement, sur la manière de distribuer les écrits, ce sont tous petits détails qui te regardent & que nous abandonnons à ta prudence : tout cela d'ailleurs a été prévu dans la première instruction que tu as reçue ; tu n'as qu'à la bien lire, & elle te satisfera sur tout point. Tu n'aurois pas dû mettre en question la distribution gratuite des journaux, puisque cette même instruction t'annonce qu'il t'en sera fourni gratis autant qu'il t'en faudra.

Le Directoire te recommande d'éviter dans ta correspondance avec lui les détails minutieux & inutiles. Mettons-nous de bon cœur à la besogne, pénétrons-nous de sa marche naturelle, & chacun de nous se rendra capable d'aller presque tout seul & sans avoir besoin d'être guidé à chaque pas.

P. S. Tu peux te dispenser de signer tout ce que tu envoies.

Vingt-quatrième pièce.

15 germinal.

Huitième arrondissement. (1)

ÉGALITÉ LIBERTÉ

Voilà la seule devise d'un ami du peuple.

Ce 13 germinal, l'an 4 de la République & démocratique à venir.

CITOYEN COMPOSANT LE DIRECTOIRE.

Je lue avec intention de vous répondre ce qui me fut apporté le 12 du courant.

Je ne puis vous dissimuler que la confiance avec laquelle vous vous communiqué, me paroit pouvoir se fectué, si les agens segonder sont des hommes réellement fait pour remplire vos vues avec nous, seulement l'amour du bien mes avec la prudence que cela me paret exgigé.

Quant à moi je me suis dévoué au principe, je me fais gloire d'aitre près à supporter avec courage tous évenemens imprévus; mais je ne peux vous dissimuler que je suis privé des talens que ce poste honorable peut & doit nécessairement exiger. Votre confiance quant au reste ne peut être en main plus sû, quoique je sois libre dans mes expressions, je cé oncore mieux me taire quand la raison & mon devoir me le prescrive.

Je suis contraint de vous avouer que l'extrême nécessité où je me trouve réduit, dans un moment où toute subsistance me sont retirez, à demi nue, ayant épuissez les petits secours que des personnes sens fortune m'ont prêtés, sens place & sens état pour pouvoir m'alimenter; je ne prévois pas pouvoir remplir vos vues malgré ma bonne volonté : je suis tenue de vous invitez à faire transmettre le dépôt qu'il vous a plu de m'adresser, à quelqu'un moins infortuné que moi. Je n'en feurai pas moins pour cela tout ce qui pourra dépendre de moi.

(1) Ces mots & la date paroissent être de la main de Babœuf.

RÉFLEXION.

Pour que votre plan puisse produire l'effet que vous vous en prometez, il faudroit primo que les réunions de l'arrondissement soient chez des particuliers, & jamais chez les mêmes jusqu'à nouvelle ordre, & qu'il soit multiplié & formé par chaque patriote marquant, & qu'il ignore de tout jusqu'au moment où vous croirez nécessaire qu'il en soit plus instruit.

Deux, il faudroit qu'il soit envoyé un nombre suffisant de numéro de chaque écrivain patriote, pour qu'il se trouve dans les mains du peuple, sans que l'on puisse savoir par qui ni comment.

Voilà les jours où les ouvriers après leur ouvrage jase ou joue dans notre arrondissement. Quarante hommes bien choisis, sans qu'il chage rien, feuront du faubourg une socciété générale, si vous pouvez subvenir aux frais de journaux, & que des personnes prudentes & adroites les portent à leur destination : vous pourrez parvenir à votre but. Il me paroît plus que ten de si prendre, ou je vois le peuple exposez à devenir la proie des bayonnettes.

Toutes les autorités sont non-seulement thermidorien & mouchar, mais ennemis sûrs du peuple. La police peuple notre arrondissement de ces agens ; le juge de paix des 15 vingt, agent de Merlin, m'a lu un arrêté du Directoire, & une de sont maitre, qui loterise à lachey un mandat d'arret contre tout colporteur des numerot de Pabeuf & de toute autre écrie, de les fer mettre au cachot. Voilà les expressions dont il ces servi. Jugé présentement comme celas demande de précaution. Vous n'ygnorez pas quantant de marchens & des messieur de la requisition sont autant de mouchar.

Voilas-en précisse ma réponse. Salut, amitié,

CAZIN.

Fin du premier volume.

Dépôt légal : 4ème trimestre 1978

www.ingramcontent.com/pod-product-compliance
Ingram Content Group UK Ltd.
Pitfield, Milton Keynes, MK11 3LW, UK
UKHW021925210726
13857UKWH00008B/361

9 782011 933713